走进现场的体验与审考

《文艺生活》与南方现代文学

王 丹 著

*

清华大学出版社

北京

图书在版编目(CIP)数据

走进现场的体验与审考：《文艺生活》与南方现代文学/王丹著.—北京：清华大学出版社，2020.9

ISBN 978-7-302-56431-7

Ⅰ.①走… Ⅱ.①王… Ⅲ.①期刊研究－中国 ②中国文学－现代文学－文学研究 Ⅳ.①G255.2 ②I206.6

中国版本图书馆 CIP 数据核字(2020)第 174080 号

责任编辑：马庆洲
封面设计：曲晓华
责任校对：赵丽敏
责任印制：杨　艳

出版发行：清华大学出版社
网　　址：http://www.tup.com.cn，http://www.wqbook.com
地　　址：北京清华大学学研大厦 A 座　　　邮　编：100084
社 总 机：010-62770175　　　　　　　　　邮　购：010-62786544
投稿与读者服务：010-62776969，c-service@tup.tsinghua.edu.cn
质量反馈：010-62772015，zhiliang@tup.tsinghua.edu.cn
印 装 者：三河市国英印务有限公司
经　　销：全国新华书店
开　　本：165mm×240mm　　印　张：18.5　　字　数：280 千字
版　　次：2020 年 9 月第 1 版　　　　　　　印　次：2020 年 9 月第 1 次印刷
定　　价：78.00 元

产品编号：088408-01

序

　　尽管期刊研究在近几十年里此起彼伏，多受关注，但已经不在历史之河中延续的那些期刊，依然容易与当下的期刊读者和研究者们渐行渐远，以至于被文物化，甚而尘封。忽略或悬置过往期刊是文学史研究的记忆缺失。王丹博士投入学术热情、精力和研究智慧的《文艺生活》月刊，仅仅是中国现代文学史中无数种期刊的一种，可它的作者就有郭沫若、夏衍、胡仲持、欧阳予倩、田汉、周钢鸣、邵荃麟、陈残云、何家槐、林林、杜埃、孟超、黄宁婴、钟敬文、穆木天、黄药眠、韩北屏、华嘉、周而复、曾卓、伍禾、张殊明、李育中、陈闲、司马文森等现代文学名家，无须旁涉便可确认这本期刊的文学和文学史价值。以反抗遗忘的姿态展开期刊研究是文学史家不可忽视的某种本分和学术使命。

　　期刊研究虽然只是文学史研究题材之一，由于不应有的遗忘比例，使我更加乐见再多些成果。王丹博士选择《文艺生活》作为学术题材，或许来自身处的文化地理优势、个人研究趣味和文学史研究的现实针对性的力量推动。

　　比照其他期刊，《文艺生活》月刊的地理空间频繁迁移与历史时段的快速转换，带给它超出其他刊物的了解和研究复杂度。《文艺生活》的生命历程只有近十年，但却经历了抗日战争、解放战争和新中国，在不到十年的时间里从桂林诞生，复刊于广州，被迫迁移香港，又迁回广州并停刊于此，像是一出讲述着丰富、复杂、立体故事的浓缩化多幕剧。对于研究者，当然有更多的选择，但王丹博士坚定地走进《文艺生活》，并试图厘清芜杂，穿过迷雾，找到这本期刊的曲折故事、趣味倾向和文化意义，在其中，我体味到一种贯穿始终的学术"任性"和研究勇气。

期刊的展开，是一种特别的文学史，期刊研究是一种特别的文学史研究，期刊中的文学史故事和风景常常显示着两种价值：一是现场感，二是原生态。未经文学史家选择的文学史事件在期刊中以多样的、多层次的形态反映着当时作家们心灵世界中所重现的历史现实，呈现着经作家心智想象并重塑的经验人生。陈平原将期刊的特征极为抽象地概括为"即时、多变、探索、对话"四个词，我想涵盖的也是此意。虽然期刊的文本也是经过编辑选择过的，但编辑与作者、刊物与文本都是在同一场域中的生成物，这与事后的文学史文本在另一时空和更长历史中积淀和生成的前见下观察到的、做出的选择和判断当然大不相同，何况中国现在的文学史学是某种特定的意识形态介入或影响下的历史叙事，而这背后的意识形态又同在中国现代文学史的时间和空间境遇里生成。可见期刊所保存的文学价值和文学史价值的不可取代性是不言而喻的。

一直以为，我是很熟悉王丹博士的人，但通读她的书稿，让我突然含糊起来，我了解的她感性敏锐、文笔淳美，可在大作里我看到了令我惊奇的另一面。在书稿的现成品中，我们看到的是关于杂志、关于杂志中的文学文本、关于杂志中的理论文本和最后的结论，但如果我们进行一次逆向还原，面对这样一本时段、空间、作者、文本、背后的文化力量等看起来都很杂乱的杂志那段研究过程时，哪里会有如此清晰、合理、顺应认识规律的讨论逻辑。仅就上编而言，作者以主编作为关注点，为读者展示杂志的有人气、有活力的成长历程，接着拓展视点，以杂志所处的大体由文学制度元素构成的生态来讨论问题，最后将杂志安放在地理—区域文化关系中来确认身份，为后文埋下线索和构筑生成张力的场域。其结构分明、严谨、步步深入，让人感觉是在成就一种可资借鉴的期刊研究著作布局的范式。

期刊研究，既然是一种返回历史现场的文学史研究，许多读者都可能期待作者在基于原始性感受、理解和分析中，会形成哪怕是碎片化的自我发现和原创性的看法和思想，我想作者一定是已经有相当多的新鲜认识和观点，在书稿中也有显示，在阅读过程我始终期待作者的学术和思想自信多一点述诸言语，但我似乎遭遇了一些阅读期待的风险。

王　确

2020 年 1 月 7 日于长春华润橡府

目录
CONTENTS

上　　编

引言　理论与实践：
文学期刊研究方法论和《文艺生活》研究

一

2008 年 6 月 13 日，陈平原在香港中文大学组织了一次名为"文学史视野中的'大众传媒'"的学术研讨会。陈平原的专题发言后来被整理为《文学史视野中的"报刊研究"——近二十年北大中文系有关"大众传媒"的博士及硕士学位论文》一文，发表于《现代中国》第十一辑上。该文附录了北大中文系从 1995 年到 2008 年有关"大众传媒"的博士及硕士学位论文共 60 篇，其中以报纸、杂志作为主要研究对象的有 45 篇。涉及专业领域包括近代文学、现代文学、当代文学和比较文学、民间文学以及语言学、文艺学等众多领域，几乎将汉语言文学各专业一网打尽。从北大中文系这个有代表性的个案中，我们不难看出期刊研究在二十多年来已成为一种学术风尚。

就现代文学而言，期刊研究的风靡虽不排除有学者认为的现代文学研究在陷入困境后寻找新的"学术生长点"的尝试，但更为关键的原因则在于 20 世纪 80 年代末以来中国知识分子为"重写文学史"所作的努力，即超越传统的分析文本以及解读作家与社会政治关系的写作模式，更为关注文学和它所赖以生存的文化公共空间（报刊杂志、出版文化、传媒文化等）。在此过程中，期刊研究逐渐地开始升温并最终在新世纪掀起了一股研究的热潮。而现代文学期刊研究由其建基于对史料、文献的发掘和整理而带来的实证性、丰富性以及创新性，也深深地影响了其他文学专业，出现了前面所列举的各专业都有期刊研究的现象。原因正如陈平原所言，"现代中国思想的激荡、潮流的涌动、风气的形成、文派的诞生等，都离不开晚清以降迅速崛起的报纸杂志"。作为文学生产，报刊"可用四个术语来概括：即时、多变、探索、对话"。① 因此，只要是涉及现代中国的思

---

① 陈平原：《文学史视野中的"报刊研究"——近二十年北大中文系有关"大众传媒"的博士及硕士学位论文》，见《现代中国》第十一辑，北京，北京大学出版社 2008 年版，第 156 页。

想和文学的研究，报刊杂志都是一个很好的研究出发点。

事实上，早在1947年3月，盛澄华在《〈新法兰西评论〉与法国现代文学》一文中就如先知般指出：

> 在未来的文学史中，文艺杂志将占据一个非常重要的地位，恐已成为不可否认的事实。在过去的法国文学中，作为激发创作或批评的动力的，在一时代可能是一位高高在上的执政者，在另一时代可能是一些多才多艺的贵妇人们，王者的宫廷与巴黎的沙龙都曾作为鼓励并左右一时代文学风尚的媒介。但这中间人的地位，在近代文学中却由作家间自身的结合所产生的文艺杂志起而代之。自此，文艺的主题除这永恒的"人性"以外更不能不逐渐注意到"人性"所存在的环境社会；文艺的对象不再是宫廷与沙龙中的少数阶级，而将是现代社会中广大的读者。这两种因素必然地扩展了现代文学的园地，造成了文学向所未有的广度。什么是这一时代的动向？什么是这一时代下一个作家所应采取的态度？什么是这一时代下一般读者的要求？如何在这社会因素，艺术因素，与心理因素三者间去求得一种适度的平衡，则正是作为现代文学中创作家，批评家，与大众读者间联系的文艺杂志所负的最高使命。①

在盛澄华看来，文艺杂志因其具有激发创作或批评的作用而使得文学的地盘从文学的内部——主题（人性）扩展到文学的外部——社会和读者，文艺杂志同时联系着作家、批评家和大众读者，因而其使命在于反映时代动向、引领作家态度、回应读者要求，并使之达成一种平衡。

不得不说，时代动向、作家态度、读者要求、社会因素、艺术因素、心理因素不仅是"文艺杂志所负的最高使命"，更应该是文艺杂志"研究"所负的最高使命。就现代文学期刊研究来说，其之所以兴盛就在于人们对以往文学史写作路数的不满——只关注文本、不关注"从各个方面围住文学文本，向它施加各种各样的影响"的事物。王晓明举例指出：

---

① 盛澄华：《〈新法兰西评论〉与法国现代文学》，见盛澄华：《纪德研究》，上海，上海森林出版社1948年版，第161~162页。

今天重读二十世纪中国文学的历史，就特别要注意那些文本以外的现象。也是重读《新青年》，却不仅读上面发表的那些文章，更要读这份刊物本身，读它的编辑方针，它的编辑部，它那个著名的同人圈子……看清楚这份杂志……是如何出现，又如何发展；它们对文学文本的产生和流传，对整个现代文学的历史进程，究竟又有些什么样的影响……①

因此，现代文学期刊研究必然包含两个指向：其一是对刊物上的文学文本（包括理论文本）进行细读。通过回答"什么是这一时代的动向？什么是这一时代下一个作家所应采取的态度？什么是这一时代下一般读者的要求？"这些问题，来呈现时代文学的变幻面貌和时代人群的精神心理。这一指向最根本的目标是在某种程度上完成某一时代精神史的挖掘和呈现。其二是对刊物上的其他文本（如发刊词、复刊词、编后记、文艺新闻、书刊介绍等）以及围绕刊物的一些事物进行分析。通过考察刊物的编辑出版（如编辑者的意图、编辑策略、发行地点的变更、刊物上各类文学作品的发表情况等）、刊物所处的生存环境（如文化中心的多元、作家的迁徙、文学精神的变化等）来把握刊物所处时代的文学生态环境。这一指向的最终目标仍是为了前一指向的达成，是作为呈现时代精神史的一个途径而存在着的。

二

《文艺生活》月刊由著名作家、编辑人司马文森（1916—1968）主编，共出版58期。② 这58期中，桂林版《文艺生活》（1941.9.15—1943.7.15）

---

① 王晓明：《一份杂志和一个社团——重评五四传统》，见王晓明主编：《批评空间的开创——20世纪中国文学研究》，上海，东方出版中心1998年版，第187页。

② 其中，光复版第1—18期和海外版第1—5期，即1946年1月1日至1948年7月7日是和陈残云合编。一直以来，人们都认为《文艺生活》月刊共出了59期。因为1950年7月出版的穗新版第6期，也就是《文艺生活》最后一期，封面上标明的就是"新6号 总五十九期"。而这其实源于编辑在出光复版第13期（1947年4月）时排序的错误，因为第11、12期出的是合刊，所以第13期就应是总第30期，而不是总第31期。可能是由于第一次出合刊，编辑觉得顺延下去，合刊也算两期。但在后来出版海外版《文艺生活》时，第3、4期，10、11期、18、19期也都是合刊，编辑在排序时则考虑到了这个问题，合刊在总期数排序上算作一期了。这就导致《文艺生活》实际出了58期，而在最后一期上标明的则是59期。

出版地是桂林，共出三卷 18 期；光复版《文艺生活》（1946.1.1—1948.1）出版地是广州和香港，共出 17 期；海外版《文艺生活》（1948.2—1949.12.25）出版地是香港，共出 17 期；穗新版《文艺生活》（1950.2.1—1950.7）出版地是广州，共出 6 期。另外，在香港时，《文艺生活》还出过 6 期附于《文艺生活》内赠送的《文艺生活副刊》（1948.2—1948.10）。

就时间而言，《文艺生活》1941 年 9 月创刊、1943 年 7 月休刊，1946 年 1 月复刊、1950 年 7 月停刊，实际出版时间六年半，但前后持续近九年时间，跨越整个 40 年代，经历了对日抗战、国共内战和中共建政三个历史时期。《文艺生活》"在大后方维持时间较长，也是其有较大影响的原因之一"①。

就地点而言，《文艺生活》创刊于桂林，复刊于广州，再复刊于香港。在 40 年代这一"非常特殊的时代"，文学期刊也以一种"非常特殊的形态"生存着。"如果对某一种存在四年以上的期刊跟踪观察，就不难发现能够在同一城市始终办刊从不异地编辑出版者，实在是少而又少，而大多数存活期较长的刊物，一般都具有辗转流徙、四处寻找比较适于发展的空间的经历。"② 和其他"辗转流徙"的刊物不同的是，《文艺生活》的足迹始终徘徊在华南地区，行走在构成 40 年代华南文学地图主线的桂林、广州、香港三地。

如何对《文艺生活》这样的现代文学期刊进行研究？如前所述，我们要做的就是充分细致地分析《文艺生活》以及《文艺生活副刊》上的所有文本，既包括文学文本、理论文本，又包括发刊词、复刊词、编者后记、读者通信、文艺新闻、书刊广告以及围绕刊物的一些事物。分析前者试图呈现的是 40 年代发生在华南的文学现象（文学创作和文艺思想论争）以及文学现象背后时代人群（作家和读者大众，主要是作家）的精神实质和演变轨迹。考察后者试图把握的是《文艺生活》所处的 40 年代的文化生态环境，包括介绍刊物的创刊停刊、刊物主编的编辑意图和编辑策略、40 年代多元文化中心的形成、刊物诸版所体现出的时代文学精神的转变。

---

① 周葱秀、涂明：《中国近现代文化期刊史》，太原，山西教育出版社 1999 年版，第 431 页。
② 刘增人：《四十年代文学期刊扫描》，《中国现代文学研究丛刊》2003 年第 2 期。

　　《文艺生活》云集了现代文学史上诸多名家，如郭沫若、夏衍、胡仲持、欧阳予倩、田汉、周钢鸣、邵荃麟、陈残云、何家槐、林林、杜埃、孟超、黄宁婴、钟敬文、穆木天、黄药眠、韩北屏、华嘉、周而复、曾卓、伍禾、张殊明、李育中、陈闲以及司马文森等。这个名单几乎包括了当时活跃在文坛上的大部分的知名进步作家和艺术家。翻阅《文艺生活》中的文学文本，我们不但可以看到战时国统区文学的多元化样貌——战时知识分子挣扎于绝望与希望之间的战争人生心灵体验，作家们对地主、官僚、商贾、教员以及知识分子等的讽刺，底层小人物在战争挤榨下的悲惨命运以及在 40 年代初发生的"妇女回家"论争背景下出现的以知识女性成长为命题的小说创作，还能看到和新中国文学有着血脉联系、具有新中国文学性质的战后香港文学以及其所具有的地方色彩。香港学者许定铭《文艺生活》月刊"足以代表我国南方现代文学"① 这一论断充分肯定了《文艺生活》所刊文学作品的艺术价值和文学史价值，是透视 40 年代作家精神心理的很好途径。

　　以文艺的方式追随时代革命风潮所呈现的鲜明时代性是《文艺生活》月刊的一个显著特点。尤其是在香港的三年半（1946.8—1949.12）的时间里，由于身处文艺运动的漩涡之中，当时主要的文艺论争、文艺运动都在《文艺生活》上留下了印记。如人民文艺思想在香港的传播和阐释、小资产阶级思想改造运动的发起和作家自我批评的严酷、华南方言文学运动的热闹和死寂以及对主观论的批评等等。对这些理论文本进行分析，并结合相关的历史资料，我们可以对 40 年代华南的新文艺运动进行大致的还原，做出历史的评判。

　　人民文艺思想的再阐释和小资产阶级思想改造是紧密相连的一个问题的两面：在战后香港，左翼人士利用其和平环境对毛泽东《在延安文艺座谈会上的讲话》（简称《讲话》）中的"文艺为人民大众""首先为工农兵"的人民文艺思想进行了理论阐释和文艺批评实践，在推行文艺大众化的过程中开展了对小资产阶级知识分子出身的文艺作家的思想改造（此时作家的思想改造主要表现为来自外部的左翼人士的文学批评和来自内部的

---

① 许定铭：《〈文艺生活〉月刊》，《大公报》，2008 年 6 月 3 日。

对自己思想与创作的自省）。

40 年代后期轰轰烈烈的华南方言文学运动同样是在香港的南方文艺工作者，为了践行毛泽东《讲话》中的文艺大众化精神而开展的长达三年左右、声势颇为浩大的文艺运动。理论论争和文学创作的材料数量都很可观。探究起来，方言文学运动"无疾而终"的原因就在于其具有的是"有限合法性"。其合法性表现在三个方面：作为文艺大众化的实践层面，知识分子作家改造自我、皈依大众的努力之姿态，对五四新文学运动精神传统的承继。其合法性的限度在于它和政治意识形态是一种历史的符合关系。

文学文本、理论文本之外，期刊研究值得关注的必须还有期刊本身。正如罗岗所言：

> 面对《学衡》，我们究竟被这本杂志吸引，还是仅对杂志中的某些文本或撰稿人感兴趣？一本杂志中的各类文本的总和，并不等于杂志本身。编辑杂志的过程，就是根据编辑者的意图，对进入杂志的各类文本进行重新编排的过程。在这一过程中，各类文本已经成为构筑新的、更大规模的"杂志文本"的句段。[①]

因此，对刊物主编的办刊模式、编辑策略的讨论是《文艺生活》研究的重要构成。

抗战中期创刊的《文艺生活》月刊虽说创刊较晚，但在抗战期间的影响遍及大后方。第一期即销售 4000 份，以后逐渐增加至 2 万份。这是很可观的数字。桂林、昆明、成都、西安、贵阳等地都是《文艺生活》行销之处。当时《贵州日报》发表的王伴石写的书刊介绍——《文艺生活——司马文森主编》指出其是"目前一本比较优秀的刊物，是在《文艺阵地》、《抗战文艺》等停刊后，荒凉而冷漠的文艺园地之中的一株乔木、一棵劲草"。[②] 国共内战期间在香港出的光复版和海外版，影响则从华南、港澳扩大到南洋一带。其影响的扩大源于主编司马文森独特的办刊策略和编辑策略。为了刊物的生存和发展，司马文森广泛招募青年文艺爱好者加入文艺

---

① 罗岗：《历史中的〈学衡〉》，见王晓明主编：《二十世纪中国文学史论》第一卷，上海，东方出版中心 1997 年版，第 362~364 页。

② 见黄夏莹：《司马文森与抗战文艺》，《福建党史月刊》1988 年第 5 期。

生活社成为社员，采取了文人主导下的群体性办刊模式，有效维持了刊物的生存和发展。在编辑策略上，司马文森着重构建"引领性文学平台"。所谓"引领性文学平台"即以《文艺生活》及《文艺生活副刊》为前台载体、包括文艺生活社各个组织系统在内的，旨在协助并提高青年文艺爱好者文艺水平的整体运行机构及由此形成的互动空间。独特的办刊策略使得《文艺生活》成为战后华南文学刊物独特生存方式的典型代表，而独特的编辑策略又使《文艺生活》的文本内容较之其他刊物更为丰富和多样。

和二三十年代文化中心单一化，集中在北京、上海这两个大城市不同，40年代的文化中心则显示出多元、流动的特点。这固然是战争给文化带来的衍生品。在抗战初期，北平、上海沦陷后，广州、武汉取而代之成为新的文化中心；及至广州、武汉沦陷，重庆、桂林、香港等地又继起代之成为新一批文化中心。在国共内战、国统区容不下进步知识分子之时，香港再次成为北平、上海和延安之外的另一个文化中心。因此，40年代文学呈现出一种地域化、流动性的特点。其地域化不仅体现在战时的几个战争区隔——国统区、解放区、沦陷区以及孤岛各自表现出的特质文学，更体现在生活地理意义上的行政区划——华北、东北、华东、华中、华南、西南以及西北各自在战时、战后的文学流脉。其中，华南地区（包括广东、广西、海南、福建、台湾）由于囊括了战时文化名城桂林以及广州、香港等地，在40年代文学风云场上扮演了十分重要的角色。而《文艺生活》创刊于桂林，第一次复刊于广州，第二次复刊于香港，第三次又复刊于广州，足迹遍布40年代华南地区的这几个文化重镇，其影响虽波及全国，但无论就刊物承载的文本内容、刊物的主要读者群体还是刊物主编的主观意图，《文艺生活》立足华南、表现华南、面向全国及海外的办刊方针都是很明确的。通过《文艺生活》这个个案，对40年代华南的区域性、时代化的文学进行考察，有助于我们绘制整体的40年代文学地图。

作为跨越整个40年代的刊物，《文艺生活》和时代文学的脉搏紧密合拍，"在各阶段随着形势的变化而有不同的特点""具有鲜明的时代性，尽了自己的时代使命"[①]。抗战期间的桂林版以发表抗战文艺作品为主，国共

---

① 周葱秀、涂明：《中国近现代文化期刊史》，第431~432页。

内战期间的光复版侧重利用文艺进行民主斗争和表现民生，海外版是文艺大众化的身体力行——青年文艺创作竞赛、方言文学的讨论和创作等，中华人民共和国成立后的穗新版则提倡工农兵文艺。《文艺生活》的时代文学性和40年代中国的社会背景密切相关，抗战、国共内战以及中共建政构成了40年代急剧变幻、波谲云诡的历史背景屏幕，民族战争、阶级战争以及现代民族国家的建立无一不对40年代的文学产生重大的影响，使其表现出自己的特质。文学和时代精神的关系是一个复杂的话题，单纯视其为文学政治化、文学功利化或者文学的使命担当都不准确。《文艺生活》诸版所体现的时代文学精神的转变，只能说明：《文艺生活》月刊与40年代华南文学（现代文学期刊与现代文学）是一种互文共生的关系，二者作为互文本而存在。

三

对于文学期刊研究的意义，新世纪以来早已为人们所认识。杨义将报刊作为现代文学与古代文学的根本性区别："报刊作为传播媒体，深深地影响着现代文学的写作方式、传播方式、阅读方式，以及作家的交往方式、成名方式和他与社会、与市场的关系。可以说，中国现代文学与古典文学一个带根本性的区别，是它拥有了报刊。"[①] 朱德发认为，现代文学期刊同时应被视为现代文学文本："现代文学期刊本身即是现代文学构成的一个部分。不仅是一种媒介，也是现代文学文本，几乎所有现代作家都办过期刊，是建构现代文学的一个重要阵地。现代文学文体特点以及作家个人创作风格和流派风格的形成都与期刊密切相关。"[②] 对于文学期刊和文学史的关系，刘增人认为："期刊是现代文学最初的原生态，文学史写作应从原报原刊入手，并倡导对现代文学编辑的研究。"[③]

---

① 杨义：《流派研究的方法论及其当代价值》，《海南师范学院学报》2001年第5期。
② 李拉利、周宝东：《"回顾与展望——中国现代文学研究学术研讨会"综述》，《鲁迅研究月刊》2005年第7期。
③ 李玉兰：《"回顾与展望——中国现代文学研究学术研讨会"在津召开》，《中国现代文学研究丛刊》2005年第4期。

　　文学期刊研究对于现代文学及文学史的重要性使得文学期刊研究方法论的重要性显现出来，出现了诸多研究文章，如陈平原《文学史家的报刊研究——以北大诸君的学术思路为中心》①，《晚清：报刊研究的视野及策略》《现代中国文学的产生机制与传播方式》②，以及前述《文学史视野中的"报刊研究"——近二十年北大中文系有关"大众传媒"的博士及硕士学位论文》等卓有见地的文章。刘增人《现代文学期刊的景观与研究历史反顾》③、邵宁宁《关于现代文学杂志研究的方法论思考》④ 等文章是新世纪初较有代表性的探讨期刊研究法的论文。刘增人《生命体验·文脉传承·学术研究——略说我和文学期刊研究的来龙去脉》⑤ 属晚近的期刊研究学术回首之文。史建国《中国现代文学报刊研究的回顾与反思》⑥ 和黄发有《论中国当代文学期刊研究的进展与路径》⑦ 则是最新的对现代文学报刊和当代文学期刊研究的总结和反思。

　　当然，更多的对于期刊研究方法的思考体现在那些数量众多、现在仍方兴未艾的文学期刊研究论文中。2019 年尚未结束，但期刊研究的论文数量和质量都十分突出。一批硕士博士研究生选择以文学期刊作为研究对象完成学位论文，选择面极为宽广：既包括二三十年代的名刊《小说月报》⑧、通俗文学（文化）刊物⑨以及地方性的抗战文艺刊物⑩，又包括新

----

① 陈平原、［日］山口守编：《大众传媒与现代文学》，北京，新世界出版社，2002 年版。

② 陈平原：《文学的周边》，北京，新世界出版社 2004 年版。

③ 刘增人：《现代文学期刊的景观与研究历史反顾》，《中国现代文学研究丛刊》2005 年第 6 期。

④ 邵宁宁：《关于现代文学杂志研究的方法论思考》，《甘肃社会科学》2006 年第 3 期。

⑤ 刘增人：《生命体验·文脉传承·学术研究——略说我和文学期刊研究的来龙去脉》，《文化学刊》2018 年第 6 期。

⑥ 史建国：《中国现代文学报刊研究的回顾与反思》，《首都师范大学学报》（社会科学版）2018 年第 4 期。

⑦ 黄发有：《论中国当代文学期刊研究的进展与路径》，《中国现代文学研究丛刊》2019 年第 8 期。

⑧ 如韩亚婷：《叶圣陶与〈小说月报〉研究》，硕士学位论文，湖南师范大学，2019 年；刘媛：《〈小说月报〉（1921—1931）散文作品研究》，硕士学位论文，云南师范大学，2019 年，等。

⑨ 如马丽：《民国通俗文学期刊〈珊瑚〉研究》，硕士学位论文，广西大学，2019 年；韩丽梅：《〈时代漫画〉文学旨趣研究》，博士学位论文，河北大学，2019 年，等。

⑩ 如柯珂：《抗战时期重庆本土期刊〈春云〉研究》，硕士学位论文，重庆师范大学，2019 年；程鹏瑜：《〈戏剧春秋〉期刊研究》，硕士学位论文，广西师范大学，2019 年；蔡志娟：《〈现代文艺〉研究》，硕士学位论文，山东大学，2019 年，等。

时期以来直至新世纪的纯文学刊物①。学位论文以外，一些论者聚焦于一种刊物，探讨期刊文本本身的特色或有所延伸，如郭浩帆、颜梦寒《近代女性文学期刊〈莺花杂志〉若干问题考述》②、王丹《〈文艺生活〉月刊与20世纪40年代华南文学——阶段性、地域化文学史写作路向的探索》③；一些论者涉及两种甚至数种文学期刊，探讨期刊文本与时代文学、作家群体的关系，如王雪松、黎婷《校园期刊与新诗发生期的批评场域——以〈新潮〉和〈清华周刊〉为例》④、张晓婉《20世纪50年代台湾文学场域中的五四传统改造问题——以数种台湾文学期刊为考察中心》⑤、李敏《1990年代的文学期刊与"现实主义冲击波"》⑥、杨博《"70后"作家与文学期刊——"70后"作家文学生产的媒介因素考察》⑦；还有一些论者将目光转向国外文学期刊，如李葆华《普希金创办的文学期刊〈现代人〉研究》⑧、朱涛《"大型"文学期刊与当代俄罗斯文学批评关系研究综述》⑨。

总的来看，新世纪以来的文学期刊研究保持了如火如荼的态势，"无数精彩的个案研究"在被"认真经营"着，"丰富多彩的文学史图景"已

---

① 如郑会会：《新时期文学视域下的〈鸭绿江〉研究》，硕士学位论文，渤海大学，2019年；吴双：《论〈收获〉与先锋小说的历史生成》，硕士学位论文，辽宁大学，2019年；徐庆林：《〈女子文学〉（1985—1999）研究》，硕士学位论文，河南大学，2019年；常雄佳：《文学转型时期的〈花城〉研究（1990—2010）》，硕士学位论文，中国矿业大学，2019年；曹瑞杰：《文学发展中的〈钟山〉研究》，硕士学位论文，中国矿业大学，2019年；司贵珍：《〈中国西部文学〉与20世纪90年代新疆汉语文学创作》，硕士学位论文，新疆大学，2019年，等。

② 郭浩帆等：《近代女性文学期刊〈莺花杂志〉若干问题考述》，贵州大学学报（社会科学版）2019年第5期。

③ 王丹：《〈文艺生活〉月刊与20世纪40年代华南文学——阶段性、地域化文学史写作路向的探索》，《东北师大学报》2019年第2期。

④ 王雪松等：《校园期刊与新诗发生期的批评场域——以〈新潮〉和〈清华周刊〉为例》，《天津社会科学》2019年第3期。

⑤ 张晓婉：《20世纪50年代台湾文学场域中的五四传统改造问题——以数种台湾文学期刊为考察中心》，《鲁迅研究月刊》2019年第5期。

⑥ 李敏：《1990年代的文学期刊与"现实主义冲击波"》，《中国现代文学研究丛刊》2019年第1期。

⑦ 杨博：《"70后"作家与文学期刊——"70后"作家文学生产的媒介因素考察》，《小说评论》2019年第4期。

⑧ 李葆华：《普希金创办的文学期刊〈现代人〉研究》，《美与时代》（下）2019年第6期。

⑨ 朱涛：《"大型"文学期刊与当代俄罗斯文学批评关系研究综述》，《外国文学动态研究》2019年第3期。

经呈现了出来。① 每一位研究者在对他的研究对象进行话题选择时，都有自己的着眼点和面向，无论是试图回到现场、还原历史，还是探讨期刊和文学创作、文学思潮、作家群体的互动共生关系，期刊研究方法的选择和思考都已内化于对研究对象和研究话题的论说当中。从隐晦到明晰、从内在到外在，只是有待时间。

　　《文艺生活》只是浩如烟海的期刊之一种，对《文艺生活》的研究也远没有结束，将研究之前对于期刊研究方法论所做的功课和研究过程中对于期刊研究方法论的思考进行总结，既是对本书研究方法的交代，也是对本书研究内容的一个总起。

---

　　① 陈平原：《文学史视野中的"报刊研究"——近二十年北大中文系有关"大众传媒"的博士及硕士学位论文》，《现代中国》第十一辑，第 160 页。

上 编

第一章　司马文森与《文艺生活》

一、"亦书亦剑"的司马文森

司马文森（1916.4.1—1968.5.22），现代作家，著名编辑人。福建泉州人。原名何应泉，曾用名何章平。笔名有司马文森、文森、林娜、林曦、宋芝、耶戈、陈程、白沉、何汉章、林川、白纹、马霖、司马梵林、司马梵霖、林邹、燕子、宋桐、何文浩、希伦、羽翼等。其中，司马文森这个笔名1937年在《救亡日报》上首次使用，以后作为其最主要的笔名流传于世。司马文森的父亲是个穷苦的小贩，但粗通文墨，"是一个'古迷'"，"可以全部背诵《三国》"，对司马文森影响很大。

司马文森几乎没有受过完整的正规教育，8岁在教会办的高级小学念书，但10岁即随族人乘"猪仔船"到菲律宾马尼拉做童工。15岁回到故乡，进入当时泉州最进步的黎明高中预备班学习。在黎明高中，司马文森结识了在该校任教的丽尼（郭安仁）和张庚，接触到了一些新文艺作品和外国翻译作品，并由于对国民党围剿和惨杀闽西南苏区感到愤怒，以燕子为笔名在《泉州日报》副刊上发表了很多"战鼓似的诗歌"。这样做的结果是，17岁的司马文森受到国民党的追捕，逃到乡下，学习生活因此而结束。司马文森自己总结说，"从小学到中学，我的全部学生生活不过六年，以后就要完全凭自己两只手来讨生活了"[1]。1934年，18岁的司马文森来到上海，以林娜、耶戈等笔名在上海《申报·自由谈》《时事新报》副刊上发表一些散文。后经张庚介绍，参加了中国左翼作家联盟。在上海期间，"每个月这两个报馆供给我三四十元稿费"，"从此，我开始了自己的卖文生活"。[2]

---

[1]　司马文森：《在苦斗中过文艺生活——一个文艺学徒的自白》，见杨益群、司马小莘编：《司马文森研究资料》，北京，北京十月文艺出版社1998年版，第184页。

[2]　司马文森：《〈人间〉后记》，见杨益群、司马小莘编：《司马文森研究资料》，第229页。

在不算太长的一生里，司马文森的生活可以说是"亦书亦剑"①。

作为革命者，早在黎明高中时，15 岁的司马文森就参加了地下党领导的群众组织——互济会，16 岁参加了共产主义青年团，17 岁就加入了中国共产党。18 岁时，司马文森在泉州南区乡下做农村工作，主编党的地下刊物《农民报》，并负责领导南区的赤色农会，组织破坏漳泉公路、烧桥、挂红旗等小规模的行动，用以牵制国民党军队向闽西苏区的进攻。1944 年 7 月底，日寇逼近桂林，湘桂大撤退开始了。司马文森带着家人最后一批离开桂林，前往柳州。9 月中旬，柳州将陷，司马文森携家撤退到广西融县，安顿好妻女后，便奔赴七十里外的永乐乡，组织领导桂北抗日武装斗争。1945 年初，融县被占领后，司马文森又在龙岸（今广西罗城县）山区成立"抗日别动纵队"，任政治部主任，一直坚持到抗战胜利。

作为文人，司马文森集多种职业角色于一身，并在多个文艺领域里卓有成就。他是现代文学史上有影响的作家，一生著述颇丰。根据杨益群的统计，他"共创作发表了中、长篇小说 22 部，短篇小说集、散文集、报告文学集 15 部，儿童文学 7 部，剧本（包括电影剧本）12 部，理论创作 6 部，其他创作 3 部，收入各种专集的 12 部。除此，还发表了短篇小说、散文、报告文学、诗歌、杂文、评论等 800 多篇，林林总总，字数不下几千万。"② 其中，长篇小说如《雨季》《南洋淘金记》《风雨桐江》，中篇小说如《成长》《折翼鸟》，散文集如《粤北散记》，电影剧本如《海外寻夫》《南海渔歌》等都是中国现代文学史上熠熠闪光之作。其中，《南洋淘金记》被誉为"一部有历史留存价值，足以不朽的作品"。③

除了作家，司马文森同时又是一个记者、编辑，有着近 20 年的编辑生涯：1934 年，主编党的地下刊物《农民报》；1938 年，担任广州《救亡日报》义务记者；1938 年 1 月 17 日至 3 月 31 日，从一个朋友手中接编《诚报》副刊；1938 年，在国民党四战区长官部政治部三组工作时曾与石辟澜等编辑《小战报》；1939 年，曾短期和石辟澜一起参加由尚仲衣、任毕明

---

① 杨义：《中国现代小说史》（第三卷），北京，人民文学出版社 1986 年版，第 220 页。

② 杨益群：《司马文森创作论》，见杨益群、司马小莘编：《司马文森研究资料》，第 366 页。

③ 东瑞：《司马文森的小说》，见杨益群、司马小莘编：《司马文森研究资料》，第 332 页。

主编的《新华南》的编辑工作；1939 年至 1940 年，和周钢鸣一起参加了广西地方建设干部学校校刊《建设干部》《干部生活》的编辑工作；1940 年 12 月，负责《救亡日报》新副刊《儿童文学》的编辑工作；1941 年 9 月 9 日，同焦菊隐、刘建庵等十余人在桂林创办"艺术新闻"社，编辑出版《艺术新闻》；1941 年 9 月 15 日，在桂林创办全国性大型文艺刊物——《文艺生活》月刊；1942 年 6 月，被聘为桂林国光出版社编辑；1944 年 9 月，撤退至柳州时，在《柳州日报》编副刊；1946 年 1 月 1 日，和陈残云在广州复刊 1943 年 9 月 20 日被封闭停刊的《文艺生活》，出至 1946 年 6 月又被封闭；同年 2 月 9 日，和陈残云在广州创办《文艺新闻》周刊；同年 3 月上旬，主编《联合增刊》，抗议国民党当局查禁《文艺新闻》《自由世界》等四杂志；同年 5 月中旬，和洪遒、周钢鸣在广州合编《文艺修养》月刊；1946 年 8 月至 1949 年 12 月 25 日，《文艺生活》迁香港出版；1950 年 2 月 1 日，《文艺生活》迁回广州出版；1951 年，任香港《文汇报》总主笔；1953 年至 1955 年，任广州作协会刊《作品》的主编。① 1955 年以后直到"文革"中被迫害致死，司马文森一直在外交部从事对外文化交流工作。

可以说，从 18 岁开始，司马文森 34 年的工作生涯中，编辑工作占去了一大半时间，而且是在他的黄金时代！在其编辑生涯中，《文艺生活》月刊从 1941 年创刊到 1943 年休刊、从 1946 年复刊至 1950 年停刊，实际出版时间是六年半，但前后持续了近九年时间，名副其实地成为司马文森本人在整个 20 世纪 40 年代所过的"文艺生活"的一个缩影。

司马文森作为作家，固然在中国现代文学人物画廊里占有一席之地，但综合评价司马文森留下的文学遗产，笔者更同意香港学者许定铭所说的，"他一生最伟大的贡献，是主编了足以代表我国南方现代文学的《文艺生活》月刊"②。

---

① 参见杨益群、司马小莘：《司马文森生平与文学活动年表》，见杨益群、司马小莘编：《司马文森研究资料》，第 15~70 页。

② 许定铭：《〈文艺生活〉月刊》，《大公报》，2008 年 6 月 3 日。

二、司马文森与《文艺生活》

1941年9月15日，"在抗战最艰难的时候，《文艺生活》在桂林创刊"①。

在此之前，随着北平、南京、上海、广州这些文化重镇的相继陷落，桂林这座南方小城凭借其特殊的地理位置、政治氛围②，吸引了很多大后方的知识分子，他们积极开展文艺活动、创办杂志、成立出版社、出版文艺丛书等。一时间，桂林成为"繁花竞秀、盛极一时"③的"文化城"，尤其是"从1940年春到同年10月，可以说是桂林这个'文化城'最繁盛的时节。"④但随着1941年1月上旬"皖南事变"的爆发，国民党反共的第二次高潮达到了顶点。桂林的进步文艺活动也随之受到打击。夏衍、周钢鸣等大批的文化人和知名人士秘密撤退到了香港，司马文森被组织安排留在桂林承担着联系和领导文化系统地下党员的工作。

由于政治形势的恶化，出现了作家"分散"、杂志"停刊"、"出版界陷于停滞状态"的状况，"1941年的文艺运动是最低潮的一年"。⑤确实，"1941年由于国共矛盾的激发以及国民党中央对桂林书刊审查力度的加强，文学期刊的创办也受到了一定影响，呈现缩减趋势"。当时桂林纯文学期刊和主要综合性文学期刊共有66种，从创刊时间上看，"分别为1938年5种，1939年11种，1940年19种，1941年8种，1942年14种，1943年9种，1944年1种，明显体现出一个波澜起伏的变化过程，大多数刊物主要

---

① 编者：《编者·作者·读者》，《文艺生活》光复版第1期，1946年1月1日。

② 从地理位置上看，桂林当时是广西的省会，是连接西南、华南、华东的重要交通枢纽。而且桂林的天然岩洞众多，防空极为方便。从政治氛围上看，由于桂系和蒋介石存在矛盾，桂系国民党内有一些民主派，更由于中共有力的统战政策，使得在抗战初期，广西当局在政治上、文化上的态度比较开明。

③ 周钢鸣：《桂林文化城的政治基础及其盛况》，见潘其旭、王斌、杨益群、顾绍柏编：《桂林文化城纪事》，桂林，漓江出版社1984年版，第3页。

④ 夏衍：《懒寻旧梦录》（增补本），北京，生活·读书·新知三联书店2000年版，第300页。

⑤ 司马文森：《闲话1942年的文艺——不算回顾》，见杨益群、司马小莘编：《司马文森研究资料》，第273页。

集中在 1940 年和 1942 年"。① 就在这个时候，在孟超的引荐下，司马文森和当时一家新成立不久的出版社——文献出版社合作，创办了《文艺生活》月刊。关于创办杂志的动机，司马文森在 1962 年回忆时强调，"对方是商人，办杂志有他的动机"，但"我们是革命工作者，办杂志为革命斗争服务，也有我们的动机。"② 正是司马文森"不拘一格，为我所用"的办刊态度使得《文艺生活》得以出版，"为桂林的文化城撑了腰"。③

　　作为战时桂林文坛的重要文学期刊之一，《文艺生活》月刊是一份有全国性影响的大型综合性文学杂志。《文艺生活》的创刊号虽说没有发刊词，但明确了编辑方针——以发表文学创作为主（"加强创作部分"），以译介、作家作品研究和写作方法介绍为辅（"有好的翻译每一期也要尽可能的介绍出来。作家或作品研究，不论是中国或是外国的，我们都希望每期能介绍一两篇，不尚空论，多谈实际的写作方法或生活介绍，虽没有特殊见解，能尽量的提供出研究材料来，也是我们所欢迎的"）。其中，司马文森尤为强调了一下"实际的写作方法或生活介绍"对于引导青年走上文艺创作的道路有直接的帮助。④ 这一编辑方针的确立，为司马文森日后在香港为国内外广大文学爱好青年构建引领性文学平台埋下了伏笔。

　　在这样的编辑方针下，《文艺生活》月刊的涵量十分丰厚。如第一卷第 1 期的小说就有艾芜的《轭下》、司马文森的《王英和李俊》、邵荃麟的《多余的人》、陈原译德国作家 I. 罗顿堡格的《别针》；诗歌有郑思的《荒木大尉的骑兵》、周钢鸣的《给老战士》、伍禾的《行列》；剧本有周行译西班牙作家 R. 山德尔的《秘密》；报告文学有何家槐译苏联克罗帕脱诺伐的《齿轮》（苏联工厂史之一）；论文有韦昌英的《屠格涅夫是怎样写作的》；杂文有孟超的《鸡鸭二题》、东郭迪吉的《略谈"文人作风"与"武人作风"》。不论从创作上看，还是从译介、作家研究上看，对于读者

---

① 佘爱春：《抗战时期桂林文化城的文学空间》，博士学位论文，南京大学，2011 年，第 47~48 页。

② 司马文森：《在桂林的日子——对二十年前一段生活的回忆和怀念》，见杨益群、司马小莘编：《司马文森研究资料》，第 205 页。

③ 黄药眠：《动荡：我所经历的半个世纪》，上海，上海文艺出版社 1987 年版，第 481 页。

④ 编者：《编后杂记》，《文艺生活》桂林版第一卷第 1 期，1941 年 9 月 15 日。

来说都是非常丰富的。

《文艺生活》月刊还紧扣当时的热点人物和事件，如在第一卷第 2 期就首先刊印了余所亚作的鲁迅先生侧面画像，题名《鲁迅五年祭》，并有署名本刊同人的《不死的鲁迅，永生的鲁迅——为纪念鲁迅先生逝世五周年作》的纪念性文章。第一卷第 3 期首页则是余所亚所作的郭沫若先生正面头像，并设置了一个专栏"寿郭沫若先生五十"，刊发了田汉、聂绀弩、孟超和韦昌英的祝颂文章。这一期还设了"德苏战争特辑"，有孟昌译 A. 托尔斯泰的《我号召憎恨》、孟昌译 W. 瓦雪柳斯卡的《在战争的路上》和秦似译 I. 爱伦堡的《我看见过他们》三篇文章。在本期的《编后杂记》中，司马文森说："德苏战争已经过了四个月了。在这四个月中，希特拉的泥足在俄罗斯的平原上，只有越陷越深，无法自拔。在这一期我们也凑了几篇文章，出一个特辑，篇幅虽不多，可是它却告诉了我们苏联的千百万群众，是如何用他们坚决英武的步伐，跨上反法西斯蒂英勇斗争的道路！这在我们抗战正临到空前的艰难的今天，读着是有无限意义的。"[①] 涵量丰厚又贴近现实的特点，几乎在《文艺生活》各期中都有所体现。

《文艺生活》月刊的作者阵营也十分强大。主要撰稿人司马文森、陈残云、何家槐、林林、黄药眠、胡仲持、郭沫若、周钢鸣、孟超、黄宁婴、华嘉、杜埃、荃麟、静闻、夏衍、韩北屏、曾卓、周而复、伍禾、张殊明、欧阳予倩、田汉、陈闲、穆木天、李育中、洪遒等。当时活跃在文坛上的知名进步作家和艺术家几乎都在这个名单之内，这实际上充分显示了这个刊物的编者——司马文森本人杰出的活动能力和组织才能。值得一提的是，从桂林版第二卷第 1 期到第三卷第 6 期，以及后来的光复版第 1—13 期，刊物封面的"文艺生活"四个大字就是郭沫若亲笔题写的。

《文艺生活》创刊后，稿源充足，甚至出现由于"稿挤"而不得不将原本定于当期刊出的文章延至下期发表的情况。如在第一卷第 2 期的《编后杂记》中，司马文森就说："张客先生《国难财》，因为稿挤临时抽出，特向作者读者志歉。"[②] 在第一卷第 3 期的《编后杂记》中又说："本期排

---

① 编者：《编后杂记》，《文艺生活》桂林版第一卷第 3 期，1941 年 11 月 15 日。
② 编者：《编后杂记》，《文艺生活》桂林版第一卷第 2 期，1941 年 10 月 15 日。

就后，字数超出原定数目，故不得不临时抽出几篇文章，穆木天先生的译诗（法·V. 雨果作）《穷苦的人们》及陈占元先生的翻译小说《白的兽物》（法·A. 桑松作）只得留到下一期，这要对木天先生占元先生及读者们特别表示歉意的。"又声明"本刊近来收到稿件甚多，因为编辑部的人手不多，在办理退稿手续方面，也许略有不能如意地方。"①

《文艺生活》（以下简称《文生》）的销路也很好，"从第一期 4000份的销路，扩展到近 2 万份""在国统区曾有比较大的影响""许多著名的作家的作品是在《文艺生活》上初次与读者见面的"。②《文艺生活》的销售范围也较大，遍及西南各地。从下面这句话里我们可以看出它的销售范围。"在昆明、西安、成都等地读者纷纷来信说：《文生》在上列各地因书商随意抬高定价有贵至三元五角一期的，要我们设法。"③

司马文森在这个刊物上投入了相当大的精力。司马文森的夫人雷蕾回忆说："当时这个刊物从约稿、选稿到编排、画版样、跑印刷厂、校对等等许多杂事，主要由他一个人负担（我协助他工作，负责阅读群众来信、来稿和初校）。"④《文艺生活》之所以受读者欢迎，背后充满了司马文森的辛勤和努力。

《文艺生活》在桂林共出了三卷 18 期，历时两年。1943 年 9 月 20 日，被广西当局限令停刊。抗战胜利后，1946 年 1 月 1 日，司马文森在广州复刊《文艺生活》，出光复版第 1 号，并邀请陈残云一起编辑。后来又办了一份篇幅较小、战斗性较强的《文艺新闻》。二人的分工是，前者以司马文森为主，陈残云协助；后者以陈残云为主，司马文森协助。据陈残云回忆，"《文艺生活》在广州是影响较大的月刊，每期印 6000 册，国民党反动当局对它'另眼相看'"⑤。

---

① 编者：《编后杂记》，《文艺生活》桂林版第一卷第 3 期，1941 年 11 月 15 日。
② 杨益群、司马小莘：《司马文森生平与文学活动年表》，见杨益群、司马小莘编：《司马文森研究资料》，第 36 页。
③ 编者：《编后杂记》，《文艺生活》桂林版第一卷第 6 期，1942 年 2 月 15 日。
④ 雷蕾：《司马文森与〈文艺生活〉》，见杨益群、司马小莘等编：《司马文森研究资料》，第 143 页。
⑤ 陈残云：《司马文森和他的散文》，见杨益群、司马小莘编：《司马文森研究资料》，第 337 页。

1946 年 6 月，和《文艺新闻》以及其他刊物一样，《文艺生活》被国民党当局封闭。《文艺生活》（光复版）实际在广州只出到第 6 期就不得不迁香港出版。"那时，香港一片萧条，要找个生活的立足点，就得有骆驼钻针孔的本事，何况要开展文艺工作，就难乎其难了。"① 雷蕾也说，"当时流亡到香港的文艺界朋友都了解，要在香港生活下来就很不容易，要办杂志就更困难了。"② 但"司马的活动能力很强，一到香港就打开了局面"，不但"很快租到了住房"，连陈残云的"住处也作了准备"。"同时筹到了 3000 元港币作为刊物注册的按金，《文艺生活》在港府注了册，交智源书局发行。"③ 这样，《文艺生活》（光复版）第 7 期于 1946 年 8 月在香港出版了。1948 年 1 月，光复版《文艺生活》出至第 18 期（即总 36 期）后，于 1948 年 2 月改出海外版第 1 期（即总 37 期），开本由 16 开变为大 32 开，页数由光复版的每期平均 43 页，增至每期平均 52 页。《文艺生活》（海外版）一直出到 1949 年 12 月 25 日，共 20 期。

在香港的将近三年半的时间里，司马文森把他的主要精力都放在了这本刊物上。1947 年下半年，陈残云到香岛中学去教书，只用一点业余时间为刊物看点稿件、参加"文生社"的读者座谈会（事实上，从 1948 年 9 月 15 日海外版第 6 期开始，《文艺生活》的编辑人就只署司马文森一人了）。因此，从约稿、选稿、送稿到排版、跑印刷厂、校对、复社员来信等《文艺生活》的日常工作，大部分都由司马文森承担。

当然，最主要的困难还是筹措《文艺生活》的出版经费问题。和在桂林与商人合作办刊不同，现在是个人办刊，经费只能自己想办法。而《文艺生活》已失去了国内的市场。司马文森于是转向发展海外读者，成立了以"主张民主、研究文艺"为宗旨的青年学习团体——文艺生活社，开展"文艺生活社"征求社员运动。得到了马来亚、新加坡、菲律宾、印尼、暹罗（泰国）、安南（越南）、缅甸，以及美国、加拿大、巴西、英国、港

---

① 野曼《抹不去的脚印——怀念司马文森同志》，见杨益群、司马小莘编：《司马文森研究资料》，第 119 页。

② 雷蕾：《司马文森与〈文艺生活〉》，见杨益群、司马小莘等编：《司马文森研究资料》，第 147 页。

③ 陈残云：《司马文森和他的散文》，见杨益群、司马小莘编：《司马文森研究资料》，第 338 页。

澳等地广大华侨青年、华侨文艺界人士的积极响应，再加上国内上海、北平、昆明等地的文艺青年，文生社共有社员约 1500 人。这些"社员"和群众来信，"有时一个月就达千封"。① "许多人听说办杂志有困难，都自动汇款相助。"② 司马文森在香港也成立了"文艺生活读者会"，经常去作报告。在香港和海外读者的热情支持下，司马文森终于设法把《文艺生活》维持了下来。当时同在香港讨生活的野曼（赖澜）亲眼目睹了司马文森的努力，感慨道，对于《文艺生活》，"司马为了它，可谓含辛茹苦，疲于奔命了"③。在香港的这三年半时间里，《文艺生活》客观上起到了团结广大海外青年、文艺工作者，宣传民主自由，推进民主文艺发展的积极作用。

随着新中国的成立，1950 年 2 月，《文艺生活》迁回广州出版，但只出了半年（六期）就于同年 7 月宣布停刊。在穗新版第 6 期的《〈文生〉半年》一文中，司马文森分析了停刊的几个原因。首要原因是，司马文森认为在穗新版出版之初确定的新时期新的工作任务——"培养华南文艺干部，建设新华南文艺"并没有得以完成：

> 在"反映华南人民生活"这一点上，我觉得《文生》做得太不够，检查这半年来所发表的作品，真正能反映华南人民生活的并不多，而且大都是随军南下参加解放军工作的同志们所写的。他们因为在语言及对华南人民生活的了解上，多少有点差别，因此，即使有这种作品，也还欠深入。而在华南从事文艺工作的同志，又因为大都参加实际工作，被事务拖累，无法进行创作，这是原先所想不到的。我们也曾想到多注意刚从斗争中成长起来的人民文艺工作者的稿件，一则是他们也很忙，稿件来的不多，再则写作水准还低，在近千篇稿件中，能够用的占极少数比例，这是作为编辑人最大的痛苦，而我们不能进行动员，组织稿件，也是一个缺点。

---

① 雷蕾：《司马文森与〈文艺生活〉》，见杨益群、司马小莘等编：《司马文森研究资料》，第 147 页。

② 东瑞：《司马文森的小说》，见杨益群、司马小莘编：《司马文森研究资料》，第 333 页。

③ 野曼：《抹不去的脚印——怀念司马文森同志》，见杨益群、司马小莘编：《司马文森研究资料》，第 119 页。

其次，在编者个人方面，司马文森其时"住在香港，把大半时间用在处理别的业务上去，时间不够支配，又因为帮同处理业务工作的同志太少，什么事情等于要自己全部来担当"。① 当时司马文森在香港负责中共领导的香港电影和新闻工作，在《文汇报》上发表了大量关于电影工作的评论文章，写了很多电影剧本，如《火凤凰》《海角亡魂》《海外寻夫》《南海渔歌》等。由于大部分时间是住在香港，《文艺生活》是他编排好后送到广州出版的，因此无论是精力还是实际的编辑出版工作都出现了困难。司马文森还列举了其他几个原因：如由于印数少、成本高导致的杂志定价太高问题；当时的文艺杂志太多而《文艺生活》没有自己的特点以及合作书店合约已满、新合作书店尚在商酌中等。

综合上述原因，司马文森决定暂时停刊，用一段时间来调整，并希望"从六〇期起，《文生》会用新面目来和大家见面"②。但这永远是希望了，《文艺生活》从 1941 年在桂林创刊，历尽波折，到 1950 年在广州停刊，共出了 58 期（参阅第 3 页脚注）。对于付出了巨大心血的《文艺生活》，司马文森可能真的只是想暂时停刊，以后再找机会复刊。从曾敏之的回忆文字中，我们能看到一点端倪。1952 年，"司马文森也回到广州，筹组中国作家协会广东分会。他打算出版的《文艺生活》则以作协机关刊物《作品》代替，他担任主编。"③ 1953 年至 1955 年，司马文森一直任广州作协会刊《作品》的主编，1955 年调至外交部工作直到"文革"中被迫害致死，《文艺生活》的编辑经历，永远地成为了他生命中的一段鲜明的过往。

《文艺生活》月刊"两次停办，两次复刊，命运多舛而又大难不死，这和司马文森的顽强毅力有极大关系"④。香港作家、评论家东瑞对《文艺生活》和司马文森之间关系的描述可谓一语中的。凡是接触过司马文森的人都有这样的印象：浓发、络腮胡子、健壮、真诚、热情、爽朗、精力旺盛、极其勤奋、笔快、高产。齐闻韶曾开玩笑说，"司马，你这个人是压

---

① 编者：《〈文生〉半年》，《文艺生活》穗新版第 6 期，1950 年 7 月。
② 编者：《〈文生〉半年》，《文艺生活》穗新版第 6 期，1950 年 7 月。
③ 曾敏之：《司马文森十年祭——秦牧函告司马文森被折磨致死》，见杨益群、司马小莘编：《司马文森研究资料》，第 87 页。
④ 东瑞：《司马文森的小说》，见杨益群、司马小莘编：《司马文森研究资料》，第 333 页。

不垮的！"① 确实是这样，《文艺生活》能历时九年之久，不容置疑地决定于司马文森本人的毅力和能力。但更重要的，也许正如这个杂志的名称一样，司马文森自觉地意识到，他的前半生将会宿命般地生活于文艺之中。

三、在文艺中生活的司马文森

1934 年，18 岁的司马文森"从故乡逃难到上海""狼狈到万分"，为了生存，写一些短文章由朋友"介绍到报上去'找出路'"，没想到，这些文章"不但刊出来，而且还可以拿到为数颇可观的稿费。从此，我才知道文艺不但可以发泄自己的感情，作斗争的武器，还可以换钱来生活。从此，我跨开职业写作的路，到了相当时期人家又为我这样出卖精神的劳动，加上一个颇为可观的名称叫做'作家'"。②

如果在和平年代，以作家为职业尚可，但在战争年代，稳妥的办法还是谋一份稳定的差事。在上海的时候，司马文森是夏衍主编的《救亡日报》的义务记者，没有薪水。1937 年 11 月 12 日上海沦陷后跟随《救亡日报》撤退到广州，仍任该报义务记者。司马的第一份差事是在 1938 年 7月，和石辟澜、钟敬文、郁风、黄新波等加入国民党四战区长官部政治部三组，从事抗日宣传和统战工作，挂少校军衔。1938 年 10 月广州沦陷前夕，随四战区长官部撤往粤北山区。1939 年 4 月被遣散。同年 5 月中旬到桂林，在广西地方建设干部学校校本部任指导员，兼任教务长杨东莼的政治秘书。1941 年 1 月"皖南事变"后撤出干校。这是司马的第二份差事。1941 年 8 月，任桂林汉民中学语文教师，后来因"聘约已满，不再续聘"。这是司马的第三份差事。司马文森自己开玩笑说："不到四年时间，我'光荣'地被'遣散'了三次。……我又恢复了在上海时的'职业作家'

---

① 张庚、陈荒煤、梅益、蔡北华、齐闻韶口述，司马小莘记录、整理：《忆司马文森在泉州、上海、桂林、香港》，见杨益群、司马小莘编：《司马文森研究资料》，第 138 页。

② 司马文森：《在苦斗中过文艺生活——一个文艺学徒的自白》，见杨益群、司马小莘编：《司马文森研究资料》，第 186 页。

身份"。①

　　三次被遣散，就意味着三次失去了固定的职业，失去了稳定的收入。而在战争年代，只靠写作维持生活是难上加难的。秦牧就曾现身说法："一九四二年至四三年夏，我曾经度过约一年的职业写作生活，那时我并无负担，只要能够养活自己就行。我写得相当勤奋，但是，结果仍然无法维持，只好又去教书。那些有家庭负担的人，生活的贫困就可想而知了。"② 确实，抗战开始后，物价高涨，以 1943 年为例，"书刊印刷成本较战前增加 80 倍至 642 倍，而书籍的售价增幅不过 60 倍。……出版社、杂志社损失巨大，作家稿费过低，生活困难"③。稿费既低，而且在当时的桂林，作家的版税和稿费往往得不到保障。"作家们一本稿子卖断了版权，拿到手的往往只是一张银行的'期票'（要过相当时日才能在银行兑现），到时有的还兑现不了，又再延期付款，货币不断贬值，到真正拿到钱的时候，那笔钱已经只有原值的一半或三分之一了。不少书商发了财，很多著述者则穷困不堪。人们把这种现象叫做'红烧作家肉，清炖读者汤'。"④ 在这种情况下，很多作家不得不想方设法谋其他生路，编书、编辑刊物是很多作家在写作之外选取的维持生存的一种方式。

　　司马文森在桂林时，是文艺界十分活跃的人物。作为文协桂林分会理事会连任六届的理事，他积极参加文协的众多活动。而"作为文艺界统一战线组织的文协，说起钱包，也轻得实在可怜"⑤。因此，指望这个来生活的希望是微乎其微的。司马文森靠的是异常勤奋的写作和编辑工作，以此来获取稿费和编辑费。野曼回忆道，"我发现他那窄小的木板房里，昏暗的灯光常常亮到深夜，知道他是在伏案挥笔。一次我问起他的写作情况，

---

　　① 司马文森：《在桂林的日子——对二十年前一段生活的回忆和怀念》，见杨益群、司马小莘编：《司马文森研究资料》，第 208 页。
　　② 秦牧：《党的领导是它的灵魂》，见潘其旭、王斌、杨益群、顾绍柏编：《桂林文化城纪事》，第 575 页。
　　③ 胡庆嘉：《抗战时期的桂林印刷业》，见魏华龄、曾有云主编：《桂林抗战文化研究文集》（三），桂林，广西师范大学出版社 1995 年版，第 330 页。
　　④ 秦牧：《党的领导是它的灵魂》，见潘其旭、王斌、杨益群、顾绍柏编：《桂林文化城纪事》，第 575 页。
　　⑤ 杉本达夫：《关于抗战时期在大后方的作家生活保障运动》，重庆师范大学学报（哲学社会科学版）2009 年第 1 期。

他告诉我，白天多是忙于全国文协桂林分会和《文艺生活》社的工作，以及其他的社会活动，只能在晚上写作。"①

在香港时，司马文森的社会活动仍然很多。但正式的工作应该算有两个。一个是 1947 年 3 月，被聘为港粤文协主办的香港文艺学院夜校的讲师。一个是 1947 年，任香港达德学院文学教授。这两个工作时间都不是很长。司马的主要生活来源仍是写稿和编辑。黑婴（即张又君）就说司马文森"是埋头苦干的人，写作、办刊物，从桂林到广州，从广州到香港，从冬天到夏天，一直忙着。""司马文森多才多艺，他编《文艺生活》，写小说，写评论文章，一个人单干，够辛苦的了，但他告诉我，现在他应约为香港《文汇报》写专栏文章，每天都写，非常紧张。可不是，写字桌上，又是杂志，又是报纸，还摊着稿纸，他就冒着楼房上的闷热，挥动着钢笔在方格上填，为了革命事业，竭尽全力，不可否认，也是为了一家人的生活啊！"② 陈残云也感慨，司马文森"没有固定的职业，仅靠一点微薄的编辑费和稿费来维持一家数口的生活"③。到 1948 年 2 月 27 日，司马文森已有三个女儿，一家五口在香港的生活全赖司马一人。战后的香港，稿费和版权费不存在桂林时的那种拖延以至贬值的情况，但在百废待兴、金钱至上的香港，试图以文艺来谋生也是极端困难的。因此，写稿和编辑仍是生活的战车向前行进的两个车轮，不可偏废。

但在苦斗中过着"文艺生活"的司马文森乐此不疲，他对黑婴说："你瞧我，编刊物，自己发稿，自己校对，写许许多多的信……可是我不停止写作，这时代太伟大啦，总想写、写……"④ 应该说，《文艺生活》月刊既是在"文艺"中"生活"的司马文森的奋斗结晶，更是 40 年代政治、经济、文化、地域等诸因素的文学凝结。下面就让我们走近并走进它。

---

① 野曼：《抹不去的脚印——怀念司马文森同志》，见杨益群、司马小莘编：《司马文森研究资料》，第 111~112 页。

② 黑婴：《司马文森印象记》，见杨益群、司马小莘编：《司马文森研究资料》，第 124~125 页。

③ 陈残云：《司马文森和他的散文》，见杨益群、司马小莘编：《司马文森研究资料》，第 339 页。

④ 黑婴：《司马文森印象记》，见杨益群、司马小莘编：《司马文森研究资料》，第 125 页。

第二章 《文艺生活》与 40 年代文学生态

一、港版《文艺生活》在战后香港的生存困境

在 58 期《文艺生活》中，光复版第 7 期至 18 期和海外版第 1 期至 20 期，即 1946 年 8 月至 1949 年 12 月 25 日期间的这 28 期（中间有四个合刊）《文艺生活》月刊都是在香港出版的。由于"近半"在香港出版，香港学者许定铭称其为"香港文艺刊物"。[①]"香港文艺刊物"这一指称除了出版地上的限定之外，我们并不能简单将其理解为香港学者视其为己有的狭隘。事实上，"香港"这一限定，更多地意味着海外和流亡，意味着因隔绝而造成的内地读者的流失，从而意味着流亡文人必须采取新的办刊策略，尝试新的办刊模式。

《文艺生活》起初在桂林创刊时正值国内政治和文艺运动处于极端低潮的 1941 年，创刊后的《文艺生活》发行范围遍及西南各地，在当时半壁江山沦落敌手的中国，可以说是全国性的刊物了。直至 1943 年 9 月 20 日，被广西当局以"节省纸张"[②] 为名限令停刊。抗战胜利后，司马文森约陈残云一道在广州复刊《文艺生活》，出光复版，但仅出了 6 期就遭到国民党反动派的查封，司马文森本人也在国民党特务机关炮制的黑名单上名列前茅，[③]《文艺生活》被迫迁到香港出版。在香港出的第二期即光复版第 8 期上就刊出了"文生出版社重要启事"，启事的第一条是：

> 本社华南分社已迁出广州西湖路九十八号，另找新址，在新
> 址未确定前，凡有同行读者来函，请寄交本社海外通讯处转。

启事的第二条是：

---

① 许定铭：《〈文艺生活〉月刊》，《大公报》，2008 年 6 月 3 日。

② 司马文森：《〈文艺生活〉选集序》，《独幕剧选·〈文艺生活〉选集第一辑》，香港，智源书局 1949 年版。

③ 野曼：《抹不去的脚印——怀念司马文森同志》，见杨益群、司马小莘编：《司马文森研究资料》，第 119 页。

由于时局关系，神经过敏份子对本社所出《文艺生活》时有阻挠刊出流通情事发生，为使爱护本刊读者免于中途辍读之故，请读者们直接向本社订阅，我们将以最大努力设法寄到。①

上述两条启事说明，移至香港出版的《文艺生活》在国内的发行遇到了很大的阻碍。这种情况在 8 个月后非但没有改善，而且愈演愈烈了。在光复版第 13 期上，编者则直言"处境日非，内地检扣禁售地区日多"，②"发行地区愈来愈缩小"，甚至"有时候不得不这样想：'不如索性停掉它吧！'"③

三年后，当司马文森回到解放了的广州再次复刊《文艺生活》，出穗新版时，在《复刊词》中又一次回顾了在香港的近三年半时间里《文艺生活》和国内读者的分隔状况。"因反动派对本刊采取封锁政策，香港与广州间，虽一水之隔，许多读者还是看不到本刊，甚至个别读者从香港带了本刊回穗，也被当作'反动分子'捉去。"④司马本人的这段回忆清晰地向我们传递了一个信息，移至香港出版的《文艺生活》真的成了"风雨飘摇中生长的孩子"⑤，远离祖国大陆的读者了。

作为没有党派资金和书商支持的文人自办的一份文艺刊物，在失去了国内读者的情况下，在香港这个号称"文化沙漠"的弹丸之地和本地刊物去争夺本土读者，何其之难！因此，早在光复版第 8 期，即在香港出的第二期上，司马文森就已把目光转向了香港之外更广阔的南洋地区。"南洋虽是一块丰饶的处女地，但它的文化一向是荒芜的。这些年来，经过愈之、任叔、纪元、林林、杨骚、达夫，金丁和别的许多先生的努力耕耘，已相当改观，虽然也会有个把文艺刊物出现，但文艺空气，还不够浓厚，从新加坡有许多综合杂志出版，却维持不了一个文艺杂志这一点上，就可以看出来"。在对南洋的文化现状，尤其是文艺现状进行摸底之后，司马

---

① 《文生出版社重要启事》，《文艺生活》光复版第 8 期，1946 年 9 月。
② 文艺生活社：《为文化，也为了民主事业，同情我们的朋友，请伸出支助的手来！——文艺生活社继续征求社员》，《文艺生活》光复版第 13 期，1947 年 4 月。
③ 编者：《在民主文艺的旗子底下集合起来！——为〈文艺生活社〉征求社员运动告读者》，《文艺生活》光复版第 13 期，1947 年 4 月。
④ 编者：《复刊词》，《文艺生活》穗新版新 1 期，1950 年 2 月 1 日。
⑤ 编者：《编后小言》，《文艺生活》光复版第 6 期，1946 年 7 月 1 日。

文森接着提出"自己的愿望",即"不但要团结西南文艺界朋友,也想团结南洋一带文艺界朋友。我们这个小杂志不但希望成为西南一带文艺工作者的共同园地,也希望成为南洋一带文艺工作者的共同园地。"并紧接着提出和南洋之间的联络问题,"但是,在我们间过去的联络工作做得不好,到现在彼此还不能打成一片,这是一大遗憾。今后我们将加强和南洋各地文艺工作者联系,希望留在南洋的文艺工作者,给我们意见,给我们稿件,并在推广和经济上支助我们,使这个民主的文艺事业,能够支持下去"①。于此,我们不能不说司马文森是个有远见卓识的编辑人。

和南洋的联系必须以香港为中介,几个月后,司马文森进一步提出要把香港造成一个"民主文艺基地",因为"香港是海内外转接和联络的口岸,一面可以顾到国内,一面又可以顾到海外。香港的文艺工作做得好,不但可以领导西南各省的文艺运动,也可以推进南洋各地的文艺运动。"香港是具有这样的资质和条件的,因为在太平洋战争之前,已有一群文艺工作者在香港"播下了文艺种子",香港已"不是一块荒地",而且现在"文艺空气逐渐的加浓了"②。

但刊物的出版发行一个关键的前提就是资金。而此时司马文森最缺的也正是资金,他也从没有讳言这一点。早在光复版第1期中,司马文森就声明,"这小刊物的复刊,并不依靠书商,完全是靠几个热情的青年朋友,凑凑拼拼把资本集中起来的。因此资力并不大,现在它诞生了,放在各位面前了,要使它存在下去,还得大家支持,不论在提供意见,供给稿件,以及经济上的直接帮忙都好"③。在光复版第2期中,司马文森在解释读者反映的第1期"份量太轻,内容还欠充实"时,首先一点就是"资金太少",是"由几个穷朋友凑出的钱,印第一期已感到十分吃力,假如印得再厚一点,势必再筹措下去",提出"我们只希望这个初生婴儿能够逐渐长成,在经济的,周转上能逐渐灵活",并保证"可能范围内,我们一定会恢复到和过去一样篇幅"④。资金短缺的情形在广州阶段一直没有得到解

---

① 编者:《编后小记》,《文艺生活》光复版第8期,1946年9月。
② 编者:《建立民主文艺基地》,《文艺生活》光复版第13期,1947年4月。
③ 编者:《编者·作者·读者》,《文艺生活》光复版第1期,1946年1月1日。
④ 编者:《编者·作者·读者》,《文艺生活》光复版第2期,1946年2月1日。

决，在广州出的最后一期即光复版第 6 期上的《编后小言》中有这样一段话："我们感到荣幸的是，在广大的青年朋友的热烈支持和鼓舞之下，在感情的'津贴'之下，跨过了一段艰苦的路程。"① 只有感情的"津贴"而非物质的"津贴"，就是《文艺生活》在广州阶段缺乏外部资金支援的一个证明。

如果资金的问题得到了解决，刊物的内容即作品征稿方面困难不是很大，因为此时的司马文森虽说十分年轻，但在文艺界，尤其是南方文艺界已是有相当名气的作家，而且他热心文艺活动，在文化城桂林时就是文艺界十分活跃的人物，是文协桂林分会理事会连任六届的理事。司马文森又有编辑杂志的经验，在桂林编《文艺生活》时已有诸多名家为其撰稿。并且还有一点也颇为值得一提，那就是司马文森的《文艺生活》从桂林时期起就得到了郭沫若的"关怀和支持"②。但办杂志首要的问题是资金，资金不足就无法言及其他。

二、文人主导下的群体性办刊模式的创建

在香港苦撑了 8 个月③，出了五期《文艺生活》之后，在光复版第 13 期中，司马文森一方面慨叹"最近""由焦头烂额的程度，走到山穷水尽的地步了"，索性想停刊了；另一方面由读者和书店的反馈情况来看，又

---

① 编者：《编后小言》，《文艺生活》光复版第 6 期，1946 年 7 月 1 日。

② 雷蕾：《司马文森和〈文艺生活〉》，见杨益群、司马小莘：《司马文森研究资料》，北京，北京十月文艺出版社 1998 年版，第 143～144 页。雷文中称《文艺生活》"封面上《文艺生活》这四个字是郭沫若同志写的。""郭沫若同志对《文艺生活》的关怀和支持是自始至终的。在1941 年《文艺生活》创始的艰难时期，他常从重庆来信鼓励并寄来稿件，如他的《轰炸后及其他》（诗，刊于一卷二期），《丁東草》（散文三章，包括：丁東草、鹭鸶、石榴，刊于三卷四期），《我怎样开始文艺生活》（作家自白，刊于海外版六期），《走向人民文艺》（刊于光复版七期）等等。"（按：《丁東草》应为《丁东草》。）

③ 说"苦撑 8 个月"，是从光复版第 13 期（1947 年 4 月）上正式发出入社动员令和入社办法算起。实际上，从 1947 年初开始应该已有零星的社员入社。见光复版第 13 期上文艺生活社通知："（一）各入社社员之社员证，尚在印制中，不日可通知发出。（二）各社员通讯地址如有更动，应随时通知，以免邮件失落。（三）本社二月廿四日出版之黄药眠先生《抒情小品》，在二月廿四日以前入社之社员赠书均已发出，二月廿四以后参加者，如欲要该书可向本社购取，社员只收成本，照价六折优待。……"又，刊于本期的社员陈雅的来信中说是"从报上知道了文生社征求社员的广告"。可见，征求社员运动大概应在 1947 年初就已开始了。

"明白了这本不成形的刊物，是不应该由我们少数人来决定它的命运的。这是属于读者众人有所的（按，原文如此），我们不过被委托来执行业务罢了。"于是，司马文森"便根据读者的唆示"，从"改进""文学关系"入手，提出"把作者、编者和读者的关系，加以正确的调整，大家打成一片，使这本刊物真正成为读者的所有，由三方面来共同支持它，共同来充实它，使它成长起来。"由此，司马文森便发起征求社员的运动，并从四个方面阐述了此一活动的积极意义，即可以"改进""文学关系"，"改善""文学作品"，"改造""作者"，"充实《文艺生活》的内容。"①这四个方面中最重要的自然是第一点——改进文学关系，司马文森的主观想法是文学关系的三要素——作者、编者和读者都能成为文艺生活社的社员。②但这里，编者自不必说，作者成为社员的占很少数，因此主要指向的其实就是读者。

我们先看看社员具体的入社办法：

> 参加办法——凡欲参加本社为社员，每人在海外者缴入社费港币十元，在国内者缴国币二万元。在香港社员将款直交德辅道中六十七号B智源书局牟非收转。在九龙社员将款交弥敦道五七九号B南国书店收转。在菲律宾的，请交岷里拉华侨导报杨墨先生收转。在吉隆坡交民声报吴西玲先生收转。在新加坡的交新南洋出版社金丁先生收转，或直接汇交香港本社，在国内各地请由邮局汇香港中国邮政储金邮汇局交智源书局转本社。款收到后，当由本社发正式收据，及社员证。为本社介绍社员十人者，不须交费亦可取得社员资格。

> 社员权利——（一）凡参加本社为社员，从入社日起，凡本社所出之《文艺生活》月刊，各种新出版单行本，均免费赠送

---

① 编者：《在民主文艺的旗子底下集合起来！——为〈文艺生活社〉征求社员运动告读者》，《文艺生活》光复版第13期，1947年4月。

② 司马文森说："我们更希望所有我们的社员——编者、作者、读者都在内——，都能够运用社员的亲密关系，互相帮助，使大家有更多的机会向社会生活学习……"见编者：《在民主文艺的旗子底下集合起来！——为〈文艺生活社〉征求社员运动告读者》，《文艺生活》光复版第13期，1947年4月。

一份。

（二）本社设有"文学顾问部"，聘请名家多人，义务解答社员所提之一切有关文艺学习上问题，并将答复在《文艺生活》上逐期发表，及修改习作稿件。

填表注意事项——表由各入社者预行填明连款交来，登记表项目如下：姓名，性别，年龄，职业，兴趣，志愿，对本社希望，通讯处。

文艺生活社启

通讯处：香港九龙弥敦道五七九号 B 南国书店转①

这是在《文艺生活》上首次登出的关于文艺生活社征求社员的号召，重点放在了缴交社费的地点、方式以及社员的权利上，并没有明确文艺生活社的宗旨和规定社员的义务。

接下来在光复版第 14 期上的《文艺生活社继续征求社员——社员的权利和义务》中则明确了上述两点："本社培植文艺新军宗旨，服务初学写作社员，设有'文学顾问会'，解答社员提出有关于文艺研究，学习，阅读和写作等问题，并为他们修改习作稿件，介绍发表。"社员义务除了缴交入社费外，还包括"介绍新社员入社，推广《文艺生活》，如本社因经济困难，需要社员支持，并须尽其所能予以支持。"②

从中可知，征求社员运动的主要指向是读者，尤其是青年读者。青年读者缴交社费成为社员，并推广刊物，《文艺生活》的出版资金、读者链条、发行问题便三合为一，都得到了解决。而青年读者们更从中获得很大益处，有名家指导写作，稿件可能得以发表，免费得到期刊和书籍。对于双方来说，这是一种共赢性的举措。

文艺生活社求社员运动的号召发出之后，"各方面反应之广泛、迅速，""大出"司马文森的"意外"，"只广州香港两地，就超出了三百个"，"而这个运动不过还刚刚开始"，司马文森因此估计，"两个月后，数

---

① 文艺生活社：《为文化，也为了民主事业，同情我们的朋友，请伸出支助的手来！——文艺生活社继续征求社员》，《文艺生活》光复版第 13 期，1947 年 4 月。

② 《文艺生活社继续征求社员——社员的权利和义务》，《文艺生活》光复版第 14 期，1947年 5 月。

目当超出现有的几倍。"①

继光复版第 13 期的首次征求社员运动号召之后，司马文森又分别在光复版第 14—18 期，海外版第 1—2 期，海外版第 3 期（《文艺生活副刊》），海外版第 5—6 期，海外版第 13—14 期上以"征求社员""如何参加文艺生活社""招纳社员"的形式连续发布征求号召，整个运动从在《文艺生活》上正式发布的 1947 年 4 月持续到 1949 年 5 月，历时两年多。

在光复版第 14 期里，司马文森在《打算怎么做？》一文中曾经"代表社向各同志提出"，"加紧为征求三千个社员来个突击运动，起码每个人得介绍一个新同志入社。"在光复版第 16 期的《致社员书》中，司马文森说："假如每个人都能介绍两个人参加，一下子我们便可以完成三千社员的突击工作了！"可以推断出来，此时文艺生活社大概已有社员 1000 人。由此可见征求社员运动得到响应的热烈程度和迅速程度了。但再往后社员群体扩大的速度就减慢了，1949 年 2 月 15 日出版的海外版第 10、11 期合刊中，司马文森以《〈文生〉一年》为题，在"给大家报报账"时提到："我们计划完成三千社员运动是失败了"。

现在我们已知道，实际上，文艺生活社的社员大约有 1500 人。② 社员大部分是海外青年，遍及港澳、泰国、马来亚、缅甸、新加坡、菲律宾、越南、印尼以及美国、加拿大、古巴、英国、巴西等地，国内主要集中于广州，其次是上海、北平、天津、昆明等地。从总体上看，社员的身份"主要是职业青年（包括店员，教育工作者，记者，医生，小市民），其次是青年学生，第三位是工人。职业青年数量约占全社一半以上"③。其中内地和海外又有差别，以代表内地各城市的广州为例，"学生占绝大多数，职业青年占次位。"以代表南洋各地的香港为例，社员"占最多数的是职业青年（包括产业工人，什役，学徒，店员，写字楼职员，小学教师）其

---

① 编者：《注意海外文艺读者对象》，《文艺生活》光复版第 13 期，1947 年 4 月。

② 杨益群、司马小莘：《司马文森生平与文学活动年表》，见杨益群、司马小莘编：《司马文森研究资料》，第 54 页。

③ 文生社总社：《一年小结——并向海外各支援我们的朋友们致谢》，《文艺生活》光复版第 18 期，1948 年 1 月。

次是失学青年及学生"①。

司马文森发起征求社员运动还有一个意想之外的收获，那就是"各方面人士"对这个运动不仅"响应殊为热烈"，而且除参加成为社员外，"更有人自动献捐本刊出版基金"。第一批献捐人来自吉隆坡，光复版第 13 期（1947-4）刊登了名单，有八个人共捐助叻币（新加坡币）五十九元二角。计有：

> 西玲先生拾元（叻币，以下同）；王铁志先生拾元；陈汉忠先生拾元；侯斌彦先生拾元；林参天先生伍元；上官豸先生七元二角；周心墨先生伍元；周墨西先生二元

司马文森从中得到启发，在光复版第 16 期（1947—1948）提出作"万元基金征募"运动，"按地区、分批进行"地"委托"各地社员进行基金的征募。②

基金征募运动同样快速取得了显著成果。至 1948 年 1 月就"已完成约三分之二多点"③，即 7000 元左右。而到 1948 年 5 月，"公布收入总数折合港币"已经达到 10067.112 元。④ 征募文生出版基金的运动一直持续到 1949 年 5 月，共两年多的时间。捐募出版基金的献捐人名单分别刊登在光复版第 13—18 期、海外版第 1 期、海外版第 2—4 期（《文艺生活副刊》）、海外版第 8—12 期和第 14 期上。可计算的献捐人共有 635 人，加上以众人面目出现的献捐人，应有 700 人左右。⑤ 献捐人捐款数目不等，有一人捐 1 元叻币的，也有一人捐 500 元港币的。包括一些基金会和协会（如海外华侨捐助祖国和平民主文化事业基金、纽约华侨文化社和吉隆坡

---

① 编者：《注意海外文艺读者对象》，《文艺生活》光复版第 13 期，1947 年 4 月。

② 总社：《致社员书》，《文艺生活》光复版第 16 期，1947 年 8 月。

③ 文生社总社：《一年小结——并向海外各支援我们的朋友们致谢》，《文艺生活》光复版第 18 期，1948 年 1 月。

④ 《从一九四七年四月至一九四八年五月收入基金》，《文艺生活副刊》海外版第 4 期，1948 年 7 月。

⑤ 除了以群众面目出现无法计算人数之外，《文艺生活副刊》海外版第 2 期上的捐款人名录序号和海外版第 1 期的序号之间没有连接上，中间还有 27 份捐款的具体人数、款数、币种不清。疑《文艺生活副刊》海外版第 1 期缺页所致。而且，司马文森在《〈文生〉一年》中说《文生副刊》出了 6 期，但笔者查阅广东省立中山图书馆、上海师范大学图书馆、国家图书馆以及大成老旧刊全文数据库，只找到了 4 期。第 5 期和第 6 期上也存在刊有捐款人名单的可能。

前写作人协会）的捐款在内，文艺生活社共得到的捐助总数为：港币4484.4元，叻币2092.7元，暹币666铢，美金573.5元，荷币235元，菲币184.5元，越币180元，国币85万元，加币7.3元，英镑6先令。其中，1948年5月之后收到了港币1129.4元，美金105元，叻币165元，菲币90元，暹币83铢，英镑6先令。[①] 因此，文艺生活社得到的出版基金捐助应该是港币12000元左右，大大超出了预期的数目。再加上社员缴交的入社费，以每人港币10元来计算，社员入社费应在30000元左右（第二年入社费是每月港币1元）。这些资金的注入，使得《文艺生活》及其文艺生活社的一些出版工作得以顺利进行。

在香港出的最后一期即海外版第20期（1949-12-25）中，司马文森在《岁暮献词》中总结道："在海外出了三年多，蒙海外读者，特别是遍布在国外各处的社员同志，在精神上物质上给了我们不少支持。""文生社的社员同志，是我们这个社，这个杂志的骨干。"而且说了句"实在话"，"过去我们就是靠大家交来的这么一点费用来支持的。"这就是说，港版《文艺生活》出版资金的来源完全是靠社员的入社费和捐助的出版基金来维持的。1500人左右的社员和700人左右的献捐人之间肯定有众多的重合之处，但我们仍可以这样说：《文艺生活》在香港等海外的生存是在司马文森等人的主导之下，在近2000人的群体的支持之下得以实现的。这种文人办刊的特殊模式，名之为文人主导下的群体性办刊模式似乎"实至名归"。

港版《文艺生活》的办刊模式属于文人主导下的群体性办刊模式还有一个重要的证据，就是《文艺生活》在发行上的群众性。虽然和一般的杂志一样，《文艺生活》也在报纸上刊登广告来增加影响，[②] 但因为有了众多的社员读者，依靠社员读者的群众性网络来扩大发行是司马文森试图推广《文艺生活》的主观想法。

前文已提到过，文艺生活社招募社员时规定社员的义务之一就是"推

---

① 具体各期刊登的献捐人数、献捐人所在地、币种、金额见附表3。

② 如在1949年3月19日和4月15日的香港《大公报》上、1949年5月21日的香港《华侨日报》上，都有《文艺生活》的出版预告或其他消息。美洲《华侨日报》上也登过广告，因为在《文艺生活副刊》海外版第4期（1948年7月）上有这样一条消息："路斯同志捐赠一五元，已派为刊登美洲华侨日报广告费。"

广《文艺生活》"。9 个月后，即 1948 年 2 月，文艺生活社"为了扩大发行网，减小社方经济负担"，还拟定了"特约推销办法"，"请各社员踊跃参加，自动报效，特别是在各学校内"，并提出了设想，"假如我们有了一百个分销站，每个负责推销十份，就有了一千份了"，而这样"对社的帮助是很大的，希望各同志把它当一件工作来做，并介绍你的朋友参加这个运动"。① 《文艺生活征求特约推销员办法》详细规定了特约推销员推销《文艺生活》不同份数的相应折扣（"三十份以下七折，三十份以上六五折，五十份以上六折"），代文艺生活社征求定户的酬劳（"百分之十"），经销书款的结算频次（"每月结算一次"），未售出杂志可以退回的数目（"不超过百分之三十"）以及特约推销员的权利（"享受本社社员之一切权益"，"凡全年代销额达港币伍佰元以上者，本社年终结算后，奉赠价值代销百分之十之图书"，"特约推销员委托本社购买任何书店出版之图书，一律五六折收费"）等等。②

这个推销办法公布出来以后也马上有了回应，在接下来的《文艺生活副刊》海外版第 2 期（1948-3）上就有"服务部广播"："建立《文艺生活》群众性的发行网，热情响应的社员已有十多个，我们希望它能扩大开去，目标是建立一百个发行站。"而且社员黄循辉、黄明兴的推广站因为"从每期推广《文生》三十份，两个月来已迅速增加到一百五十份"③ 而得到总社的感谢和表扬。

1948 年 3 月公布的《文艺生活》在海外销数地区的排名是："马来亚占第一位，香港占第二位，暹罗占第三位，安南占第四位，菲律宾占第五位，美洲占第六位。"④ 我们现在无从得知《文艺生活》在这些地区的销数和社员推广站的建立之间的关系，但"通过自有的群众发行关系"来推广杂志一直是司马文森的理想。在发表于 1949 年 2 月 15 日的海外版第 10、11 期合刊中的《〈文生〉一年》一文中，司马文森并且将这一理想诉诸未来。他充满激情地憧憬着假如华南也解放了，那么对于《文艺生活》，"我

① 文生服务部：《致社员》，《文艺生活》海外版第 1 期，1948 年 2 月。
② 《文艺生活征求特约推销员办法》，《文艺生活副刊》海外版第 1 期，1948 年 2 月。
③ 《服务部广播》，《文艺生活副刊》海外版第 3 期，1948 年 5 月。
④ 《几个小统计》，《文艺生活副刊》海外版第 2 期，1948 年 3 月。

们要通过自有的群众发行关系,让它散布到全国,特别是西南各省的农村,工厂,学校。如果每个乡,每间学校,每间工厂,都有我们的杂志发行站,那么你们想一想,它将有多大的发行数字了。"那时,"我们的杂志必须从月刊改为半月刊,甚至于是周刊。"司马文森这个"美丽动人的梦"就是他现实想法的一个延伸。

另外,杂志稿件的群众性也应是"文人主导下的群体性办刊模式"的题中应有之义。司马文森在《〈文生〉一年》中也将新中国成立后的工农文艺干部作为"杂志稿件的写作者,杂志推广者,经济主要支持者"。写作者占到了第一位。在香港的三年多时间里,《文艺生活》的社员主要是青年学生和职业青年,为了提高他们的写作和研究文学的能力,《文艺生活》专门设置了包括黄药眠、葛琴、夏衍、陈残云、胡仲持等各领域名家云集的文学顾问会。通过和文学顾问会成员通信,社员有关文艺学习的问题得到了解答,习作稿件也得到了修改。这些通信部分发表在《文艺生活》以及《文艺生活副刊》上,更多的通信是一对一私下进行的。经文学顾问会修改后的社员稿件主要发表在《文艺生活》"文学顾问会"一栏和以后的《文艺生活副刊》上。这些社员习作有些是社员本身有所感而写作的,有些则是对文艺生活社征文的应征。除了社员个人的稿件,《文艺生活》上还有以文艺学习小组名义发表的文学批评文章。这些方面的详细内容在下面讲到司马文森及《文艺生活》对青年社员实现实践引领(包括文学创作和文学批评)时将会更详细地谈到。

虽说社员个人以及文艺学习小组的稿件只占据了《文艺生活》稿件的一小部分,而且可以说这是司马文森针对办刊模式的改变而相应调整编辑策略的结果,但这种杂志稿源上的群众性特点确实成为群体性办刊模式的一个不可忽视的支点。

总之,在40年代后期香港特殊的时空环境之中,司马文森为了维持《文艺生活》的生存和发展,抓住海外华人青年心系祖国、热爱文艺的情感心理,呕心耕耘,在办刊策略上采取了独特的文人主导下的群体性办刊模式,具体表现为出版资金的群体性支持、发行上的群众性和杂志稿源的群众性。

1950年初,《文艺生活》移回国内,在广州出版了穗新版,但仅仅出了六期就停刊了。司马文森在香港时所畅想的新中国成立后在国内继续以此种办刊模式办刊，甚至创办印刷厂、书店，设立"附带了图书室，社员招待所，文化代办处的服务部"，使文艺生活社成为"一个包括了近百个工作人员的文艺服务单位"真的成了一个"梦想"，无法成为现实。① 其原因一方面固然是因为五十年代初期司马文森主要是在香港负责中共领导的香港电影和新闻工作。由于大部分时间是住在香港，《文艺生活》是他编排好后送到广州出版的，因此，无论是精力还是实际的编辑出版工作都出现了困难。但事实上，更为重要的原因则是，在建国初期的文学"一体化"的进程当中，文艺杂志必然要体制化以适应新的文学秩序与话语规范。《文艺生活》在抗战和国共内战期间虽说发挥了战斗文艺的功效，但在新的历史整合时期，它显然不具备与《人民文学》《文艺报》以及一些新创的地区作协会刊抗衡的能力，因此停刊就成为必然。

关于 40 年代文学期刊的办刊模式，刘增人指出，虽然文人办刊始终是现代文学期刊主导的样式，但进入 40 年代，在战争的巨大力量的左右下，文学期刊的办刊模式开始出现多样化。系有"洋人"办刊，商人办刊，政党办刊，联合办刊，军队办刊和政府办刊等模式。② 此种分类在某种程度上认识到了 40 年代文学期刊在战争缝隙中寻求生存的方式的多样性。但对文人办刊的具体模式在 40 年代的多种可能性却没有深入讨论。尤其在战后的香港这一特殊的时间与空间中，国内流亡文人与他们的刊物的生存方式更是一个十分耐人寻味的话题。

三、引领性文学平台和读者型文学社团的构建

刊物的生存方式往往会成为决定刊物编辑人编辑思想的外部动因，如果此种外部动因并且契合了编辑人的内在诉求，那么便会催生出相应的编辑策略。司马文森之于《文艺生活》的编辑策略的调整就是如此。

虽然是 30 年代末登上文坛、40 年代初就已名声大噪的年轻有为的作

---

① 司马文森：《〈文生〉一年》，《文艺生活》海外版第 10、11 期合刊，1949 年 2 月 15 日。
② 刘增人：《四十年代文学期刊扫描》，《中国现代文学研究丛刊》2003 年第 2 期。

家，司马文森却十分具有培养文艺青年的前辈意识。早在 1941 年《文艺生活》创刊号中，司马文森就强调了"实际的写作方法或生活介绍""这一类东西""对于青年们的帮助是很大的，而且正是目前十分迫切需要的。"① 可见司马文森对于引导青年走上文艺创作的道路、扩大文艺青年的队伍十分重视。桂林时期的《文艺生活》就团结了碧野、邹荻帆、曾卓等青年作家和诗人，培养了邹绿芷、曾敏之等一批文学新秀。但在战时中国大后方，司马文森这方面的想法很难在现实中全面实施。到了战后在香港继续办刊，司马文森这一理想和热忱在现实环境的困压下反倒得以尝试和体验。

自 1947 年初发起征求社员运动后，经过一年的实践，1948 年司马文森在编辑方针上更加明确，强调要"和在香港出版的一些兄弟文艺刊物"进行"分工"，主张"更切实的来耕耘，多介绍一些对年青文艺工作者和爱好者有益的文字，对大家的学习，多作些实际协助的工作"②。并提出了总的工作目标，即"培养西南及海外的文艺新军，散布民主文艺种子，团结广大青年文艺爱好者"③。从中我们可以看到，在 1948 年，司马文森已具有明确的刊物"分工"意识，培养"文艺新军"的"耕耘"意识，提高"青年文艺爱好者"文艺水平的"协助"意识以及"团结广大青年文艺爱好者"的社团意识。这种成熟的编辑思想催生了相应的编辑策略——构建"引领性文学平台"。

所谓"引领性文学平台"即以《文艺生活》及《文艺生活副刊》为前台载体、包括文艺生活社各个组织系统在内的，旨在协助并提高青年文艺爱好者文艺水平的整体运行机构及由此形成的互动空间。

就前台载体来说，首先，司马文森着重在《文艺生活》及《文艺生活副刊》上刊发了为数不少的指导青年进行文学创作和文艺研究的理论文章以及关于作家的生活、创作介绍的文字，实现了对青年社员文艺学习的理论引领。

关于指导性的理论文章，《文艺生活》从光复版第 17 期（1947-10）

---

① 编者：《编后杂记》，《文艺生活》桂林版第一卷第 1 期，1941 年 9 月 15 日。
② 编者：《编者的话》，《文艺生活》海外版第 6 期，1948 年 9 月 15 日。
③ 司马文森：《〈文生〉一年》，《文艺生活》海外版第 10、11 期合刊，1949 年 2 月 15 日。

起设置了"文艺学习讲话"一栏，先后刊登了宋云彬的《为什么要读文学史？怎样读文学史？》（光复版第 17 期），蒋牧良的《怎样读小说》（光复版第 18 期），周钢鸣的《如何进行调查研究？》（《文艺生活副刊》海外版第 1 期）和《怎样分析人物》（海外版第 8 期），林林的《论诗的感情》（海外版第 9 期），黄药眠的《论风格的诸因素》（海外版第 12 期），林林的《白话诗与方言诗》（海外版第 14 期）以及《谈诗歌的用词》（海外版第 16 期）。此外还有司马文森的《谈取材——以〈风灾〉，〈景明楼上的舞会〉，〈种子〉，〈周求落魄记〉为例》（海外版第 7 期）等也属指导青年创作的一类。

关于作家生活和文学创作的介绍性文字，《文艺生活》从海外版第 6 期（1948-9-15）起设置了"作家自白"和"作家印象记"两个栏目。"作家自白"有郭沫若的《我怎样开始了文艺生活》（海外版第 6 期），葛琴的《我怎样写起小说来的》（海外版第 7 期），陈残云的《〈风砂的城〉的自我检讨》（海外版第 8 期），顾仲彝《我怎样开始了戏剧生活》（海外版第 9 期），臧克家的《关于〈泥土的歌〉的自白》（海外版第 10、11 期合刊），赵树理的《也算经验》（海外版第 16 期），孔厥的《下乡和创作》（海外版第 17 期）。"作家印象记"（在正文题目旁配有"作家风貌"的小插图）有静闻的《悼朱佩弦先生》（海外版第 6 期），蒋牧良的《记张天翼》（海外第 7 期），黎舫的《记蔡楚生》（海外版第 8 期），孟超的《记田汉》（海外版第 9 期），静闻的《H. 海涅和他的艺术——序林林译〈织工歌〉》（海外版第 10、11 期合刊），吴费的《萧军的故事》（海外版第 13 期），白沉的《记夏衍》（海外版第 16 期），黄永玉的《记杨逵》（海外版第 17 期）。此外还有一些虽没有清晰的栏目归位，但实属此类文字的。如静闻的《忆达夫先生》（光复版第 17 期），夏衍的《悼宋千金》（光复版第 18 期），洪遒的《略记在明月社时代的聂耳》和郭沫若的《南昌之一夜》（海外版第 5 期），金丁的《郁达夫的最后》（海外版第 13 期）以及纪叟的《赵树理怎样成功一个人民作家》（海外版第 14 期）等。

从海外版第 6 期开始的这种刊物编排上的改变，很快就得到了社员的良好反馈。社员吴锡昆就来信称，《文艺生活》在内容编辑方面更"精练"

"多方面"，"适合一般初学者的需要"①。司马文森也对此进行了总结，1948 年"《文生》上陌生的作者多了，内容更加地方化，所发表的理论文字，也更能适应那些初学者了"②。

另外，作为文协香港分会的常务理事，司马文森将文协香港分会在1947 年发动的暑期青年文艺创作竞赛活动承揽在《文艺生活》这一平台上。海外版第 1 期作为"青年文艺创作竞赛入选专号"，刊发了入选的四篇小说及文协香港分会的《青年文艺创作竞赛结束报告》。四篇小说分别是陈琢如的《动摇》，草莽的《新贵胡院长》，叶烨的《在捷发轮上——一千七百多个囚犯的遭遇》和胡序昭的《独眼龙》。海外版第 2 期作为"文协入选独幕剧专号"，刊登了新人刘朗和史朋的两个独幕剧——《接到征兵通知书后》和《渡河，十二里》，并配发了瞿白音的简短评论《〈渡河，十二里〉读后》。为了进一步使诸新人新作得到提高，同时作为对其他文艺青年的指导，司马文森又"要"周钢鸣写了《评创作竞赛的入选小说》（海外版第 2 期），同时在和夏衍"杂谈"时向他"拉稿"，夏衍由此写了《读"文协"入选的两个独幕剧》（海外版第 3、4 期合刊）的批评文章。周、夏二人对于这些作品大至对现实的关系、结构、情节，小至人物性格的刻画、伏笔的隐埋、开场的方式等都做了细致的分析，对于文艺青年尤其是文艺生活社的青年社员在写作上的补益无疑是十分明显的。

其次，司马文森设置了文艺生活社的"文学顾问会"，使青年社员有了直接和文学名家交流的机会，实现了对青年社员文学创作的实践引领。

文学顾问会人员如下：理论指导：黄药眠、冯乃超、荃麟；小说指导：葛琴、司马文森、华嘉；戏剧指导：夏衍、章泯；诗歌指导：陈残云、黄宁婴、吕剑；批评指导：胡仲持、陈闲；散文、报告文学指导：周钢鸣、周而复、洪遒。③ 这个阵容现在看起来也是十分强大。更难得的是，文学顾问会确实在后来的日子里发挥了它的作用，确实做到了司马文森在初次发起征求社员运动的号召中所提出的目标——"义务解答社员所提之

---

① 吴锡昆：《对今后文生的期望——社员吴锡昆先生来信》，《文艺生活》海外版第 7 期，1948 年 10 月 15 日。

② 司马文森：《〈文生〉一年》，《文艺生活》海外版第 10、11 期合刊，1949 年 2 月 15 日。

③ 《文生社文学顾问会人员表》，《文艺生活》光复版第 13 期，1947 年 4 月。

一切有关文艺学习上问题，并将答复在《文艺生活》上逐期发表，及修改习作稿件"①。

如在提出"文学顾问会"工作的第二个月，即光复版第14期上就登出了陈残云答复社员何树铃有关学写诗歌的方法的回信，以及司马文森答复社员麦启麟关于如何阅读文学作品的回信。而且为了弥补通信指导的不足，1948年2月到10月文艺生活社还专门出过6期《文艺生活副刊》作为文学顾问会的活动园地。在光复版第15期、16期、17期，海外版第4期（《文艺生活副刊》），海外版第6期和第7期都有司马文森、陈残云、周钢鸣、蒋牧良和胡仲持等人多次给提出文艺问题的社员的复信。而且这些只是刊登出来的部分，实际上，还有大部分社员和顾问会成员之间的通信是一对一私下进行的。②

仅就1947年来说，文学顾问部就收到来信898封，复信840封，其中答复有关于文艺学习问题的信占400封。收到稿件120篇，修改后发还的有80余篇，在《文艺生活》上发表的16篇，拟发表的还有20多篇。③

而1948年，文艺生活社共接到了近1800封信，平均每月来信150封左右。其中请求解答在学习时所碰到的困难问题的约占20%，来稿请求批阅的约占10%，其余的70%都是属于服务部范围的。④ 推算一下，1948年文生社要转给文学顾问会的问题信件大概是360封，收到稿件大约是180篇。问题信件低于前一年而稿件数量高于前一年，文学顾问会对广大文艺青年在文学知识的普及和文学创作指导上的作用由此可见一斑。

经文学顾问会修改后的社员稿件在1947年4月至1948年1月主要发表在"文学顾问会"一栏的"习作之页"上，集中在光复版第14期至18期上。1948年2月《文学顾问》以《文艺生活副刊》之名单独出版后，社员的稿件就有一部分刊登在副刊上了。值得一提的是，这些社员习作有

---

① 文艺生活社：《为文化，也为了民主事业，同情我们的朋友，请伸出支助的手来！——文艺生活社继续征求社员》，《文艺生活》光复版第13期，1947年4月。

② 社员了无：《对今后〈文生〉的两点意见》，《文艺生活》海外版第12期，1949年3月15日。

③ 文生社总社：《一年小结——并向海外各支援我们的朋友们致谢》，《文艺生活》光复版第18期，1948年1月。

④ 司马文森：《〈文生〉一年》，《文艺生活》海外版第10、11期合刊，1949年2月15日。

些是社员本身有所感而写作的，有些则是对文艺生活社征文的应征。如在光复版第 14 期（1947-5）上就有"文生社五月份征文"——"我最喜欢阅读的书"和"生活素描"。对于后者还做了说明："不完全是报告自己的生活，社会上各行各业的生活现象，也可以搜集着来写。"

这次征文有 30 多个社员写了文章应征，在接下来的光复版第 15 期（1947-7）上选了 6 篇发表。有年轻的织布厂染工黎棠的《小贩》，余全的《一个乡村小学教师》，达德学院学生刘梦华的散文《海滨》以及小学教师春草的《我最爱读的一本书〈虹〉》，郑鸣的《〈风砂的城〉最大的失败》，夕天的《〈安娜·卡列尼娜〉——我最喜欢阅读的书》。再如在海外版第 1 期（《文艺生活副刊》）和海外版第 4 期上刊登的 6 篇报告文学作品也是社员对总社提出的"马来亚人民抗敌记"征文运动的响应文章。可见，文艺生活社和文学顾问会为了提高广大文艺青年学习文艺和创作的兴趣，实现"引领"的目的，确实是费尽心思，也取得了良好的成效。

最后，司马文森组织各地文艺学习小组进行集体文艺学习，形成文学批评文章，经由文学顾问会指导后在《文艺生活》上发表。通过这种形式，实现了对青年社员文学批评的实践引领。

文艺生活社的组织系统是总社、分社、各文艺学习小组。总社的工作是"经常办理编印书刊，解答社员学习上困难，作一些事务性的服务，并为程度低下社员举办函授班（办法另行宣布）"。分社主要"负责各主要地区社务的联络和推动"。"学习小组是本社的组织单位。他们要作许多学习和工作活动，如举行研究会，文艺欣赏会，出版文艺壁报，经常举办集体旅行，进行地方调查，学习写作，和地方民主团体联合作争取民主斗争"[1]。一般一个地区有三个以上的社员，即可组成一个学习小组。

为了指导各学习小组的集体学习，文艺生活社和文学顾问会往往会在《文艺生活》上提出文艺活动的中心，发布研究提纲。如在光复版第 15 期（1947-7）上文艺生活社就规定了六七月份的中心活动是研究《马凡陀山歌》，"各小组并应于完成研究后，将记录寄交顾问会"。并列出了《马凡陀山歌》研究大纲：（一）马凡陀式的诗，有什么特征？（二）《马凡陀山

---

[1] 《如何参加文艺生活社?》，《文艺生活》光复版第 16 期，1947 年 8 月。

歌》产生的社会条件是什么？（三）马凡陀的诗与其他诗作者的诗比较；
（四）《马凡陀山歌》与《王贵与李香香》；（五）结论以及参考书目。每
一大的要点下还列有二到四条小的要点，非常详细。在光复版第 16 期
（1947-8）则列出了《怎样阅读文艺作品》（讨论大纲）。对于《马凡陀山
歌》的研究，香港、九龙"两地社员的学习工作进行得很好"，"有七八个
小组举行研究"，并由顾问会请了洪道，吕剑，陈残云等诗人前去进行了
指导。① 对于《怎样阅读文艺作品》则有第四学习小组的《〈怎样阅读文
艺作品〉讨论总结》发表在光复版第 17 期（1947-10）上。此外，在光复
版第 18 期（1948-1）上还发表有文生中环组的《〈李有才板话〉讨论
结论》。

　　以集体学习的方式来提高青年社员的文艺水平是一种非常理想化的想
法。事实是，虽然 1948 年的"集体文艺学习""大体上"比 1947 年"上
轨道"，"但有些地区因为环境动荡，限制了发展。上半年还好，到下半年
差不多大半是停止了，只有个别的通信学习。"② 即使如此，这种引领者姿
态还是颇具理想主义的光芒，使得司马文森构建"引领性文学平台"这一
编辑策略增添了一些乌托邦的色彩。

　　上述理论引领和实践引领都主要是以《文艺生活》和《文艺生活副
刊》为中心载体的。事实上，刊物只是作为"引领性文学平台"的前台载
体而存在，"引领性文学平台"是一个立体的、多层次的结构空间。对其
的构建还需要文艺生活社各个组织系统的分工、协调和配合。文艺生活社
总社设有五个部门，分别是总务部、编辑部、顾问部、函授部和服务部，
除函授部最终没有落实外，其余四个部门都发挥了实际的作用。编辑部和
顾问部的负责人分别是司马文森和陈残云，作用自不用再说。总务部负责
人张殊明曾多次到南洋去宣传刊物、联络业务，服务部负责人黄桂荣也是
文艺生活社的经理兼发行人③，除收取社费、邮寄书刊等外，还帮助社员

---

①　《服务部广播》，《文艺生活》光复版第 16 期，1947 年 8 月。
②　司马文森：《〈文生〉一年》，《文艺生活》海外版第 10、11 期合刊，1949 年 2 月 15 日。
③　黄桂荣 1946 年 3 月 15 日被聘为文艺生活社经理，见《文生出版社启事》，光复版第 4 期
（1946 年 4 月 10 日）。并从 1946 年 5 月至 1948 年 1 月任《文艺生活》的发行人。

"介绍交友"，"代寄书目及学校简章"，"代向港中交涉点私事"① 并联系社员间的赠书运动、筹建了进修图书馆等等。文艺生活社各个组织系统"后台"的分工协作和前台的刊物共同构建了一个对青年社员亦即广大青年文艺爱好者的"引领性文学平台"。

"引领性文学平台"的构建是司马文森等人在战后香港特殊的时空环境下综合外部动因并契合内在诉求而调整编辑策略的方式和结果。在平台的构建过程中，司马文森将文艺生活社办成一个社团组织的意识也逐渐清晰，由此促成了一个新型的读者型文学社团组织的出现。

从 1947 年 4 月在《文艺生活》上正式发布征求社员号召，四个月后就有社员近千人，这种速度和规模不可能不让司马文森惊诧和欣喜，在思考如何引领社员之余，一种社团意识也在酝酿。终于，在 1948 年 2 月，司马文森提出了这个问题：

> 文生社是一个什么团体？有人说是杂志社，有人说是出版社，有人说是个青年的文艺研究团体。所说的三种看法都不错，但不够。我们到底是个什么团体呢？正确的说法应该是：一个主张民主，研究文艺的青年学习团体。在这个团体里有杂志，有丛书的出版，也有各种指导性服务性的机构组织，将来我们还想办文艺学院。至于参加成分，不限作家，自由职业者，工农职业青年学生我们一样欢迎。活动地区也不限在上海香港，我们的范围宽广得很，全世界任何地区凡有中国人地方，有文艺活动地方，我们都欢迎有人来参加我们的活动。①

这里，司马文森很清楚地将文艺生活社定位为"青年学习团体"，标示了团体的主要构成人员是华人青年，团体的立意目标是主张民主、研究文艺，团体的性质是学习性的文艺团体。而华人青年的身份，并不限定在作家和自由职业者的小圈子里，工人、农民、职业青年和学生也都在吸收范围之内。社团成员身份范围的确定，一方面表明了这个团体的非精英的、学习性的社团性质，另一方面也是根据已有的参加成员的

---

① 《如何参加文艺生活社?》，《文艺生活》海外版第 1 期，1948 年 2 月。

身份来定的。前文说过，同年 1 月份的社员身份统计结果显示，社员主要是由职业青年、青年学生和工人等构成，职业青年数量占到一半以上。

学习性的社团性质在使司马文森构建"引领性文学平台"的编辑策略得以实施的同时，也使得这个社团本身区别于以往的、常规意义的文学社团。虽然现在人们已将传统的文学社团定义的外延扩大，"如新青年社与语丝社，这个'社'本身意指'单位'，杂志社，但也可以转喻为社团。"即"以同人刊物为核心聚集起一批作者队伍"，"也就是另一种形式的文学社团"。再如，"虽无明确的结社意识，但因为经常性聚集在一起而含有了社团意义"的"文人的小团体"也被认为是文学社团。① 但文学社团仍被指称为以创作主体作家作为全部构成、发扬某种相近文学主张的群体性组织。20 年代的文学研究会与创造社，30 年代的中国左翼作家联盟与中华全国文艺界抗敌协会无不如此。如文学研究会的性质"是建立著作工会的基础"（《文学研究会宣言》），主张写实主义；"文协"则是集合全国的作家，旨在形成全国文艺界抗战民族统一战线的局面。

文艺生活社这个"青年学习团体"与上述"典型"文学社团有可比之处：

一方面，文艺生活社可以被称为社团，它有自己的集团宗旨，即"主张民主、研究文艺"；它有自己的刊物，即《文艺生活》月刊及《文艺生活副刊》；它的社员群体虽人数过多，分布较广，但通过层次分明的组织系统，可以有效地进行彼此交流和共同参与文艺活动。另外这个团体的存在时间较长，《文艺生活》在海外的三年时间可以视为这个团体的有效生命时长。在文学社团几乎烟消云散的 40 年代后期，这是很难得的。而另一方面，文艺生活社的"不典型"的特点则在于它基本上是一个读者型的社团。虽然社员读者们的习作也在社团的刊物上发表，但占的篇幅往往不大，即使是《文艺生活副刊》单独出版以后，这种情况也没有改变，指导性的文字、总社的活动计划、顾问部的复信以及社员之间的交流占了大

---

① 陈思和：《中国现代文学社团史研究书系》总序，见庄森：《飞扬跋扈为谁雄——作为文学社团的新青年社研究》，上海，东方出版中心 2006 年版。

部分。

因此，文艺生活社的社团性质可以被描述为：是以《文艺生活》月刊为中心载体，以司马文森等人的总社为"司令台"①，以各学习小组为基本组织单位，以职业青年和青年学生等作为主要成员的读者型文学社团。

另外，和中国现代文学史上的众多文学社团"利用结社活动来聚集力量，向社会发出改革的声音"一样②，文艺生活社同样具有鲜明的社会诉求。司马文森在明确提出文艺生活社的团体性质之后一个月，即1948年3月，就指出，文艺生活社的任务，"不仅在于办一份《文艺生活》，介绍一些好文章给大家读，而是要团结主张相同，兴趣相同的青年朋友，把分散力量集中起来，为新民主中国斗争！"③

司马文森如此说，并不是否认他之前强调的文艺生活社的"研究文艺"的"青年学习团体"和"学术团体"的性质④，只是在司马文森们看来，文艺学习、"文学创作与社会活动是浑然一体的，文学如同生活"⑤。前面说过，文艺生活社各学习小组"要做许多学习和工作活动"。工作活动包括"进行地方调查"，"和地方民主团体联合作争取民主斗争"。就因为学习小组的这个"工作活动"的定位，《文艺生活副刊》只出了6期就不得不停掉。因为副刊上刊登的"各种活动报告"，"招致了一些不必要的麻烦"因而"在荷印被禁"。"为了不使大家感受麻烦"，司马文森"把它停掉了"。⑥

而且，从"主张民主，研究文艺的青年学习团体"这样的表述中我们也可以看出，主张民主的社会诉求在先，研究文艺的文学诉求在后。事实上，司马文森搭建"引领性文学平台"、筹办"青年学习团体"以"培植""文艺新军"具有十分直接的现实指向。在总结1948年的集体文艺学

① 司马文森：《展开社员间通信交友运动》，《文艺生活副刊》海外版第2期，1948年3月。
② 陈思和：《中国现代文学社团史研究书系》总序，见庄森：《飞扬跋扈为谁雄——作为文学社团的新青年社研究》。
③ 司马文森：《展开社员间通信交友运动》，《文艺生活副刊》海外版第2期，1948年3月。
④ 《如何参加文生社?》，《文艺生活》海外版第6期，1948年9月15日。
⑤ 陈思和：《中国现代文学社团史研究书系》总序，见庄森：《飞扬跋扈为谁雄——作为文学社团的新青年社研究》。
⑥ 司马文森：《〈文生〉一年》，《文艺生活》海外版第10、11期合刊，1949年2月15日。

习工作时，他说："尽管有了如何的困难，但我们还是给未来的民主文艺事业，准备下了大批年青的写作干部。这些年青的文艺队伍，将是未来华南及海外有力的文艺工作的组织者和支撑者。"并由此自我肯定道："我们计划完成三千社员运动是失败了，但完成五十个文艺写作及运动的干部计划是完成了！"①

"研究文艺"的文学诉求的目标被具象化为"文艺写作及运动的干部"，文艺生活社的具有鲜明社会诉求的社团性质一目了然。

四、关于文学期刊生态学的可能性探讨

文人主导下的群体性办刊模式的创建和引领性文学平台的构建，都是司马文森为了维持港版《文艺生活》在战后香港的生存而采取的编辑策略，虽说这种编辑策略与司马文森的文学看法暗合，但如果我们把港版《文艺生活》月刊视为一个个体，这个刊物在 40 年代下半叶的香港的挣扎、生存和发展就是刊物个体与其所处的文学生态之间的博弈。推演开来，整个《文艺生活》月刊与 40 年代文学生态的关系就是一个值得讨论的问题。

根据文学生态学（literary ecology），"文学生态就是把生物学中'生态'范畴引入文学研究领域，将文学自身及其所处的外部环境都看作一个生态系统，从而探究文学在产生、发展、嬗变过程中其内部诸要素（本体与主体、理论与实践）与外部环境（政治的、经济的、文化的、意识形态的）等相互影响、相互制约关系的规律，并进一步认识各种环境如何对文学产生积极影响和负面制约"②。

艾布拉姆斯认为艺术四要素是作品、艺术家、世界、欣赏者，③ 美籍华裔学者刘若愚将文学四要素界定为宇宙、作家、作品、读者，④ 人们的

---

① 司马文森：《〈文生〉一年》，《文艺生活》海外版第 10、11 期合刊，1949 年 2 月 15 日。
② 王长顺：《生态学视野下的西汉文学》，北京，中国社会科学出版社 2013 年版，第 17 页。
③ ［美］M. H. 艾布拉姆斯：《镜与灯：浪漫主义文论及批评传统》，郦稚牛、张照进、童庆生译，北京，北京大学出版社 2004 年版，第 5 页。
④ ［美］刘若愚：《中国文学理论》，杜国清译，南京，江苏教育出版社 2006 年版，第 13 页。

共识是，文学是由世界、作家、作品、读者四个要素构成的一个整体，一个多环节动态活动过程。而文学期刊则可以视为一个文学综合体。本书引言部分已经提到，早在 1947 年 3 月，盛澄华就撰文指出，文艺杂志联系着"现代文学中创作家，批评家，与大众读者"，其"所负的最高使命"在于回答这样几个问题："什么是这一时代的动向？什么是这一时代下一个作家所应采取的态度？什么是这一时代下一般读者的要求？如何在这社会因素，艺术因素，与心理因素三者间去求得一种适度的平衡?"① 盛澄华 70 多年前上述言论的当下意义在于指出了文学期刊作为一个文学综合体的存在价值。

作为文学综合体，文学期刊将文学四要素（世界、作家、作品、读者）紧密关联起来。其中，"世界"要素具体体现为文学期刊生存于其中的外部环境，包含政治、经济、文化、地域等要素；作家、作品、读者则在刊物编辑者编辑思想、编辑策略的统筹下聚集于文学期刊之中。如果我们把刊物编辑者在特定编辑思想、编辑策略下对作家、作品、读者的统筹视为文学期刊诞生和发展的内部要素，把文学期刊生存于其中的政治、经济、文化、地域等要素视为文学期刊的外部生存环境，探讨文学期刊和外部环境相互关联、彼此制约所形成的文学期刊生态系统，或许不失为在文学期刊生态学视角下对文学生态学研究的一个丰富和补充。

文学生态学把文学看作"类生命的对象"，认为"文学的有机性"在于"文学是一个生长、发育和进化的过程"。同时，"文学是处于它的环境之中的，文学是人类精神家族（如政治、意识形态、经济、文化、社会等）中的一个分支。"文学和环境之间不断地进行"符号性的交换"，以此形成"文学的关系性"。② 基于生态学以及文学生态学的思想和理论范式意义，文学期刊生态学的假设成立首先必然关涉到文学期刊的有机性问题。

期刊编辑者之于期刊而言通常是父亲和孩子、创造和被创造的关系。

---

① 盛澄华：《〈新法兰西评论〉与法国现代文学》，见盛澄华：《纪德研究》，上海，上海森林出版社 1948 年版，第 161~162 页。

② 余晓明：《文学研究的生态学隐喻——文学与宗教、政治、意识形态及其他》，桂林，广西师范大学出版社 2011 年版，第 5 页。

司马文森就将刚刚诞生的《文艺生活》比作"新生幼儿",希望他"日见壮健起来,不至于中途夭折";① 将被迫移至香港出版的《文艺生活》比作"风雨飘摇中生长的孩子",希望"亲爱的读者和作者"对其"加以更多抚育和导示"。② 即便抛开情感因素,一个文学期刊的诞生、成长、壮大,无不是在编辑者对于作家、作品、读者的统筹之下进行的。

《文艺生活》甫一创刊就明确了编辑方针,即"加强创作部分,有好的翻译每一期也要尽可能的介绍出来。作家或作品研究,不论是中国或是外国的,我们都希望每期能介绍一两篇,不尚空论,多谈实际的写作方法或生活介绍,虽没有特殊见解,能尽量的提供出研究材料来,也是我们所欢迎的,因为我们觉得像这一类东西,对于青年们的帮助是很大的,而且正是目前十分迫切需要的。"③ 在此编辑方针下,一大批活跃在文坛上的知名进步作家和艺术家聚集于《文艺生活》中。按发表作品数量来看,《文艺生活》主要撰稿人包括司马文森、陈残云、何家槐、林林、黄药眠、胡仲持、郭沫若、周钢鸣、孟超、黄宁婴、华嘉、杜埃、荃麟、静闻、夏衍、韩北屏、曾卓、周而复、伍禾、张殊明、欧阳予倩、田汉、陈闲、穆木天、李育中、洪遒等。而且许多著名的作家的作品是在《文艺生活》上初次与读者见面的。如田汉的五幕剧《秋声赋》(桂林版第二卷第 2—6期),欧阳予倩的独幕剧《一刻千金》(桂林版第三卷第 1 期),夏衍的五幕六场剧《法西斯细菌》(桂林版第三卷第 3 期)等。

司马文森对作家作品进行统筹的一个重要举措就是紧扣热点、设置专栏。比如第一卷第 3 期(1941-11-15)就设置了"寿郭沫若先生五十"专栏,刊发了田汉、聂绀弩、孟超和韦昌英的祝颂文章。这一期还设了"德苏战争特辑",有孟昌译 A. 托尔斯泰的《我号召憎恨》、孟昌译 W. 瓦雪柳斯卡的《在战争的路上》和秦似译 I. 爱伦堡的《我看见过他们》三篇文章。第一卷第 4 期(1941-12-15)设置了"寄慰苏联战士"专栏,发表了欧阳予倩《寄慰苏联战士》、荃麟和葛琴《为了全人类的利益》、韩北屏《声讨暴徒希特勒》等 9 篇短而有力的杂文。第三卷第 4 期(1943-2-15)

---

① 编者:《编后杂记》,《文艺生活》桂林版第一卷第1期,1941 年 9 月 15 日。
② 编者:《编后小言》,《文艺生活》光复版第6期,1946 年 7 月 1 日。
③ 编者:《编后杂记》,《文艺生活》桂林版第一卷第 1 期,1941 年 9 月 15 日。

设置了"新年试笔"专栏，发表了柳亚子《民国三十二年的希望》、孟超《元旦杂忆》等 4 篇文章。另一方面，司马文森还组织作家进行座谈或笔谈。1941 年 11 月 19 日下午，田汉、荃麟、宋云彬、艾芜、孟超、司马文森等 15 人聚集桂林三教咖啡厅，"清算""检讨"1941 年的文艺运动，作为开展 1942 年文艺运动的"一点参考"。座谈会记录以《一九四一年文艺运动的检讨》为题发表于桂林版第一卷第 5 期（1942-1-15）上。桂林版第二卷第 2 期（1942-4-15）发表有田汉、欧阳予倩、夏衍等人参加的《新形势与新艺术》座谈会记录。穗新版第 1 期（1950-2-1）则发表了《对一九五〇年华南文艺工作的希望》笔谈文章 8 篇，有黄绳《中国人民文艺的光辉》、陈君葆《现阶段文艺工作的几个重点》、韩北屏《华南文艺工作的重点问题》等。

读者方面，司马文森虽然十分年轻但却具有培养文艺青年的前辈意识。韦恩·布斯在《小说修辞学》中提出了"假想读者"的概念，认为在文学创作中，作者总是会以某种方式假想他的读者。于是，"作者创造了一个他自己的形象和另一个他的读者的形象；正如他创造了他的第二个自我，他也创造了他的读者，最成功的阅读是这样的：在阅读时被创造出来的两个自我、作者和读者，能够找到完全的和谐一致"①。布斯的"假想读者"道出了读者和作者信念的一致性，并由此确证了一个原则，那就是任何作家的写作都怀有一个"假想读者"，成功的阅读正是借助这样的读者来实现。

如果把作家的创作和编辑者的编辑类比，按照布斯的说法，文艺青年就是司马文森为《文艺生活》设定的主要"假想读者"。在创刊号发表的编辑方针中，司马文森尤为强调了"实际的写作方法或生活介绍"对于引导青年走上文艺创作的道路有直接的帮助。桂林版《文艺生活》处于政局和战局相对平稳的抗战中期，作为当时"荒凉而冷漠的文艺园地之中的一株乔木、一棵劲草"② 而给桂林、昆明、成都、西安、贵阳等地的读者送

---

① ［美］韦恩·布斯：《小说修辞学》，华明、胡晓苏、周宪等译，北京，北京大学出版社 1987 年版，第 152 页。

② 黄夏莹：《司马文森与抗战文艺》，《福建党史月刊》1988 年第 5 期。

去文学给养，是影响文艺青年"走上文艺道路的一个重要杂志"①。桂林时期的《文艺生活》也会根据读者的要求来调整期刊内容。如长篇小说《雨季》就是应读者"应该添一个连载小说"的阅读要求而安排连载的。② 但读者，尤其是青年读者真正全面参与到《文艺生活》中去并得到文学引领是《文艺生活》在香港出版的三年多时间（1946.8—1949.12），即光复版第 7 至 18 期和海外版第 1 至 20 期。为了维系刊物的生存，司马文森提出"改进""文学关系"，"调整""作者编者和读者的关系"，"使这本刊物真正成为读者的所有"，由此发起征求社员运动。③ 前文说过，文艺生活社共有社员约 1500 人，分布在马来亚、新加坡、菲律宾、印尼、暹罗（泰国）、安南（越南）、缅甸以及美国、加拿大、巴西、英国、港澳以及上海、北平、昆明等地。青年读者缴交社费成为社员，并推广刊物，《文艺生活》的出版资金、读者链条、发行问题便合三为一，都得到了解决。而青年读者们更从中获得很大益处，有名家指导写作，稿件可能得以发表，免费得到期刊和书籍。通过刊发指导青年进行文学创作、文学研究的理论文章以及关于作家生活和文学创作的介绍性文章，《文艺生活》实现了对青年社员文艺学习的理论引领；通过设置"文学顾问会"、组织文艺学习小组集体文艺学习，《文艺生活》实现了对青年社员文学批评的实践引领。在为青年社员构建"引领性文学平台"的过程中，文艺生活社作为"一个主张民主，研究文艺的青年学习团体"④，即"新型的读者型文学社团组织"也逐渐清晰。

著名现代出版人张静庐在谈到杂志发行的经验时说，"杂志销路的对象是读者而不是书店"，"要使读者怎样会拿出钱来买你的杂志"，"百分之百是编辑人的事"。⑤ 确实，"文学期刊作为文学作品的载体，其办刊方针、编辑理念和经营模式，对创作队伍的构成、文学生产的流程、文学潮流的

---

① 韩萌：《悼念司马文森同志》，见杨益群、司马小莘编：《司马文森研究资料》，第 96 页。
② 编者：《编后杂记》，《文艺生活》桂林版第一卷第 1 期，1941 年 9 月 15 日。
③ 编者：《在民主文艺的旗子底下集合起来！——为〈文艺生活社〉征求社员运动告读者》，《文艺生活》光复版第 13 期，1947 年 4 月。
④ 《如何参加文艺生活社?》，《文艺生活》海外版第 1 期，1948 年 2 月。
⑤ 张静庐：《杂志发行经验谈》，见张静庐：《在出版界二十年》附录，上海，上海书店1984 年版，第 1~5 页。

动向以及社团流派的孕育、都发挥着重要的作用。"① 文学期刊作为一个有机的生命体，是在编辑者对作家、作品、读者的统筹之下生存和发展的。

文学生态研究"是将文学当作一种生命体，以一种有机融合的宏观视角，通过对有可能影响这一生命体实存、变化的诸多因素的考察，还原、构勒文学的原生体"。② 对于文学期刊生态学而言，我们要把文学期刊放在政治、经济、文化、地域等要素构成的外部大环境中去审视。40 年代的中国，对日抗战、国共内战以及中共建政构成了急剧变幻、波谲云诡的政治图景。中国现代史上规模最大、持续时间最长的两场战争对 40 年代中国社会各个领域都造成了极为深重和酷烈的破坏性影响。中国共产党和国民党对于历史方向盘的争夺也对文学生产和传播产生了深刻的影响。而《文艺生活》"在大后方维持时间较长"，"有较大影响"，③ "创刊于桂林，复刊于广州，再复刊于香港，两次停办，两次复刊，命运多乖而又大难不死"。④ 其和外部环境的关系值得讨论。

文学期刊是"发表作品的园地"之一，在持续的战争环境下，其和"作家""作家的活动""一直处在非常状态中"。司马长风在《中国新文学史》中指出：

"一九三八到一九四五是抗日战争时期，一九四五到一九四九是国共内战时期；绝大多数作家始终处在颠沛流离状态，不能安心创作，而在抗战期间因沿海城市全部沦陷，出版业大部份停顿；内战期间则由于交通阻断，经济困穷，文学期刊的发行、文学作品的出版一直在死亡线上挣扎。"⑤ 战时的文学期刊发行情况随着战局的演变而不断发生变化，有明显的阶段性特点。据刘增人统计，以 1941 年冬太平洋战争爆发、上海"孤岛"失陷为界，前四年"新创刊的期刊大约有 444 种，比战前反而呈现出大发展、大繁荣的新特点"，其中，"孤岛"上海"创刊了 150 余种文学期

① 黄发有：《中国当代文学传媒研究》，北京，人民文学出版社 2014 年版，第 21 页。
② 刘毓庆、郭万金：《科学主义思潮下文学的无奈与诉求——近百年古代文学研究观念与方法之反思》，《中国文学研究》2008 年第 2 期。
③ 周葱秀、涂明：《中国近现代文化期刊史》，第 431 页。
④ 东瑞：《司马文森的小说》，见杨益群、司马小莘编：《司马文森研究资料》，第 333 页。
⑤ 司马长风：《中国新文学史》（下卷），香港，昭明出版社 1978 年版，第 1～4 页。

刊"，上海以外，成都"有 22 种左右，重庆 21 种左右，桂林 14 种左右，其他城市大概在 10 种左右"。后四年从文学期刊的分布上看，"上海的中心地位迅速失落，从 150 种左右下降到 40 种左右，而重庆、桂林等地则大约增长了一倍以上"；从文学期刊的存活率来看，"期刊存活率大大下降，一种文学期刊从创刊到终刊，往往只有半年到一年的时间，除去有强大背景的刊物，很少能够坚持一年以上"；从发行质量和数量来看，"印刷低劣，用纸粗糙，发行困难，总体数量锐减，从前一阶段的 444 种，减少到不足 200 种，与前一个四年相比较，不到二分之一"。[①] 这些数据清晰地将战时文学期刊以及出版业所受到的巨大破坏展现了出来。战后初期的出版业虽说开始慢慢恢复，但在动荡的时局和高涨的物价的挤压下，整体仍是很不景气。

政治动荡和物价飞涨是一枚硬币的两面，40 年代通货膨胀的速度惊人。以《文艺生活》的定价来看，1941 年 9 月创刊号定价是每册国币 1.4 元，1943 年 7 月第三卷第 6 期定价是每册国币 12 元，涨幅 757%；而战后通货膨胀的速度更快，1946 年 1 月光复版第 7 期定价是每册国币 380 元，1947 年 7 月光复版第 15 期定价是每册国币 4800 元，涨幅高达 1163%。在战后残酷的经济环境中，《文艺生活》得以继续出版，在资金方面主要是通过征求社员运动和征募出版基金运动解决的。前文说过，征募文生出版基金运动从 1947 年 8 月持续到 1949 年 5 月，共两年多的时间。献捐人大约 700 人左右，共得到的捐助总数折合港币大约是 12000 元左右，社员入社费应在 30000 元左右（第二年入社费是每月港币 1 元）。"在海外出了三年多"，《文艺生活》及其文艺生活社的一些出版工作"就是靠大家交来的这么一点费用来支持的"。[②]

从期刊内容上来看，《文艺生活》具有鲜明的时代性，即以文艺的方式追随时代革命风潮。尤其是在香港出版的光复版和海外版《文艺生活》（1946.8—1949.12），正值国共内战和中华人民共和国成立初期，因而表现出十分明显的政治性特点。更多的文学文本是表现作为阶级战争的国共内战而非作为民族战争的对日抗战，作品共同的政治性在于表现无产阶级

---

① 刘增人：《四十年代文学期刊扫描》，《中国现代文学研究丛刊》2003 年第 2 期。

② 文生总社：《岁暮献词——并致本刊读者和全体社员》，《文艺生活》海外版第 20 期，1949 年 12 月 25 日。

和地主阶级以及与地主阶级有千丝万缕联系的资产阶级之间不可调和的阶级矛盾，而这正是五六十年代新中国文学的特质。理论文本方面，当时主要的文艺论争、文艺运动如人民文艺思想在华南的播释和批评实践、小资产阶级思想改造运动、华南方言文学运动等等都在《文艺生活》上留下了印记。这些理论论争都是在天下大变之际，国共两党在军事斗争之外、在政治上和文化上争夺历史方向盘的重要构成。如果化用夏衍《坐电车跑野马》一文中"时代为车""社会为车""人为搭客"的比喻，《文艺生活》是努力"做到把全个身心紧贴着时代，紧贴着社会，正像一个搭客四肢平伏地紧贴在车上，那么不管这车子如何的骤停急转，这样的搭客总可以保持安定，总可以避免伤害"。①《文艺生活》内容上的时代性、政治性不言而喻。

　　最后说一下地域的问题。《文艺生活》"辗转流徙"的桂林、广州、香港三地是40年代的三个文化中心，就地理位置而言，三地同处华南，地理环境和文化氛围相似度较高，《文艺生活》也因此而表现出了地域方面的特征——南方性。《文艺生活》的南方性很大程度上取决于刊物主编司马文森的地域认同，从西南到华南和海外（香港），《文艺生活》"一直是在南方"，其地域身份一直是"反映南方人民生活的文艺刊物"。②对于华南文化区的区位划分、华南文化的特点、华南文艺运动如何开展等问题，从必要性到可行性，从内容到方法到人力，司马文森都全面思考、悉心撰文并组织讨论。③《文艺生活》的华南地域文学特点主要体现在那些以40年代中国政治经济状况为背景、以华南城市或乡村为舞台，通过半方言或纯方言叙述方式来讲述底层小人物故事的小说作品上。如易巩《珠江河上》（光复版第7期）、陈残云《受难牛》（海外版第3、4期合刊）、秦牧《情书》（海外版第13期）、陈残云《乡村新景》（穗新版第1期）等。

　　和文学生态学通常要厘清的文学生态和时代背景、生存环境的区别一样，从政治、经济、文化、地域等角度探讨文学期刊和外部环境关系的文学期刊生态学也不是"整体的面"（背景、环境）与"个体的点"（期刊

① 夏衍：《坐电车跑野马》，《野草丛刊》，1948年第7期。
② 编者：《〈文生〉半年》，《文艺生活》穗新版第6期，1950年7月。
③ 详见本书第三章第三部分——《文艺生活》与40年代华南文学。

个体）的关系，而是将文学期刊自身及其所处的外部环境看作"如网络中多个节点与节点之间的循环往复、相互制衡的系统",①探究文学期刊内部诸要素（刊物编辑者对作家、作品、读者的统筹）与外部环境（政治、经济、文化、地域等）之间或协调或冲突或磨合的复杂关系。

其中，作家（刊物编辑者通常也都是作家）和读者作为主体（创作主体和接受主体），其创造的需要除来自"自己的内在生命冲动外，更来自于自然、社会、文化这三大生态环境对主体（作者、读者）的制约作用中产生的生存需要。说具体一点，更来自于特定时代广大人民群众向宇宙人生的自然和社会人生的政治、经济、文化索取的生存需要。"②无论是"制约"还是"索取",《文艺生活》上的作家和读者都生存于 40 年代的政治、经济、文化之中，他们的创作和阅读、生活和思想既受制于外部大环境，又在顺应或抗争中标示自己存在的价值。作品作为文学和文学期刊的本体，一方面是主体（作家和读者）与环境交换的产物，另一方面又是政治、经济、文化、地域等要素的文学（文学文本或理论文本）呈现方式。《文艺生活》上的作品是对丰富复杂的 40 年代政治、经济、文化等的文学记录，其所承载的内在作家精神、外在时代特质、独特地域特征以及三者间的关系，都以固定又动态的方式作为作品本体生态而留存着，与主体生态、外部环境共同构成了 40 年代文学生态的一个侧面。

---

① 俞兆平、罗伟文：《"文学生态"的概念提出与内涵界定》,《南方文坛》2008 年第 3 期。
② 陈玉兰：《论中国古典诗歌研究的文学生态学途径》,《文学评论》2004 年第 5 期。

第三章 《文艺生活》与40年代华南文学

一、"向前跑"的文坛：40年代多元文化中心的形成

在战时中国，"'七七'卢沟桥的炮声，迫使大部份京派作家南迁；'八·一三'淞沪战争，再使海派作家及流落上海的作家向西向南大迁移。……西去的作家，一度集中武汉，一九三八年十月武汉陷敌，则继续西行，大部份入川分居重庆、成都，有的去了昆明，一小部份则往西安、延安。南下的作家初时分赴广州、香港、福州、星加坡各地，其后由于广州（一九三八年十月）、福州（一九四一年四月）相继沦陷，南下的作家则纷往香港和星加坡。一九四一年十二月日军发动太平洋战争，侵占上海外国租界，香港沦陷，留居上海孤岛及集中香港的作家纷转入内地，大部份聚集桂林，有些则迁往重庆、昆明等地。……一九四四年五月，日军发动打通粤汉路的战争，十一月陷桂林，饱经颠沛的作家们，再度大流亡，撤往贵阳、昆明和重庆各地"[①]。战争使得"战前集中于少数都市的作家们""大批地分散到了民间，到了各战区的军营，到了大后方的产业界，到了正待垦辟的边疆"[②]。

被战争驱赶着逃亡到后方的作家们同时要承受战时困窘生活的挤压，要么身兼数职，无力写作；要么只能仓促成章，卖稿度日。1942年至1944年在桂林《广西日报》工作的吴紫风回忆道：当时，"作家、艺术家有的到学校兼课，有的刻图章来增加点收入，有的贫病交迫。……文化城中的文化人不少是枵腹从公，衣不蔽体的。个别人抛下职业，改行去跑故衣生意，有的则是彻夜点起油灯给一些书商写应用文小册子，弄得眼睛几乎瞎了"[③]。1943年下半年，何家槐既在某战区长官部服务，又在柳州龙城中

---

① 司马长风：《中国新文学史》（下卷），第4页。
② 郭沫若：《新文艺的使命——纪念文协五周年》，《半月文萃》，1943年第1期。
③ 紫风：《那是烽火年代》，见潘其旭、王斌、杨益群、顾绍柏编：《桂林文化城纪事》，第542页。

学教地理和国文，加上妻子生产，"在这种情形之下，我没有写什么，连书也没有空看，内心的痛苦、烦闷、是不必说的"。1943 年 11 月，在家人到达北碚后，老舍不顾病后初愈，急忙续写小说《火葬》。虽自认为"全篇无一是处"，但"为换粮米，亦不能不发表，十分惭愧"。"小说写完，当为洪深先生赶写剧本，希望能在卅三年元月写成。剧本赶出，或再写小说。为一家吃饭，此后当勤于写作"。教授、诗人柳无忌说："本来学究们如大学教授者，都自命不凡，不肯轻易著作，更不肯随意发表，好像怕会损失身价似的。但现在却不同了。清风不能令人饱食暖衣。教书既然无法维持生活，……只有靠大量的文字出产来弥补弥补。于是，非但新作'丰富'，连旧的破烂的文章都一起拿出来卖掉了。著不出来，可以译；译不出来，可以编——其中变化甚多，乐趣无穷。"[1] 战时作家们的生活和写作状况由此可见一斑。

作家的流亡并没有因为抗战胜利的到来而结束。短暂的和平之后，内战又接踵而至，作家们在战争、政治和生活的重压下又再次踏上了辗转迁徙之路。这里，我们不妨摘录几条《文艺生活》上刊发的文艺新闻：

> 夏衍已由上海到香港，有久住意，没有什么大规模的写作计划，偶尔替朋友们办的报纸杂志"打打杂"。
>
> 陈翔鹤尚在成都，听说政府已有明令不准他再教公立学校了，至于私立学校，陈先生来信说："还可以混混"。
>
> 碧野已离渝到上海，上海情形混乱，他来信说："靠写文章过日子不容易！"
>
> 穆木天，彭慧，陈闲都有离开桂林打算，但是至今无法动身，大半原因是筹不出路费。
>
> ——《艺·文·志》，《文艺生活》光复版第 9 期，1946-11

> 从前在张家口的文艺工作者，在张家口失陷前，都已抵达哈尔滨，舒群并在哈主编《知识月刊》。
>
> 茅盾赴苏讲学事，经过许多曲折，已领到出国护照，动身去

---

① 何家槐、老舍、柳无忌：《作家生活自述》，《当代文艺》1944 年第 4 期。

苏联了。有人说茅盾先生此去，多少是带点"避难"意味。

端木蕻良已从重庆到了汉口多时，或将去沪。

许幸之抵沪后，因屋舍问题无法解决，暂住苏州。

——《艺·文·志》，《文艺生活》光复版第 10 期，1946-12

从上述几条文艺新闻，我们不难看出，战后作家的生活仍是动荡不安的，内战的炮火、政治的高压以及生活的困窘仍然缠绕在作家们的头上。作家们正是顶着层层重压进行着他们的文学活动的。

就出版界而言，战时遭到巨大破坏的出版业在战后还没来得及充分恢复便再度受创。以上海为例，赵景琛在 1946 年初谈上海文坛"实际的出版情形"时说："别国都已和平了，我们中国还有内战，交通还不能迅速恢复，报纸还是这样贵，生活程度还是这样高。除开明书店、文化生活出版社、时代出版社、万叶书店等每家稍出了几本文艺书以外，就很少看见出版文艺书的。"①《文艺春秋》主编范泉也抱怨："胜利以后，总算可以挺起胸脯，名正言顺的可向写稿的人拉稿，然而偏偏抗战变了内战，通货膨胀，人心依旧不安。写稿子的人天天忙着应付自己的肚皮，我又无法解决他们的生活，死逼硬逼是不作兴的，这便是稿子来源困难的问题。等到稿子到手，编排发稿，印刷所却又似乎有意在和你捣蛋了！排印工一涨再涨，使你无法在事前来一个预算或准备。"② 《文艺生活》光复版第 9 期（1946-11）的《艺·文·志》中也有一条关于上海出版业的："上海因时局和物价的影响，许多出版商无法立足，纷纷迁到香港去，现在已有许多套丛书在编印中，香港又快恢复江南事变后的文化蓬勃情形了。"

有着深厚文化底蕴和较强的硬件条件的上海出版业在战后初期尚且如此，全国其他城市的出版业在内战硝烟中的命运可想而知。

40 年代持续的战争给作家带来了痛苦的离乱经历，生活和写作都受到了巨大的影响，战争同时给出版业带来了沉重的毁灭性打击。但大迁移的文坛却给中国的新文学"肌体"进行了一次彻底的"血液循环"——原本

---

① 周锦：《中国新文学史》，台北，长歌出版社 1976 年版，第 150~151 页。转引自司马长风：《中国新文学史》（下卷），第 40 页。

② 刘心皇：《现代中国文学史话》，台北，正中书局 1979 年版，第 775 页。

固定的文化中心被打破，多元性的文化中心开始出现；传统观念上的一统性文学被撼动，地域化、民间化的文学开始复苏。

随着抗战的爆发，尤其是太平洋战争爆发之后，北平和上海作为战前的两个固定的文化中心已不复存在，临时性的多元文化中心开始出现。正如其时有人所指出的："如果文坛从前真存在于上海，则'八一三'后分而至于香港、广西、云南、四川、陕西……这是文坛的大迁移，是向前跑的。"① 正是战事的"向后退"使得文坛不得不"向前跑"，而临时性的多元文化中心便在这"向前跑"的过程中一一出现：北平、上海陷落后，广州、武汉成为新的文化中心；及至广州、武汉沦陷，重庆、桂林、香港等地又继之成为新一批文化中心。"文化的多中心机制"终于在战争中后期得以初步形成：一是"由进步的政治主导力量与作家的创作追求相一致而构筑形成的文化中心，如延安地区"。二是"在另外的政治力量与作家创作追求的抗衡性中形成的文化中心，这自然是指重庆、成都等地"。三是"依靠内迁的学院文化、学术力量而形成的中心，如昆明、桂林等地"。四是"在原先文化积累上重建的中心，如北平、上海"。还有 1941 年之前的香港和 1930 年后的东北地区等，也都是值得关注的文化中心。②

抗战胜利后，这种文化的多中心格局虽有所变化，如重庆、桂林等地的渐趋消沉和北平、上海等地的重新繁荣以及香港作为文化中心的再次浮出历史地表，但变动后的中国文学格局仍有多个中心存在，而且曾经作为中心的非中心地区的文化已经得到了发展，不会因为中心的转移而马上停滞，它会有一种惯性的延续性发展。这些都使得 40 年代的中国文学较之以往的时代文学呈现出一种多"点"活跃的态势。

多"点"活跃的 40 年代文学必然呈现出这样的特点：各个"点"在表现的大致相同的文学目标的同时又表现出自己独特的地域性特征（包括语言和文化的特征）。从整个 20 世纪中国新文学史的视野来看，后者无疑会在某种程度上撼动"五四"以来以北方白话文学为正宗形态的新文学的

---

① 蒋频：《旧的过去和新的未来》，《中国文学》第三卷第 5 期，1941-1。转引自黄万华：《40 年代：文学开放性体系的形成——兼及林语堂小说的文化视角》，《理论学刊》2002 年第 2 期。

② 黄万华：《40 年代：文学开放性体系的形成——兼及林语堂小说的文化视角》，《理论学刊》2002 年第 2 期。

局面，从而打破传统观念上的一统性文学观念。

二、桂林、广州、香港：40年代华南文学地图的主线

40年代文学的多个"点"，如果缩小来看可以是各个中心城市，放大一点来看则可以是各个地区。而就考察具有概括意义的地域性特征而言，从地区着眼似乎更有意义和价值。通常人们在讨论40年代文学时都会从战时的几个战争区隔——国统区、解放区、沦陷区以及"孤岛"和香港入手，但这种分法就考察整个40年代文学的区域特征来说是不具备可操作性的，且不说战后已不存在沦陷区和孤岛，国统区和解放区的命名范围也一直处于不断变动之中。因此，不若以生活地理意义上的行政区划——华北、东北、华东、华中、华南、西南以及西北为地区范围，通过描述其各自在战时、战后的文学流脉及地域特征来丰富40年代文学的研究。

其中，华南地区因其囊括了战时文化名城桂林以及广州、香港三地①，在40年代文学风云场上扮演了十分重要的角色。对40年代华南地区的文学进行研究，探讨其在战时战后所表现出来的特质并将其作为40年代文学的局部研究，这对于完成整个40年代中国文学史的写作而言是有积极的意义的。

作为40年代华南地区的三个文化重镇，桂林、广州和香港在40年代的不同阶段承担了文化中心的角色。其中，广州在战争初期和战后初期都有过短暂的文化繁荣。桂林是战时文化中心，持续时间较长。香港则在战时和战后的相当长时间内承担了文化中心的角色。

抗战开始，广州的文艺界便起而为抗战"奔走呼号"了。陈残云等广州诗坛社的年轻"歌手"们"昂首阔步地走出街头，高呼'全国总动员、打倒日本侵略者'的口号，散发诗传单，出版抗战诗专号，到电台朗诵抗

---

① "在自然地理上广义的华南地区指南岭以南及武夷山以东之地，包括福建、台湾、广东、海南四省及广西壮族自治区。"见张占斌、蒋建农主编：《毛泽东选集大辞典》，太原，山西人民出版社1993年版，第1083页。本书主要是从生活地理意义上的行政区划的角度来对华南地区进行描述的。

敌诗篇"。① 很多诗人也慷慨赋诗，表达爱国抗日的决心。但广州在战争初期文化的繁荣主要还是在 1937 年 11 月上海沦陷、大批文化人南下广州之后。这批文化人有郭沫若、茅盾、巴金、夏衍、司马文森、林林等。郭沫若在广州参加了一系列的抗战文化活动，如在无线电台作题为《武装民众之必要》的播音演讲；参加文艺界的各种座谈会以及群众的集会等。夏衍在广州复刊了《救亡日报》，并为成立文协广州分会做了很多工作。此时期，《广州诗坛》改名为《中国诗坛》，成为抗战初期最有影响的诗刊。很多报刊也在广州创刊或复刊。如《救亡日报》《文艺阵地》《民族日报》《新战线》《烽火》《见闻》《狂潮》《抗战文艺》等。② 战时广州的文化繁荣时期还不到一年，1938 年 10 月 21 日广州便沦于敌手。

战后初期，广州的文化发展一度恢复，但这次时间更短。1946 年 1 月 29 日文协港粤分会成立，引领文艺界投入"反饥饿，反内战，反独裁"争取民主的斗争之中，但从 2 月中旬开始，国民党广州当局就不断对进步文艺期刊（《文艺新闻》、《自由世界》等四杂志）和出版发行机构（《华商报》广州分社、《正报》广州营业处以及发售《文艺新闻》等四杂志的兄弟图书公司）进行封禁和捣毁，这种行为到了 6 月底直接演变成对《华商报》、《正报》、兄弟图书公司、文生出版社和文艺生活社的查封。广州的一些进步作家和刊物遂大部分迁往香港。

从 1938 年 10 月广州、武汉沦陷起至 1944 年 9 月湘桂大溃退止，这 6 年间的桂林被称为"文化城"。之所以有此盛名，原因有几个方面：一是"抗战形势的客观需要与桂林地理位置的特殊"；二是"国共合作为桂林创造出良好的政治氛围"；三是"中国共产党的策划、领导与共产党人的得力操持。"③ 桂林作为"文化城"主要表现在下列几个方面：

一、文化人云集。6 年间在桂林路过、小憩、暂居以及长住的文化人共有 1000 多人，其中多数是作家和艺术家。诗人有郭沫若、柳亚子、艾

---

① 陈残云：《南国诗潮·序》，广州，花城出版社 1986 年版。

② 参看吴定宇：《论华南抗战文艺运动的历史地位和作用》，《中山大学学报》（社会科学版）1995 年第 3 期。

③ 李建平：《抗日战争中诞生的一个奇迹》，见李建平：《抗战时期桂林文学活动》，桂林，漓江出版社 1996 年版，第 5 页。

青、胡风等；作家有茅盾、巴金、艾芜、夏衍、端木蕻良等；戏剧家有欧阳予倩、熊佛西、田汉、洪深、蔡楚生等；音乐家有张曙、马思聪、贺绿汀等；美术家有徐悲鸿、张大千、丰子恺、黄新波等。这些文化人在桂林辛勤耕耘，使文艺的各个部门都得到了极大的发展。

二、出版印刷事业兴盛。6年间桂林的书店、出版社有近200家，印刷厂有100家，各种类型杂志有200多种，其中综合性文艺期刊有50多种，纯文学期刊有接近40种。报纸也有20多种。在桂林这些文艺园地上发表作品的作家据粗粗统计已达到2000人以上。很多文艺丛书在桂林出版。现代文学史上的许多重要著作以及一些译作也都在桂林出版。桂林成为名副其实的"出版城"，地位几乎等同于20年代的北平、30年代的上海。

三、文化团体林立。比较著名的就有将近40个，如文协桂林分会、新中国剧社、国防艺术社以及一些国际友人的组织（如日本的"在华日本人民反战同盟西南支部"剧团、朝鲜义勇队演剧队等），等等。桂林的抗战戏剧运动尤为突出，于1944年2月15日至5月19日举办的西南第一届戏剧展览会以其空前的规模和良好的效果将桂林的抗战戏剧运动推向了高潮。[1] 一时间，桂林这个"本来是文化的沙漠"的南疆小城"竟成为国民党统治下大后方的唯一的抗日文化中心了"。[2] 但随着1944年11月日军攻占桂林，6年"文化城""辛勤耕耘的绿圃繁华，又都在战火中碎灭了"。[3]

香港在40年代中国文学的历史中扮演了极为重要的一个角色。其殖民地的身份在战争连绵的40年代反而成为众多文化人躲避战争和政治迫害的避难之所，而其文化的几度繁荣也和这些南来的文化人息息相关。

香港第一次成为中国文坛的一个中心是从1937年抗战开始到1941年底香港沦陷期间，尤其是1938年10月广州和武汉相继沦陷之后。此时期

---

① 参看雷锐：《桂林文化城：抗战文化沙漠中的绿洲》，见雷锐：《桂林文化城小说研究》，北京，中国社会科学出版社2006年版，第2~4页。吴定宇：《论华南抗战文艺运动的历史地位和作用》，《中山大学学报》（社会科学版）1995年第3期，第113~117页。

② 胡愈之：《忆长江同志》，见潘其旭、王斌、杨益群、顾绍柏编：《桂林文化城纪事》，第133页。

③ 司马长风：《中国新文学史》（下卷），第27页。

众多作家和那些逃离大陆战乱的中国人一起来到香港，如郭沫若、茅盾、萧红、端木蕻良、萧乾、范长江、夏衍等。1939 年 3 月 27 日举行的"中华全国文艺界抗敌协会"香港分会的成立大会上竟有 71 人出席，当年涌至香港的南来文化人之多可见一斑。另外，茅盾的《腐蚀》、萧红的《呼兰河传》、艾芜的《故乡》、夏衍的《春寒》等名篇都写于此时的香港。一些报刊也在香港创刊。香港遂和桂林、重庆一起成为战时中国文坛的一个中心。

南来文人第二次南来是在国共内战爆发后，香港文坛也因之而活跃，再次成为中国的文化中心。很多上一次来港的作家再度南来，如郭沫若、茅盾、夏衍等。更多的是第一次南来的作家，如邵荃麟、冯乃超、聂绀弩、周而复、司马文森、陈残云、华嘉、杜埃、韩北屏等。很多作家的代表作写于这一时期，如黄谷柳的《虾球传》、司马文森的《南洋淘金记》、郭沫若的《洪波曲》等。这些南来文人还在香港创办报刊、开办书店、出版社、学校，① 在达成自己的政治目标的同时培养了很多当地的青年。到了 1948 年前后，内地战局已然明朗，这批文化人中的大部分便开始北返。而与此同时，内地的一批"难民作家"又同时南来，香港由此开始了另一段时期。

桂林、广州和香港作为 40 年代的文化中心，虽各有特色，但这三个文化重镇同处华南，相似的地理环境和文化氛围使得三地的文学在表现 40 年代共同的时代文学主旨的同时，又在某种程度上体现出华南文学的一些地域性特征，可以说，这三地构成了 40 年代华南文学地图的主线。

三、《文艺生活》与 40 年代华南文学

周葱秀、涂明在《中国近现代文化期刊史》认为《文艺生活》"在各阶段随着形势的变化而有不同的特点"：抗战期间出版的桂林版"以发表抗战文艺作品为主"；解放战争期间出版的光复版"更加强了与现实斗争

---

① 详见本书第六章第一部分——战后香港文学：整体中国文学中一个特殊而带地方色彩的部分。

的联系和战斗性，开辟了杂感专栏，较多地发表杂文"；海外版"更具有地方特色"，关注了"南洋一带人民的生活"和"南洋华侨文艺运动的问题"；新中国成立后出版的穗新版"则提倡工农兵文艺"。总体上《文艺生活》"具有鲜明的时代性，尽了自己的时代使命"。[①] 周、涂二人对《文艺生活》阶段性特点的描述和总体概括基本符合刊物的本来面貌，但不够具体。

桂林版《文艺生活》处于抗战中期，此时抗日战争进入相持阶段。作家们虽没有放弃对抗战胜利的信念，但对抗战速胜已不抱希望，已经充分认识到了战争的艰巨性和长期性。"在抗战初期，一般的作家们受着战争的强烈刺激，都显示着异常的激越，而较少平稳的静观……但随战争的长期化，人民情绪渐渐镇定了下来，艰苦的战斗既削弱了廉价的乐观，而战果的批判与胜利条件的检讨也必然导引着作家们回复到本来的静观和反省，使得他们在现实体验既经饱满之后，不得不站在更高一段的据点来加以整理、分析、批评、提炼、构成，因而在作品方面便驯致了某种程度的广度、深度、密度的同时增加。"[②] 与郭沫若的论断契合，桂林版《文艺生活》上直接表现抗战/战场的诗歌和小说数量很少。诗歌有郑思《荒木大尉的骑兵》、周钢鸣《给老战士》（均刊于一卷 1 期），郭沫若《轰炸后》《母爱》《蝙蝠的抗议》（均刊于一卷 2 期），还有王亚平《反侵略的旗》（二卷 1 期）以及臧克家《家·精神的尾闾》（二卷 3 期）；小说有碧野《前路》、王西彦《命运》（均刊于二卷 1 期），田涛《胞敌》（二卷 3 期）以及任重《斗士》（二卷 5 期）。总的来看艺术成就不高。

作家"静观和反省"之作更多。一方面向内正视自身的心灵痛苦，另一方面向外审视战时国统区诸病象、同情小人物悲剧命运、关注战时知识女性成长命题。[③] 作家向内沉思的作品主要体现为诗歌，代表作有：梅林《故乡及其他·不安》（一卷 4 期）描述了一个不断发出"我将怎样自处？"这一自我叩问的不安的灵魂，表现出知识分子对民族前途命运发展和个人价值实现的焦灼；伍禾《新年献诗》（一卷 5 期）、彭燕郊《雨后》

---

① 周葱秀、涂明：《中国近现代文化期刊史》，第 431~432 页。

② 郭沫若：《新文艺的使命——纪念文协五周年》，《半月文萃》1943 年第 1 期。

③ 详见本书第四章、第五章。

（二卷 4 期）等流露出诗人们压抑、绝望与探索、希冀并存的复杂心态。梅林《著作家》（一卷 3 期）、曾卓《盲目的歌者》（二卷 6 期）以及郑思《低音的琴弦·歌》（二卷 3 期）等则体现了知识分子对族群灾难巨大伤痛的承载和痛定思痛的坚忍。作家向外沉思的三个面向是抗战文学路向调整的总体效果，即文学的多元化样貌呈现，代表体裁为小说：如沙汀《圈套》（三卷 5 期）、冀汸《父子保长》（一卷 5 期）以及萧蔓若《到前方去》（三卷 4 期）分别对"发国难财"的地主阶级、徇私舞弊的国民党基层官吏以及不甘在后方又不敢去前方的虚伪自私的知识分子这三类人进行了深刻的暴露与讽刺。艾芜《轳下》（一卷 1 期）、彭慧《巧凤家妈》（三卷 2 期）以及邵荃麟《新居》（一卷 5 期）都显示出对在战争挤榨下底层小人物或悲壮或悲惨的悲剧命运的关注。林觉夫《一出喜剧》（三卷 2 期）、司马文森《雨季》（一卷 2 期至三卷 3 期连载）以及田汉的五幕剧《秋声赋》（二卷 2 期至 6 期连载）等，塑造了梅环、林慧贞、秦淑瑾等具有代表性的知识女性形象，表现了知识女性在抗战大时代潮流下的动摇和成长。

光复版和海外版《文艺生活》（1946.1.1—1949.12.25）出版于国共内战时期和新中国成立初期，主要是在香港出版。这期间的《文艺生活》表现出了明显的政治性，文学和理论呈现出了 50 年代开始的新中国文学所具有的某种特质。

这四年，抗战刚刚结束，但作家们对这场中国旷古未有的民族战争并没有进行深入的反思。《文艺生活》上描写抗战或以抗战为背景的小说屈指可数——韩北屏《神媒》（光复版第 2 期），周而复《萧咳》（光复版第 3 期）、《麦收的季节》（光复版第 4 期）、《春》（光复版第 10 期—13 期连载）、《冶河》（海外版第 8—9 期连载），草明《无名女英雄》（海外版第 15 期），端木蕻良《朱刀子》（海外版第 18、19 期合刊）。这些小说普遍表现平平，而且有些根据地小说的抗战背景是非常淡薄的。如《春》描写的是解放区的减租减息运动，是一部中篇小说，里面只有一句涉及抗战——乡长胡九林在发动多交了租的农民勇于退租时说："退了租，以后大家有粮吃，要好好种地，多多生产，坚持抗战，建设边区。"[①] 抗战作品

---

① 周而复：《春》（下），《文艺生活》光复版第 13 期，1947 年 4 月。

如此之少、如此之单薄，直接原因是抗战之后马上开始的国共内战牵扯了作家的注意力，深层原因则在于人们对于民主、和平时代主题的认同。正如冯乃超在《迎一九四七年》一文中所说的："今天中国民族所遭遇的危急，远较日寇入侵时为严重，而人民所受的痛苦也远比抗日时候为深刻。""一切有良心的文化工作者，在这个伟大时期中所负担的任务，是替这个民主运动做启蒙工作。"① 林焕平也在《论当前中国文艺的主题》一文中指出，"制止内战，扑灭内战，实现真正民主和平"是"今天中国的时代主潮"，也是"今天中国新文艺的主题"。"抗战生活可以写，但也可以缓写。今天严重的现实，太过紧逼地要求我们反映了。"②

正是在现实和时代主题的双重要求下，光复版和海外版《文艺生活》上更多的文学文本是表现作为阶级战争的国共内战而非作为民族战争的对日抗战，显示出浓厚的政治性。诗歌文本的主要指向包括同情国统区百姓、抨击国民党内战政策、鼓舞民众起而战斗以及赞美共产党军队。政治性和艺术性的强弱对比十分明显。小说和剧本文本的主要指向则是表现国共对百姓的差别、百姓的相应反应以及农民和地主的阶级矛盾。具体说，国民党和百姓是"欺压—反抗"的关系，共产党和百姓则是"爱护—拥护"的关系。沙汀《催粮》（光复版第 7 期）、陈残云《救济品下乡》（光复版第 9 期）和《兵源》（海外版第 13 期）以及蒋牧良《余外婆》（光复版第 16 期）等是前者的代表；林柳杞《自从死了黑煞神》（光复版第 10 期）、岳野《人人说好》（独幕剧，海外版第 16 期）、楼栖《新破镜重圆记》（南方采茶戏，海外版第 17 期）等是后者的代表。表现农民和地主阶级矛盾的作品则有碧野《卢大爷回来了》（光复版第 6 期）、周而复的《春》（光复版第 10 期，第 11、12 期合刊，第 13 期）以及沙汀的《田家乐》（光复版第 14 期）等。上述作品共同的政治性在于表现无产阶级和地主阶级以及与地主阶级有千丝万缕联系的资产阶级之间不可调和的阶级矛盾，而这正是五六十年代新中国文学的特质。③

在理论文本方面，光复版和海外版《文艺生活》对 40 年代的华南新

---

① 公韬：《迎一九四七年》，《文艺生活》光复版第 11、12 期合刊，1947 年。
② 林焕平：《论当前中国文艺的主题》，《文艺生活》光复版第 16 期，1947 年 8 月。
③ 详见本书第六章第二部分——浓厚的政治性：战后香港文学的新中国文学性质。

文艺运动如人民文艺思想宣传阐释、小资产阶级知识分子思想改造运动、方言文学运动等都显示出强烈的关注。① 人民文艺是毛泽东 1942 年《在延安文艺座谈会上的讲话》中正式提出并系统论述的文艺理论问题。对于将毛泽东人民文艺思想命名为"新的人民的文艺"的第一次文代会（1949年 7 月 2 日召开的全国文学艺术工作者代表大会），《文艺生活》从 1949年 4 月到 8 月保持了持续的关注，从海外版第 13 期到 17 期详细发布了有关第一次文代会的筹备、机构、日志、内容等方面。在第一次文代会结束后，《文艺生活》及时刊发了相关的理论文章。如杜埃《人民文学主题的思想性》（海外版第 17 期）、李亚红《今后文艺工作的一些问题》（海外版第 18、19 期合刊）等。而对于毛泽东人民文艺思想重要构成之"政治标准第一，艺术标准第二"的文艺批评观，在稍早些，华南（香港）地区的文艺批评家已经以毛泽东的文学政治批评标准进行了文艺批评的理论阐释和批评实践。"和人民结合"成为评判作家和作品最重要的批评法则。理论阐释如默涵《关于文艺批评的断想》（光复版第 15 期）、郭沫若《当前的文艺诸问题》（海外版第 1 期）等；批评实践如周钢鸣《论〈清明前后〉》（光复版第 3 期）、周而复《王贵和李香香》和荃麟《评〈李家庄的变迁〉》（均刊于光复版第 13 期）以及黄药眠《由〈民主短简〉谈到政治讽刺诗》（光复版第 14 期）等。

主要发生在战后香港的小资产阶级知识分子思想改造运动虽早有端倪，但却是在历史的转折年代——1948 年集中爆发，尤其是代表了"集体"（中共）意志的《大众文艺丛刊》向小资产阶级知识分子明确传递了"必须改造自己的思想"这一信息之后。《文艺生活》上出现了多篇思想检讨和创作检讨。前者如孺子牛《从自我批评做起》（海外版第 1 期），陈闲《略论人格与革命》（海外版第 8 期），茅盾、静闻《岁末杂感》（海外版第 9 期）等。后者如夏衍《写"方生"重于写"未死"——答石牌 HF 先生》（海外版第 6 期）、陈残云《〈风砂的城〉的自我检讨》（海外版第 8期）以及臧克家《关于〈泥土的歌〉的自白》（海外版第 10、11 期合刊）等。其中，夏衍直接将自己的群体及其思想判为"'未死'而必死者"，

① 详见本书第七、八、九章。

"应该送葬";认为工农兵属于"'方生'的必生","应该催生",体现了在时代巨浪推动下,知识分子剖析自身的勇气和力度。陈残云则自我断定"《风砂的城》是一篇失败的作品,是思想不健康的作品。""愿以实际的自我斗争和自我改造,来克服现存的缺点。"上述文本体现了小资产阶级知识分子作家在"天下大变"之时唯恐被时代抛弃的姿态和心态,其批评范式和检讨文风亦是大陆五六十年代相关模式的先声。

华南方言文学运动是居留香港的文艺工作者为践行毛泽东《讲话》中的文艺大众化精神而开展的长达三年左右的文艺运动,由 1947 年 10 月《正报》第 8 期林洛《普及工作的几点意见》一文开始,"方言文学"一语是孺子牛(华嘉)提出。方言文学论者动用了多种理论资源,从文艺大众化实践、知识分子作家自我改造、承继五四新文学运动精神传统等多个角度论证了方言文学的历史合法性。《文艺生活》上发表的相关文章主要有:孺子牛《普及第一》(光复版第 18 期)、郭沫若《当前的文艺诸问题》(海外版第 1 期)、静闻《方言文学试论》(海外版第 2 期)、冯乃超《文艺工作者的改造——纪念文艺节》(海外版第 3、4 期合刊)、邵荃麟《文艺的真实性与阶级性》(海外版第 5 期)、周钢鸣《怎样分析人物》(海外版第 8 期)、林林《白话诗与方言诗》(海外版第 14 期)、楚骥的《闽南方言文学运动》(海外版第 15 期)以及娄木的《方言的掬炼》(海外版第 16 期)等。但方言文学/地域性文艺和现代民族国家所要求的各个层面统一之间的矛盾使得方言文学运动在 1949 年前后受到质疑并最终于 1955 年被判终止,方言文学成为具有有限合法性的存在。

穗新版《文艺生活》1950 年 2 月至 7 月出版于广州,只有 6 期。在内容上延续了光复版和海外版的对阶级矛盾的重视,只不过强调的是在新中国政治环境下阶级矛盾的化解。如陆地《新年景》和页三《老顺和他的田》(均刊于穗新版第 5 期)以及黑丁《新的开始》(穗新版第 4 期),题旨都是表现土改新气象、农民不再受地主压迫;王质玉《光荣回来了》(穗新版第 3 期)讲述了曾被国民党抓兵、后被解放军解放的张元祥立功后回家探亲的故事;李尔重《杨连长》(穗新版第 5 期)塑造了居功自傲、为自己谋取私利而后接受众人批评、最终锄奸立功的杨连长形象。穗新版《文艺生活》还有解放军解放海南、新社会农村新光景、军人和农村妇女学习文化等主题文本。总的看来，1950 年后的《文艺生活》，其稿件风格具有明显的政策化特点，主题话语集中、作者水准降低必然导致刊物"广度""厚度"的缺失。

前文说过，如果把时代、社会比作车子，把人比作搭客，《文艺生活》就是那个力图"做到把全个身心紧贴着时代，紧贴着社会"，"四肢平伏地紧贴在车上，那么不管这车子如何的骤停急转"，"总可以保持安定，总可以避免伤害"的"搭客"。① 但《文艺生活》的新文学出身、同人刊物的办刊方式终于不见容于新中国文学体制而不得不于 1950 年 7 月停刊。② 贯穿 40 年代始终的《文艺生活》体现出鲜明的阶段性，是 40 年代政治和历史的文学记录。而由于始终行走在华南文学地图的主线——桂林、广州和香港三地，刊物以及刊物所承载的文学不可避免会打上华南的印记，显示出浓厚的地域特征。

香港学者许定铭评价司马文森"一生最伟大的贡献，是主编了足以代表我国南方现代文学的《文艺生活》月刊"③。这句话我们在前文两次引用过，这里我们想强调的问题是：《文艺生活》的南方性或者说华南性，很大程度上取决于刊物主编的地域认同。

司马文森曾明确表态"不想使这个刊物变成全国性读物"④，希望《文艺生活》能"做到地方化"⑤。这里的"地方"即南方——西南和华南。《文艺生活》诞生于抗战中期的桂林，抗战胜利后复刊于广州，但总社地址仍是桂林桂西路，广州西湖路九十八号只是分社。在光复版第 1 期（1946.1.1）的《编者·作者·读者》中，司马文森说："我们将坚留在西南出版，以垦植荒芜了的西南文坛，反映西南人民的痛苦和喜悦。"但随着《文艺生活》迁至香港，司马文森的视野逐渐移至华南和海外。在总结 1948 年集体文艺学习和通信学习的成效时，司马文森说，文艺生活社培养了一批"年青的文艺队伍"，"给未来的民主文艺事业，准备下了大批年青

---

① 夏衍：《坐电车跑野马》，《野草丛刊》，1948 年第 7 期。

② 参看张均：《〈文艺生活〉的复刊、"新生"与停刊》，《长江学术》2014 年第 3 期。

③ 许定铭：《〈文艺生活〉月刊》，《大公报》，2008 年 6 月 3 日。

④ 编者：《编者·作者·读者》，《文艺生活》光复版第 1 期，1946 年 1 月 1 日。

⑤ 编者：《编后小记》，《文艺生活》光复版第 8 期，1946 年 9 月。

的写作干部"，这些人"将是未来华南及海外有力的文艺工作的组织者和支撑者"。司马文森并设想"假如华南解放了"便以广州为《文艺生活》的"总基地"，同时"在上海，北平，香港设分社"。① 1950 年《文艺生活》迁回广州出版后，"发展工农兵文艺，扶植及培养华南的文艺干部，建设新华南文艺"的目标则更为明确②。从西南到华南，"《文生》从创刊至今，一直是在南方"，《文艺生活》"作为反映南方人民生活的文艺刊物"的地域身份是清晰的。③

伴随着地域身份定位，根据文艺形势，司马文森对在全国进行文化分区、发展地方性文化进行了思考。1949 年 5 月，为迎接华南解放，司马文森撰文指出，"未来新民主文艺"的发展路向是"普及及与工农兵结合"，因而必然发展"地方性文化"。全国要按照"经济，政治，文化，语言等等不同条件""划分成若干单位，每一个单位应有自己文化上的特色"。"华南文化区"（"以广州为中心"同时包括"福建的福州、厦门，广东的汕头、广州湾，广西的桂林、梧州、柳州、南宁"）应该有"和东北区华北区不同的特点"。④ 而在关于华南文化的特点以及发展华南文化的必要性上，司马文森另文阐述道："华南文化，多少年来一直保持着它的特色，这种特色从它的为广大群众所喜闻乐见，以及它丰富的民族色彩上来说，都应当占有自己的地位，但在国民党反动的压制文化政策下，它一直被埋没着。民主文化的特点应该放在普遍发扬及提高原有的民族文化上。这不但为了便利于当地的普及教育和政治动员，同时也为了丰富新民主中国的文化。"⑤

那么，如何发展华南文化呢？司马文森认为，"华南由于地理形势，生活形态，语言，风土习惯的不同，把为北方农村准备好的一套作品，硬搬过来，也一定走不通的。因而创作新读物，编写，修整原有的作品，使

---

① 司马文森：《〈文生〉一年》，《文艺生活》海外版第 10、11 期合刊，1949 年 2 月 15 日。
② 编者：《复刊词》，《文艺生活》穗新版第 1 期，1950 年 2 月。
③ 编者：《〈文生〉半年》，《文艺生活》穗新版第 6 期，1950 年 7 月。
④ 司马文森：《文艺工作者怎样迎接华南解放？——为纪念"五四"三十年作》，《文艺生活》海外版第 14 期，1949 年 5 月 15 日。
⑤ 编者：《从〈复仇记〉谈起》，《文艺生活》海外版第 15 期，1949 年 5 月 20 日。

成为完全适合南方农村的需要，也十分必要。"① 第一次文代会还没有闭幕，司马文森就预见性地指出，为"配合这一空前盛大的工作"，"南方的文学艺术工作者"当前"最迫切"的工作之一就是"发展方言文学，整理华南民间艺术，提出具体改良粤剧，粤语电影办法，改造旧艺人，培植新干部"。② 将文代会的精神和华南地方结合起来。而发展华南文化/地方性文化离不开扎根地方、扎实工作的作家等文艺工作者，司马文森呼吁那些"根本就和上海北平没有关系"却执意前去、想做"全国性作家"的人，"眼睛不能只是向上，而该看下"，"要根据实际需要，分散到全国各个地区去做开拓工作"。③

在悉心撰文全面思考华南文艺/文化发展问题的同时，司马文森利用《文艺生活》这个平台，组织、刊发了一系列注重从整体上讨论华南文艺运动如何开展的理论文章。如冯乃超《展开华南通俗文艺运动——文协粤港分会通俗文艺座谈会座谈纪录》（光复版第 13 期）、黄绳《展开华南文艺运动的几个问题》（海外版第 14 期）以及黄绳、陈君葆、韩北屏、华嘉等 8 人参与的笔谈——《对一九五〇年华南文艺工作的希望》（穗新版第 1 期）等，显示出司马文森对华南地域文学的身份认同和责任担当。与此相应，《文艺生活》上的文学文本自然在语言和文化等方面显现出华南地域文学特点。如前文已述，最有代表性的就是那些以 40 年代中国政治经济状况为背景、以华南城市或乡村为舞台，通过半方言或纯方言叙述方式来讲述底层小人物故事的小说作品。

40 年代的香港虽是殖民地身份，归港英当局管理，但香港的传统文化地域归属则是华南，香港学者对战后香港文学的整体论断——"整体中国文学其中一个特殊而带地方色彩的部分"④ 里面的"地方色彩"指的不是香港市民文学传统，而是华南方言土语和风俗民情。陈残云的《受难牛》

---

① 司马文森：《迎接华南解放》，《文艺生活》海外版第 17 期，1949 年 8 月 25 日。

② 编者：《文工大会闭幕以后》，《文艺生活》海外版第 16 期，1949 年 7 月 15 日。

③ 陈程：《谈"全国性作家"》，《文艺生活》海外版第 15 期，1949 年 5 月 20 日。

④ 郑树森、黄继持、卢玮銮：《国共内战时期（一九四五—一九四九）香港本地与南来文人作品三人谈》，见郑树森、黄继持、卢玮銮：《国共内战时期香港本地与南来文人作品选》（一九四五—一九四九）（上册），香港，天地图书有限公司 1999 年版，第 9~10 页。

（海外版第 3、4 期合刊）讲的是广东农民受难牛在香港闯天下的故事；秦牧的《情书》（海外版第 13 期）香港背景比较模糊，但广东乡村恶劣的生存环境却通过荣嫂之口侧面表现了出来。两篇小说都是用普通话叙述，但人物对话都显现出或浓或淡的方言色彩，很多华南民俗风情也蕴含其中。

易巩《珠江河上》（光复版第 7 期），华嘉《老坑松和先生秉》（海外版第 5 期），陈残云《救济品下乡》（光复版第 9 期）、《兵源》（海外版第 13 期）等作品的华南地域叙事则直接指向"胜利后"的广东某农村，以浓重的乡音土调讲述底层人民挣扎于混乱时代的命运故事，广东农村特殊的社会形态、日常生活方式、重乡缘人伦的气质等地域个性特征也在作品中显露出来。《救济品下乡》中的唐乡长、"先生贵"以及扯眼四爷合谋以资助"洪圣诞"的名义低价侵吞了县府下发的救济品，《兵源》中胡鸡眼为救被抓壮丁的侄子胡发以自己的田地为抵押、高利借了十二担谷子，唐乡长们的日常生活状态、胡发们的日常谋生流程等都表现出了上述地域个性特征。

同样是陈残云的作品，《乡村新景》（穗新版第 1 期）取材于赞美共产党军队纪律严明、爱护百姓，整个调子因而是轻松欢快的。其中有一个情节是村民长气公的老婆怀疑解放军战士偷鸡：老太婆"只管哭，半句话也不讲。地保急了，'有乜野事情你讲呀，几十岁人，啼啼哭哭，唔失礼人都失礼长气公呀'。'係啰，係啰，唔怪得人话佢越老越糊涂。'长气公不耐烦地骂她。她哭得越加响亮。地保人急智生，悄悄的去问问媳妇。媳妇细声说：'唔见左只鸡嫲嗝——'地保说：'车，唔见左只鸡使乜哭得咁紧要？'媳妇道：'佢怒的共产军。'地保解释说：'共产军点会要你只鸡嫲？搵真吓呀？'说完，地保跟长气公、媳妇分头搜寻。不久，长气公在柴堆中，发现这只鸡嫲在生蛋。"方言对话活灵活现，粤地的风俗、乡民的心理展露无遗。

除了小说，方言诗歌和利用南方民间音乐艺术形式创作的作品在关注现实的同时更彰显华南地域特色。芦荻《粤讴三首》（海外版第 14 期）则是利用粤讴这种广东传统民歌的形式来表达现实诉求的方言文学作品，如其中之一首——《吐口水（为广州按日征收水费而作）》："唔使讲到喫饭，今日就算係饮水都够艰难，你睇吓水费嘅价钱日日咁变幻，按日缴纳你话几咁麻烦；有米冇水两餐我叫你点办，有水冇米咯不用讲就更加心烦。"秦黛《复仇记》（桂林花灯戏，海外版第 15 期）、楼栖《新破镜重圆记》（南方采茶戏，海外版第 17 期）用南方传统戏曲剧种来讲述现代故事，"花灯和采茶，原是一个东西，不过秦黛是用桂林调来写，而楼栖是用梅县客家的采茶调"①。华南民间艺术形式被重视、被挖掘是文艺大众化—方言文学运动发展的产物，但客观上起到了弘扬华南地域文化、展示华南地域特色的作用。

整体来看，《文艺生活》月刊是一份具有明显阶段性、地域化的文学期刊，其期刊文本所展示的文学图景既线性地呈现了 40 年代抗战、国共内战、中共建政三个时期的历史风云变幻，又由于主观和客观的因素而表现出了独特的华南地域个性和精神风貌。而阶段性、地域化正是地域文学史建构的两个要素，40 年代华南文学史的描述和构筑也许可以从《文艺生活》这样典型的刊物入手来讨论。

四、阶段性、地域化文学史写作路径的探索

文学史（literary history）这一来自欧洲的新的著述体裁于 19 世纪末 20 世纪初从日本传入中国后，以林传甲和黄人的《中国文学史》为端点，迄今为止已有几百部中国文学史出版。② 而对现代文学历史的描述和研究则始于 1922 年胡适应约上海《申报》馆五十周年纪念特刊所撰的《五十年来中国之文学》一文，中国现代文学史由此开始了与传统文学、社会政治、文学特征等方面剥离与纠缠的丰富复杂的近百年历程，出现了诸多在不同文学史价值观指导下编写的断代史、三十年史、文体史、文学思潮与批评史、"二十世纪中国文学"史、"典型年代""散点"透视文学史、图志广告文学史以及区域文学史、地域文学史、少数民族文学史等文学史形态。③ 可以说，中国现代文学史的写作持续走在"重写""重建"的路

---

① 编者：《请大家发表意见》，《文艺生活》海外版第 17 期，1949 年 8 月 25 日。

② 参看戴燕：《文学史的权力》，北京，北京大学出版社 2002 年版。

③ 参看钱理群：《中国现代文学史论》，桂林，广西师范大学出版社 2011 年版；陈平原：《作为学科的文学史》，北京，北京大学出版社 2011 年版；杨义：《中国现代文学图志》，北京，生活·读书·新知三联书店 2009 年版；陈子善：《中国现代文学编年史——以文学广告为中心（1937—1949）》，北京，北京大学出版社 2013 年版；等等。

途上，这种"重写""重建"既是学术史本身自我更新的内在逻辑要求，同时显示出文学史研究者的一种文学史写作焦虑。

就叙述空间来看，数次"重写文学史"之后，"现代文学史叙述由原来的偏重整体与中心区的讲述到注重地方的关注。现代文学史的研究不仅应该从时间层面上进行深入拓展，也应在空间范围内将视野扩展。在这种背景下，'海外华人文学'、回族等少数民族文学、国统区文学、东北沦陷区文学、巴蜀文学、岭南文学等皆在试图重新深绘区域文学图景中有望进一步丰富文学发展的历史面貌。"① 这些文学史空间切割的角度既包括国籍、民族、政治区划，也包括有明显同一性特征的区域性文化板块。

但是，虽然"文学与外部世界的关系的建构往往是通过地方来实现的"，但"时间与空间是人类认识与把握世界的两种最重要感知方式"，"从文学自身的发生与裂变的历史来看，时间无疑是最重要的感知维度。"② 确实，文学史的空间讲述也必须在时间维度的一定框架下进行，作为政治区划的国统区文学、东北沦陷区文学的时间框架是显在的、相对固定的，但其他空间叙述角度，如国籍、民族、文化板块等的文学史就必须要有时间限定。

2013 年 11 月 16 日，王富仁先生在"岭南学术论坛·新文学史专题研讨会"（《学术研究》月刊与嘉应学院联合举办，广东梅州）上提出"只有阶段性的文学史，没有终极的文学史"的文学史观；黄子平先生则强调"要探索空间化的文学史叙述模式，重视地域文学，发展文学地理学"的文学史写作路向。阶段性、空间化的结合就是兼顾了时间维度和空间维度的文学史叙述角度。二位先生都对以阶段性的文学史以及地域化、空间化的文学史来构建理想的文学史抱有良好的预期。与会的广东学者同时也表现出对发展华南地域文学史著述的焦虑和期待。

华南地域文学史目前只有指涉范围更窄的《岭南现代文学史》（张振金著，广东高等教育出版社，1989 年版）、《岭南文学史》（陈永正主编，

---

① 张鸿声等：《美国"中国学"的"地方"取向与中国现代文学研究——以中国现代文学研究的区域问题为例》，《中国现代文学论丛》2018 年第 2 期。

② 张鸿声等：《美国"中国学"的"地方"取向与中国现代文学研究——以中国现代文学研究的区域问题为例》，《中国现代文学论丛》2018 年第 2 期。

高等教育出版社，1993 年版）。按照曾大兴的说法，《岭南文学史》"只叙述广东文学，并未涉及广西文学，实际上是一部区域性的《广东文学史》，而不是一部真正的地域性的《岭南文学史》"。因为"'地域'是自然形成的，'区域'则是对'地域'的一种人为的划分；'地域'的边界是模糊的，'区域'的边界是清晰的。"①

对于华南地区而言，它的边界是相对模糊的，可以视为南中国的所指。"'华南'概念的产生，据考源于西方报纸的报道与翻译。尽管无论在近代还是当代，'华南'一直是一个变动不居的概念，然以其代指中国南部地区，尤其是以广州为中心的珠三角地区，显然已为一种共识。""近代以来的'华南'一直是中国的风云之地。抛开政治、经济等外在因素不论，作为一个文化板块，'华南'在整个中华文化圈中，也是一种独特的存在。以往的现代文学研究将过多的视角投注到京沪两地，而忽略了在整个中国现代文学发生过程中，'华南'一直扮演着微妙而关键的角色。诚然，从地域上讲，'华南'相对于中原是'周边'；从政治和文化角度来看，相对于北京、上海，广州无疑是'边缘'。但从华南这一区域内部来看，近代广州相对于周边地区尤其是港澳地区甚至南洋，无疑位居'中心'。在国民革命时期，广州曾一度是全国的中心，新文化与新文学的主将们接踵而至，汇聚于此。"② 华南地域文学史的写作，如果依照海外汉学家的研究思路，一方面契合了施坚雅的"中心区"理论，另一方面也与柯文的"沿海—内陆"区域研究取向相符。自东到西，福建、广东、广西这些南中国地域都是基于陆地、面向海外，其具有高度趋同、同时与内陆地区迥然不同的文化特征。

因此，"华南"这个地域概念同时承载着丰富而深沉的文化内涵，可以视为"想象的地域"："地域作为高山与大河、丘陵与平原的有机组合，它是自在沉默而又客观确定的。然而，地域一旦进入文化与文学的领地，由于'存在对于我所具有的唯一意义是''为我存在'，它便具有'意向

---

① 曾大兴：《"地域文学"的内涵及研究方法》，《东北师范大学学报》（哲学社会科学版）2016 年第 5 期。

② 张鸿声等：《中国现代文学研究的"华南"视角》，《中国社会科学报》，2019 年 3 月 25 日第 4 版。

性'的人为色彩，需要表述、激活和建构，从而成为萨义德所言的'想象的地域'。"① 在文学领地中，"华南"是蛮荒、保守与前沿、开放并存且独具地方色彩的多重想象之域，值得人们为之作地域文学的书写。

但"从普遍情形看来，地域文学只不过是于某些阶段性、间断式的特定历史时期内产生出程度不等的繁盛景象，……一般不能或无法保持连续悠久性的、超越漫长历史分期的整体辉煌绚丽的局势。"② 时限性对于地域文学史的写作来说，既是一个不得不面对的文学事实，又涉及具体的操作手法问题。在中国新文学史视野中，40 年代是华南文学的一个具有代表性的阶段。"在 1937 至 1949 年的十余年间，华南文坛在整个中国文学界居于特殊的举足轻重的地位，并且在广州、桂林、香港之间形成了作家聚散的巨流。在这股巨流中，华南本土作家逐渐脱颖而出，成为日后南中国文学的重要骨干分子。"③

确实，40 年代的华南地区由于含纳了 40 年代的三个文化中心（桂林、广州和香港）而成为 40 年代地域文学的重要组成之一，而且，这三个重要的中心城市因为 40 年代作家的流动而串联起来，因而在保有各自文化积累、地域特征的同时，又整体上构成了一个"华南文学场"。这个文学场在空间上超越了省界区划（广东、广西），超越了领土与殖民地（两广、香港）；在时间上具有持续的延绵性，无论 40 年代意指 1937 年到 1949 年，还是 1940 年到 1950 年，都在这个文学场域范围之内；这个文学场里的作家立场（左、中、右），政治事件（抗日、内战、建国），文学创作（为时代还是为个人）、文学生存（文学与文学生态）等问题，较之 20 世纪的任何一个时代都更为复杂纠缠。在肯定空间的独立性之后，当我们跳脱 40 年代华南文学场域内部，我们同时也应该注意到华南与北京，华南与海外，华南与西南、东南、东北之间的关联，即地域与地域之间，空间与空间之间的流动性和开放性。

那么，如何对 40 年代华南文学这一特定时空域的文学进行"史"的描述？取广泛的文学文本、历史文本来讨论固然是一种方法，然而还有一

---

① 刘保亮：《论地域作家的文化身份》，《甘肃社会科学》2013 年第 1 期。
② 乔力等：《论地域文学史学的研究方法》，《理论学刊》2006 年第 12 期。
③ 杨义：《中国现代小说史》（第三卷），北京，人民文学出版社 1986 年版，第 205 页。

个方法，即取一个动态开放又相对凝固的文学期刊作为载体，探究期刊文本和文学历史之间的互文共生性，从而给特定时期的文学、文学史做侧面画像，也不失为期刊研究和文学研究方法的新尝试。跨越 40 年代、行走华南的《文艺生活》月刊，表现出了明显的阶段性、地域化的特点。而与此同时，以"一个刊物"作为"典型年代"里的一个"散点""来把握一个时期的文学精神和基本特征"① 也可能给地域文学史的写作提供一种新的路向和启示。

前文已经对《文艺生活》桂林版、光复版、海外版、穗新版的内容进行了整体的描述，从 1941 年到 1950 年，从编辑策略、文学生态到文学创作、理论论争再到地域特征，我们试图以丰富的"杂志文本"（期刊以及期刊文本），试图以一本刊物来呈现或者说管窥 40 年代华南文学。"个案"也好，"散点"也罢，一本刊物已然一个文学乾坤。这个文学乾坤并不封闭，40 年代华南文学可以是它的主要指涉，40 年代的时间之外（如战后香港文学是五六十年代新中国文学的起点之一）、华南的空间之外（如 40 年末旅港作家北返），亦皆可在此文学乾坤之中找到端倪。

因此，对《文艺生活》这样一份具有明显阶段性和地域化的文学刊物进行研究，考察其和 40 年代华南文学的关系对于描述和构筑 40 年代华南文学史的启示在于：从结构上看，阶段性（时间层面、文学与社会政治关系层面）和地域化（空间层面、历史文化特征以及人地关系层面）是 40 年代华南文学史架构设置的两大着眼点；从内容上看，文学与政治、文学与战争、知识分子文学与民间文学、沿海文学与内地文学、本土文学与海外文学、市民文学与革命文学等可以作为 40 年代华南文学史的主体构成部分；从宏观上看，40 年代华南文学和 40 年代其他地域文学的关系（空间与空间之间）、40 年代华南文学在整个中国新文学史中的位置问题（局部与整体之间）等也是 40 年代华南文学史写作无法回避的观照视点。

总之，一份期刊就是一个时代的文学，由此出发去探索地域文学史的写作路向，这一思路和方法以及围绕这一思路和方法产生的讨论具有双重

---

① 孟繁华：《总序二：〈百年中国文学总系〉的缘起与实现》，见钱理群：《1948：天地玄黄》，济南，山东教育出版社 1998 年版，第 14 页。

意义：一方面可以成为"真正以具有文化板块特征的人文空间为标准""从时间与地方层面重构现代文学的研究框架"① 的有效内容构成，另一方面也是对学界"客观真实性是文学史编写的最高法则"② 及"回归'文学本体'的文学史叙述"③ 诉求的某种回应。

---

① 张鸿声等：《"文学—史学—地学"：中国现代文学研究范式重构》，《中国社会科学报》2018 年 4 月 16 日第 4 版。
② 朱德发：《辩证理解现代文学史书写的"真实性"》，《江汉论坛》2015 年第 7 期。
③ 胡希东：《文学观念的历史转型与现代文学史叙述模式的变迁》，《上海师范大学学报》（哲学社会科学版）2016 年第 4 期。

中编

第四章　战时国统区知识分子的战争人生心灵体验

一、绝望与希望之间：战时国统区知识分子的心灵煎熬

在中国现代史上，抗日战争是最重大的战争事件，它"成为中华民族生死存亡的主要枢纽，它波及到的地方，已不仅局限于通都大邑，它已扩大于中国底每一个纤微，影响之广，可以说是历史所无"①。中国人的生活、命运和情感为此发生了彻底的改变。这种改变如同持续的战争一样有着一个持续和变化的过程。以战时国统区知识分子作家为例，随着战事的起伏、生活的变化，其心灵亦经历了一个高低起伏的曲线历程，即由抗战初期的昂扬到抗战中期的迷惘再至抗战后期的绝望到狂喜。三者之中，其在抗战中期的心灵演变最为复杂。大的迷惘中包含了焦灼、低沉、犹疑、感奋、坚忍等小的情感状态，这些情感纠结在一起，构成了绝望与希望之间的二律背反。国统区的知识分子作家挣扎其中，心灵备受煎熬。

萨义德在《知识分子论》中曾引用米尔斯的话说，"独立的知识分子不是怀着沮丧的无力感面对边缘地位，就是选择加入体制、集团或政府的行列，成为为数不多的圈内人……"② 大部分国统区的知识分子作家还是属于边缘地位的非圈内人，他们只能用知识分子无力的方式去面对已知的现实和未知的未来。对于前者，他们用敏感的神经感受着苦难；对于后者，他们用善感的心灵表达他们对前途、对未来的期许。现实是令人绝望的，但谁敢说未来没有希望？可是，希望何时会来？这群无力的人在绝望与希望之间挣扎着。三卷18期桂林版《文艺生活》中的诗歌和散文给我们提供了一个很好的了解战时国统区知识分子独特战争人生心灵体验的窗口。

---

①　罗荪：《"与抗战无关"》，《大公报》，1938年12月5日。

②　[美] 爱德华·W.萨义德：《知识分子论》，单德兴译，北京，生活·读书·新知三联书店2002年版，第24页。

二、困苦与焦灼："呵，你告诉我，芝，我将怎样自处？"

1938 年 10 月，日军占领广州、武汉后，抗日战争进入了中期阶段即战略相持阶段。此一时期，日本停止了对国民党正面战场的战略进攻，国民党退守西南，社会秩序暂时平稳。但战争带来的通货膨胀却在 1941 年突然爆发。"三十年度的春天，为多数人未经觉察的暗影，向着稳定的生活突然袭击，那就是由于米价的跳跃飞涨，牵引百物和人力同时沛腾，使多数人立刻失却生活的保障，陷于空前的困穷——尤其是全靠卖稿度生的作家们。"[1] 作为右翼文人，王平陵固然不会将通货膨胀与国民党的贪污腐败、大官僚参与囤积居奇、国民政府经济政策的失败联系起来，但其对作家们在通胀压力下的艰难困穷的描述倒是实情。在《文艺生活》第一卷第五期（1942-1-15）的编后杂记中，主编司马文森也直陈物价飞涨给作家带来的沉重压力："生活程度又一天一天的高起来了，物价正在和人赛跑，尽管你跑得如何吃力，汗淋气喘，还是不得不落后，这是一件非常痛心的事。特别是文艺工作者，因物价的飞涨而感受生活的压迫正日在加深。"

抗战中期通货膨胀的严重程度可以在当时美联社的一条电讯中得到证实。美联社列表说明了 1937 年抗战爆发以来法币 100 元的购买力逐年下降的情况：法币 100 元，1937 年能买两头牛，1938 年能买一头牛，1941 年能买一头猪，1943 年能买一只鸡……[2]通货膨胀如此，但以写作为生的文艺工作者的收入却没有相应的增速。稿费既低，而且在当时的桂林，作家的版税和稿费往往得不到保障。困苦的生存状态使得国统区知识分子的生命体验、心理和情感方式等都发生了深刻的变化。

孟超（署名迪吉）在《秋的感怀》一文中历数桂林、北平、青岛、关外的自然之秋、感秋伤怀之后，马上纠正自己："秋天，只低徊于欧阳公

---

① 王平陵：《七年来的中国抗战文学》，见中国国民党中央委员会党史委员会编：《革命文献第五十九辑——抗战时期之学术》，1972 年版，第 23 页。

② 参见黎惠英、孙祚成、许海生主编：《中国现代经济史》，长春，吉林大学出版社 1991 年版，第 63 页。

的秋声赋，那总不免使人气短的，抗战已经四个年头了，不但我们的力量，应该愈磨愈壮，而且心情也需要更健强些，那里能受了时令的动摇呢？"于是，他开始憧憬秋天的丰收、人民生活的安定、士气的增加，"可是，不知道为什么，心稍微一沈，又似乱梦被打破了一般，到处都闹着米价的飞涨，正如秋潮般的汹涌，物价也像与米价竞赛似的，只见他不断的升起，没有低落的希望，大家都绉着眉头，喊出了困苦的呼吁，秋没曾使人悲感，人倒使秋添上了不少的苍凉了。……生活下坠着，气压铅样般的低沈着，紧压着，……"[1] 自古以来就存在的知识分子敏感的悲秋之心在战争环境下也发生了变化，不是萧杀、衰败、凋残的"秋之入心，愁也"，而是心中之秋涌出，倒给自然之秋增添了愁思和苍凉。比飒秋更使人悲感的东西是生活的困苦，现实的重压以及前途的渺茫。虽然作者一再暗示自己"心情也需要更健强些"，但终归是无可奈何。

生存层面的困苦带给知识分子的痛苦并不是最严重的。知识分子面对现实时的无奈更多的表现在心理层面，即对民族前途命运和个人价值实现的焦灼。

梅林的《不安》向我们描述了一个不安的灵魂：

> 朋友 M 君走过来对我反复的诉说：
> 为什么近来我的心情总是这样地不安？
> 在朋友的欢乐聚谈中，我感到惶惑，
> 在自己独坐时，我如像沉落在梦魇中；
> 不是寂寞，不是凄怆，只是不安。
> 难道我在过着"非人的生活"么？
> 我可以在绝对不吸一根一角半钱的劣等纸烟的禁律下，以脑汁以劳力换每天两顿碜米饭。
> 难道为了孩子的出生，在感觉着责任的重大么？
> 我知道"天无绝人之路"的豁达观是贫困时候的一种安贫治疗法。
> ……

---

[1]　迪吉：《秋的感怀》，《文艺生活》桂林版第一卷第 4 期，1941 年 12 月 15 日。

为什么我的心情总是这样地不安？

国族前途的必然光明的信念并未动摇，我坚信灿烂的新中国就在明天。

而在和东洋军阀艰苦战斗的今日，我并未放弃自己力之所能及的工作岗位。

为什么我的心情总是这样地不安？

是为了不幸而为"知识分子"，在坠入自我烦扰的陷阱中么？

我不也只是仅仅懂得二三千个方块字和二十六个 ABCD 的"略识之无"的人？

呵，你告诉我，芝，我将怎样自处？①

M君可以忍受不吸烟、吃碛米饭，可以承担妻儿的生活重担，但"为什么我的心情总是这样地不安？"连续两个设问，已经自己回答了自己的问题。不安源于内心的焦灼：这种焦灼不排除生活贫困对其的影响，但更多是对国族前途的忧虑，对个人当下价值实现的怀疑，对知识分子悲天悯人传统的继承，对"百无一用是书生"的无奈……面对"内忧外患"，知识分子多思多虑的秉性，必然使其处于心情不安的焦灼状态中，并发出"我将怎样自处？"的自我叩问。

对中国知识分子问题颇有思考的现代作家王西彦曾说："如果说一部中国的近代史就是中国人民的受难史，那么知识分子不仅也属于这受难的一群，他们的痛苦还有着特殊的意义。这并不是说他们的神经分外细嫩，感觉过于锐敏，而是因为他们既然有了一些知识，总想把它贡献给祖国和人民，也就是希望能'报国有门'。谁料他们这个良好的愿望，虽然祖传父、父传子、子传孙地一代又一代地往下传，竟始终没有得到实现的机会，始终只能抱着'报国无门'的怨恨以逝。"② 事实上，受难知识分子的痛苦远不止于"报国无门"的怨恨，其更强烈地表现在心灵的煎熬上，即困苦中痛苦的生命体验以及对自身、家国命运的焦灼。

---

① 梅林：《故乡及其他·不安》，《文艺生活》桂林版第一卷第4期，1941年12月15日。

② 王西彦：《神的失落·自序》，南京，江苏人民出版社1983年版，第3页。

三、低沉与感奋：
"到处是风雨泥泞，人间是一场大大的忧伤。"

面对生活的困苦、心灵的焦灼，在低沉、犹疑与不想低沉、不敢犹疑之间，国统区知识分子开始了他们低沉与在低沉中自我强化要感奋、在绝望与希望之间挣扎的书写。

以诗歌为例，翻阅桂林版《文艺生活》月刊，满目所及的意象是"弥天的雾""沉默的海""满地的风雨""严寒的冬天""漫漫的长夜""古老的荒城""阴暗的屋檐""哑喑的琴弦""忧郁的空气""反胃的天空""满脸皱纹的太阳"等。冬天的风雪严寒浓雾、夏天的风雨泥泞阴云本是极其平常的自然景象，但在特殊的历史时空下，在诗人丰沛的情感里，这些自然景象成为蕴含独特情感的意象，带给人的是一种低沉、压抑和绝望。

且看伍禾作于1941年冬的《新年献诗》：

> 划一根火柴／用它细微的火／把红烛／燃在神龛上／想送走阴黯的除夕／和严寒的冬天／／……／／红烛是要熄灭的／当红烛熄灭的时候／我们不就／剪断了／一个冻结的冬天吗／／……／／红烛真的熄灭了／除夕也跟着它走了／于是／我站起来／敞开茅屋的门板／天哪／还是满天的风雪呵／寒冬正在旷野里／大摇大摆的散步呢①

作为新年献诗，伍禾这首诗的格调明显低沉，"阴黯的除夕""严寒的冬天""冻结的冬天""满天的风雪"无不显露了诗人的心境。冬天是如此漫长，多么希望能从一个时间点（除夕的过去）来对它进行一个了结。这个时间点之前风雪严寒，这个时间点之后春风杨柳。这是诗人多么诗化、天真的遐想！这是久久居于困境之中的人们多么热切的祈望！但当"茅屋的门板"这一现实之门敞开之时，风雪寒冬仍是现实中的主角，恣意而张狂。可以想象诗人看见此景该是多么的沮丧与绝望，低沉的情绪一览无余。

---

① 伍禾：《新年献诗》，《文艺生活》桂林版第一卷第5期，1942年1月15日。

虽然是献给新的一年——1942 年的献诗，诗中所传达的情绪却仍是 1941 年的低沉情绪。1941 年是文艺运动最低潮的一年。[①] 导致文艺运动朝低潮走的客观原因主要是两个：一是战争带来的文化中心转移、文人迁徙不定和交通困难；二是国民党政治上的向右转和文化上的高压政策。政治上的右转主要表现为在统一战线旗帜下国共冲突的逐渐升级，顶点就是 1941 年 1 月的"皖南事变"。这使得整个政治朝低潮方向发展，文艺运动自然会受到影响。在文化上，国民党在国统区实行严格的报刊审查制度，作家表现现实所受的限制太大。田汉曾举了一个例子："那时在蓬子编的新蜀报副刊上，曾有人写了一篇短文，说重庆的米价太贵了，活不下去，结果便被检掉。第二天，他们又开玩笑地写了另一短文，说米价很便宜，也被检掉。结果弄到凡是谈米价的文章一律被检。"这种情况在国统区是很普遍地存在着，田汉等人也深感"要把今天的现实暴露，或把许多困难克服，非常困难"。主观原因方面最重要的就是作家为了生活被迫改行，写作时间缩短。邵荃麟就以艾芜为例来说明这个情况："如艾芜先生，我们都知道他是一个职业作家，可是他到现在也不得不去教书了。一有别的职业就能把写作时间剥削去，这对于作品的产生，也有了极严重的影响。"[②]

1941 年低沉的政治空气和文化氛围以及为生计的疲于奔命像"满天的风雪""严寒的冬天"一样笼罩着诗人阴沉的心，使整个《新年献诗》流出压抑、绝望的气息。

再看彭燕郊的《雨后》：

> 雨后的原野上/依然笼罩着浓雾/无力地堆叠在那儿/酱色的山像一堆冷硬的旧棉絮/与粉灰的家屋，暗绿的古木相依偎/今天，在光的渴念里/土地是有着更煎迫的焦虑的

---

① 就在伍禾写这首诗大约一个月前，在 1941 年 11 月 19 日下午 1 点，文艺生活社曾组织了桂林文艺界的同人田汉、邵荃麟、宋云彬、艾芜、司马文森、孟超、伍禾、胡危舟等在桂林三教咖啡厅就 1941 年的文艺运动举行了一次座谈会。与会众人一致认为 1941 年是文艺运动最低潮的一年。见雷蕾执笔：《一九四一年文艺运动的检讨》（座谈），《文艺生活》桂林版第一卷第 5 期，1942 年 1 月 15 日。

② 雷蕾：《一九四一年文艺运动的检讨》（座谈），《文艺生活》桂林版第一卷第 5 期，1942 年 1 月 15 日。

空中依然聚满阴云/伸长的云块/如鸟的巨翅/白水湿的羽毛/抖落下几点雨珠/在升自天际的微白里/挣扎着松弛的旧梦/而凄迷的雨雾呵/也不舍地流连在峡谷间①

雨后不是清新，不是新生，依然是"浓雾""阴云"。"浓雾"遮蔽了天光，以至土地有着"更煎迫的焦虑的"对"光的渴念"。"如鸟的巨翅"的阴云"挣扎着松弛的旧梦"，旧梦虽已松弛，但毕竟没有被催醒，阴云仍然占有它的领空。"浓雾""阴云"的势力如此强大，以至"初生的炊烟"只能"以发抖的手，试探地"去"抚摸着天穹底多皱的胸部"；以至"像一把把朝天的帚"的树木只能是"企图扫净"那些"壅塞在天空里的阴云"；以至万物只能是"低俯了头"，"从愤激的心底"去"祈祷光的来临"。"发抖""试探""企图""祈祷"这些小心翼翼的被动词汇异常形象地写出了战争阴云笼罩下的人们对浓雾遮蔽的前途的探索和希冀。这种探索和希冀呈现了人们既绝望又不甘心于绝望、既希望又觉希望渺茫的复杂心态。

同样的心态也出现在伍禾的散文诗《骆驼》和《八阵图》中。在《骆驼》中，"我"和"我"的年青的骆驼是"两个沙漠上孤零的旅客"，在穿越"漫长的沙漠"的过程中，我"默默的计算着日程，想着沙漠的边缘的美的水草和美的人声"，"我老想象着走完了沙漠之后的幸福，于是，我老张望着沙漠的边缘。"②《八阵图》描述了一个布置了各种武器，充斥着"人的血液、皮肉和骨骼""狗的咀嚼的声音"和"蚊虫吮吸的声音"的八阵图。"我徘徊在里面，我有难忍的憎恶与气闷"，"然而我不敢出声，我像为梦魇所迷一样，浑浑沌沌的糊糊涂涂的，在里面徘徊"。"我看不见星月，星月都离我太远。我想找一个阴黯的角落，蹲下去，直到枯朽"。③无边沙漠的寂寥、八阵图的闭闷，共同表达了生命的窒息和绝望。但无望中也要找寻希望。于是，沙漠中的"我"想象"沙漠边缘的美的水草和美的人声"，八阵图中的"我""大声的叫了，而且歌唱"，"跨出了它的边

---

① 彭燕郊：《雨后》，《文艺生活》桂林版第二卷第4期，1942年6月15日。
② 伍禾：《八阵图·骆驼》，《文艺生活》桂林版第二卷第5期，1942年8月15日。
③ 伍禾：《八阵图·八阵图》，《文艺生活》桂林版第二卷第5期，1942年8月15日。

缘"。沙漠尽头的想往和冲出八阵图的决绝传达了诗人试图摆脱无望、窒息的努力和希冀。

这种"试图摆脱"和"希冀"广泛地存在于前述诗人阴郁诗文的末尾。如伍禾《新年献诗》的末尾："然而/在寒冬的背后/我一眼看出了他/腐烂的窟窿//春天的风呵/正抹着杨柳"。彭燕郊《雨后》的末尾："我则宁静地按捺住雨季的烦忧/以永矢的自信祝福向自己：/'看呵!/经历了雨季里底窒人的剧痛/久雨的大地/已经开始/从最大的努力/去接近/明丽的新晴了……'"这些末尾无一例外地给全诗配上了一条光明的尾巴，也许有人会视之为抗战八股的一种形式。但细细思量，这却不是陈腐的套路，而是身处重重迷雾、对未来却仍有希冀的诗人们真正给自己的强有力的暗示。否则他们将如何在"到处是风雨泥泞""是一场大大的忧伤"的"人间"存活?[①] 战时国统区知识分子在绝望与希望之间挣扎的痛苦灵魂在这种低沉、低沉中自我强化要感奋的书写下展露无遗。

但这样的光明的尾巴往往很短，只占全诗篇幅很小的一部分，相对于诗篇前部大段的阴郁描写和笼罩全诗的压抑氛围，挤榨出的"小"希冀在展现它的难能可贵的同时暴露了它的软弱无力。在这"大"与"小"的博弈中，知识分子的心灵同样被绝望与希望熬煎着。

四、流亡与前行："到处都是异乡，我们是真正的异乡人。"

"战争给予文学的影响，如同鱼和水，人与空气那样密切。"[②] 之所以这样说，原因主要在于战争对文学的创造者——作家们影响巨大。在战火纷飞的40年代，作家们不得不承受着动荡年代生存与灵魂的双重痛苦。"随着战火的蔓延，中国出现了历史上规模最大、人数最多、地域最广、最艰辛的大逃亡和大迁徙。数字表明，全国90%的高级知识分子、半数以

---

① 晦晨：《风雨及其他·遗失》，《文艺生活》桂林版第二卷第4期，1942年6月15日。
② 王平陵：《七年来的中国抗战文学》，见中国国民党中央委员会党史委员会编：《革命文献第五十九辑——抗战时期之学术》，第22页。

上的一般知识分子，从敌人的占领区迁徙到了抗战大后方和解放区"①。失去家园、流亡异乡成为大多数知识分子共同的生活经历和生命体验。

在桂林版《文艺生活》月刊中，"流亡者""过客""异乡人""流亡""异乡""游走""漫漫的长路"等等有关流亡者流亡在路上的书写比比皆是。另一方面，与身体的远离相对的则是精神的回乡。"失去家园流亡异乡的经历，使家园、土地、母亲都不约而同成为作家们心灵投射的对象。个体的孤独无依感、软弱感和虚无感令'家园意识'成为'在路上'的流亡者最强烈的精神渴求。"② 于是，在刊物中又有"家""家乡""乡思""乡情""怀旧""安憩"等语汇的出现，传递了对家乡的怀想和对安憩生活的渴望。

伍禾的《行列》传递了一个流亡者的乡思：

> 旅店的屋顶上，/猫——/又在凄厉的嚎叫了，/踩着瓦响，/像故意激起流亡者的乡思。//细雨吹打着窗格/——在家乡，/我曾听过多少次这样吹打的声音。/噫，/家乡的雨也流亡了么！/可带来了不少残暴的音讯？③

诗的开头就出现了"旅店"字样，提示读者诗人的旅人身份。接着直接表白自己的情感状态——流亡者的乡思。流亡者与家乡的连接物是"吹打着窗格"的"细雨"。诗句"家乡的雨也流亡了么！/可带来了不少残暴的音讯？"一下子把读者的视线、思绪引到了家乡。接下来诗人便顺理成章地描写了想象中的残破家乡以及近日来所见的异乡伤感的街市场景。这一远一近两个画面，通过诗人"抬头望着望着那望不见的地方"的忧郁的眼睛组接成两个连续对比的镜头。心已还家，身却仍处异地。由于外在的时空变化而滞留他乡的现实使得这种对家乡的回想只能存在于文本中，他们实际的生存状态仍旧是"异乡人"在"异乡"的流亡。就如诗人晦晨的诗句："到处是听不懂的怨言呵/到处是黑色的眼睛/到处都是异乡，/我们

---

① 董平：《四十年代国统区和沦陷区小说中的知识分子形象研究》，博士学位论文，山东大学，2009 年，第 27 页。

② 董平：《四十年代国统区和沦陷区小说中的知识分子形象研究》，第 29 页。

③ 伍禾：《行列》，《文艺生活》桂林版第一卷第 1 期，1941 年 9 月 15 日。

是真正的异乡人。"①

流亡是流亡者的宿命，因为"故乡的焦土"已经将其"缱绻的乡情""打碎"，迫使其"像人生战场上/断了后路的一个兵，/为着同样命运的母亲，/为着同样命运的孩子，/贡献出自己的生命/去和罪恶/作你死我活的斗争。"② 那些低沉徘徊的人唯一能做的就是加入战斗的"行列"。

> 我清楚的听见了，/一声粗鲁的叫喊：/"弟兄们，/我们去呵！"/"我们去呵！"/像是山谷的回音！/于是，/脚步移动了，/喊喳，喊喳，/洋铁碗碰着枪托……//一个翻身，/我爬起来了，/我打开了房门，/……/我把我燃烧得发烫的身体浸在雨中，/我用燃烧的眼睛盯着那湿淋淋的行列。//他们从哪里来，/他们要去哪里，/我全知道了！/那正是/正是我要去的地方呀！③

如果说，想归而不得归的思乡之痛更多是由外在的时空变化所决定，那么，知识分子漂泊前行、成为游走人生的过客的决定性原因则在于知识分子内在的精神诉求。黄万华在《战争人生的心灵体验》一文中曾说，"日本侵略者带来的那场战争使几千万中国人面临从故土连根拔起而抛散至迁徙、流亡之途的命运，这使得'远行'成为战时中国文学深入开掘（的）一个人生层面。"④

曾卓在散文《过客》中写道："我说过我永远只是一个过客，负着沉重的祖国的与感情的重担，在沙漠中，艰辛地蠕慢的游走。风大路长，多少次被迫倒下，而又痛苦地挣扎站起，继续走我的路。何尝又不愿安憩于一绿洲边，营帐旁，得一少女一盏之施，但那里能够？"⑤ 结尾的这一句反问可以有两种理解：一是战乱年代无处寻得绿洲营帐和少女之施；二是即使有，诗人也不能为此而停留。因为这美好的所在实在是太过微小，大部分的时空仍是无边的沙漠、长长的旅途、肆虐的狂风，安于一隅，怎对得

---

① 晦晨：《风雨及其他·赠别》，《文艺生活》桂林版第二卷第 4 期，1942 年 6 月 15 日。
② 臧克家：《家·精神的尾闾》，《文艺生活》桂林版第二卷第 3 期，1942 年 5 月 15 日。
③ 伍禾：《行列》，《文艺生活》桂林版第一卷第 1 期，1941 年 9 月 15 日。
④ 黄万华：《战争人生的心灵体验》，《山西大学学报》（哲学社会科学版）2005 年第 4 期。
⑤ 曾卓：《过客》，《文艺生活》桂林版第二卷第 5 期，1942 年 8 月 15 日。

起知识者的良心？唯有背负祖国与感情的重担，在沙漠中艰辛蠕慢的游走，在被迫倒下和挣扎站起的痛苦中寻求前行之路才是知识分子永恒的价值追求，亦如黄宁婴的《路》所表达的：

> ……它是那样疲惫地/蜿蜒着/它是那样寂寞地/伸展着//无云的日子/为什么路也特别悠长呢//我必须孤独地/孤独地走着/而且/穿过了秃立的林野/穿过了空漠的荒丘/我必须孤独地/孤独地走完/这漫漫的长路呵//因为通过它/我将到达/一个大家所盼望的地方①

五、坚忍与承担：
"希望的顶点是含笑的坟/……我的诗是我的碑"

梅林在《著作家》一诗中刻画了在冷寂的深夜和烛光下艰苦写作的著作家形象：

> 著作家有着恳挚的热爱的/著作家有着切齿的憎恨的/澈夜苦思，绞扭着如此之多的/正直的语言，血泪的语言/憎恨的语言，愤怒的语言/以最高度的热忱，愿作为/古老的民族的号角/枯萎的文化的新血/然而，你，著作家啊/现在烛光将熄，夜更冷寂/而在你笔下的，那些/纪录语言的纸张/是空白得那样可怕呀②

著作家满怀着爱与憎、血与泪，却无以言说，但无言的著作家以无言的方式进行了更为有效的言说，"著作家的无言是极度的哀伤/但极度的哀伤是没有眼泪的"。诗的末尾这一句深深地道出了著作家，或者说知识分子面对民族和族群所遭受的毁灭性灾难，心中所承载的巨大伤痛以及痛定思痛后的坚忍。

这种知识分子的承担在曾卓的《盲目的歌者》一诗中也可找到端倪。盲目的歌者带着"苍凉的歌声/随着荒凉的暮色/日日都来"，诗人在同情

---

① 黄宁婴：《路》，《文艺生活》桂林版第一卷第5期，1942年1月15日。
② 梅林：《著作家》，《文艺生活》桂林版第一卷第3期，1941年11月15日。

之余，"倒是要求你/不要唱着那支悲哀的曲子/你的眼/——那生命的明灯/虽然为敌人的毒焰吹灭了/但是　为什么你又错用了/那沉重如洪钟似的歌喉呢?""相信我/相信我的话/我几乎被扼窒了咽喉，/——而我也是一个歌者"。① "几乎被扼窒了咽喉"却仍不失掉一个歌者的身份和追求，这就是困厄绝望中的知识分子的精神操守。他们不得不歌，因为，落难的土地在等待他们的歌声。

且看郑思的《歌》：

> 寂寞的朋友/……/啊！请你和着我沙哑的嗓子/弹起你苦闷的琴弦//像一个寡妇，守着冰冷的时日/像一个少女，怀着被割断的爱/像一阵微风，绊动夜的松林/啊！让我，也来歌唱这块土地②

郑思这忧郁的歌者，虽然嗓子是沙哑的，琴弦是苦闷的，虽然内心是无望、痛楚的，但仍用他忧郁的歌声来轻抚这块受难的土地，表达对这块土地的怜惜的爱。诗人 S.M（阿垅）在《纤夫》一诗用"大木船"这一意象象征中国，笔触沉重地传达了对祖国的复杂情感。"大木船""衰弱而又懒惰/沉湎而又笨重"，"活过两百岁了的样子，活够了的样子/污黑而又猥琐的……"，但却仍承载着希望，"而船舱里有/五百担米和谷/五百担粮食和种子/五百担，人底生活的资料/和大地底第二次的春底胚胎，酵母，/纤夫们底这长长的纤绳/和那更长更长的/道路/不过为的这个!"而纤夫们的一寸一寸的前进更促使这承载着希望的大木船得以继续前行。"……那人和群/那人底意志力/那坚凝而浑然一体的群/那群底坚凝成钢铁的集中力/——于是大木船又行动于绿波如笑的江面了。"③

整个民族既已落难，族群必定受苦无疑。面对受苦的族群，知识分子用他们特有的敏感之心、悲悯之情表达了对底层民众的深切同情，帮助他们把"哽在喉头"的"哭泣的话语"释放出来，使"冤屈的哑巴"得以讲述自己"阴沉的故事"。郑思的《榨底歌》就是其中的典型：

---

① 曾卓：《那人·盲目的歌者》，《文艺生活》桂林版第二卷第 6 期，1942 年 9 月 15 日。
② 郑思：《低音的琴弦·歌》，《文艺生活》桂林版第二卷第 3 期，1942 年 5 月 15 日。
③ S.M：《纤夫》，《文艺生活》桂林版第一卷第 5 期，1942 年 1 月 15 日。

这声音是这样的沉重，沉重/沉重得像拖着一块厚铁/像扛着一块扛不起的石磨……/在黑得一抹糊的旷野上/榨啊，粗起忧郁的嗓子/唱着一支沉重的歌

像一群被折磨摧毁了的老人/像一群被流放的阴郁的囚徒/他们躺在劳役的疲困和疾病里/含着生命消逝的委屈/默默地，从哽得作涨的喉头/滚出了一支沉重的歌

……

几百年，几千年了/榨啊，这村庄底忧郁的喉咙/哽着多少农民的痛苦/朝着这荒凉的旷野/无终止地，孤独地/唱起一支沉重的歌

"破烂的村庄"被"四面的山丘""搂抱着"，燃着松烛的榨坊里传来低沉的榨的歌。这沉重的压抑的歌声，是农民（他们是"一群被折磨摧毁了的老人"，"一群被流放的阴郁的囚徒"）"从哽得作涨的喉头"滚出来的，诉说着数不尽的悲苦和哀愁。这榨的歌使诗人陷入深深的痛苦之中："榨底歌，沉沉地，重重地/沿着我底心，滚过……/像滚过一堆小石子/像滚过一条长的跳板/小石子被压得破碎，跳蹦/跳板被过重的负担压弯了啊……"①

和郑思的深沉哀怜不同，邹绿芷在散文《冬天——遥寄李欣》中对战时百姓的生存观照多了些生命的哲思。这种生命的哲思可以说是战争环境对作家的独特恩赐。"一方面，战争造成的迁徙、漂泊强化了作家们的文化皈依心理，另一方面，战争的巨大摧毁力使文学无法成为直接抗衡战争的力量，作家们开始从文学的现实关怀中有所脱身，在回归文学本体力量的追寻中回归了人类的哲思。"②

邹绿芷这篇散文 1941 年 12 月上旬写于重庆。入冬的重庆"从朝晨到黄昏""到处弥漫着""大团的灰白的雾气"，在"那窒人的黯澹的色调"里，"这儿的人民，城市，便开始过着没有阳光的不明朗的受难的日子。"人民和城市的受难源于敌人从春天就已经开始的不分昼夜的轰炸，在寒冷

---

① 郑思：《低音的琴弦·榨底歌》，《文艺生活》桂林版第二卷第 3 期，1942 年 5 月 15 日。
② 黄万华：《战争人生的心灵体验》，《山西大学学报》（哲学社会科学版）2005 年第 4 期。

的日子里，"生活在这儿的人们，便像蚯蚓一般地蜷缩在一个窄小的阴湿的土穴里，不能动转，而长远的蛰伏着。"蚯蚓般蛰伏的人们是麻木呆滞的。"在这灰黯的没有阳光的天宇下，这些人们的脸也一样是灰黯的，迟钝的，没有一点光彩，没有一点表情；……在那上面，你所能看到的不是悲哀，不是快乐，也不是其他什么情绪；而只是冷漠，平凡，呆滞，一点什么也不表露；就好像担当不了一点爱，而表白一点憎恨，也不是份内所当作的一样。"蚯蚓般蛰伏的人们同时又在匆忙地奔波劳碌着，但"他们不像蚯蚓那末地还等候着春天；他们在这圈子里不能停息一下；他们没有什么了不起的希望；更谈不上什么未来的远景；并不是不愿意有，而是无论在空间上走多远，他们始终走不开这一个高高的门槛，这样，也就不会有了！"①

面对蚯蚓般蛰伏、奔劳麻木、无所希望的人群，邹绿芷开始了上帝之思：

> 但是那划下这一个窄狭的圈子来局限他们的究竟是谁呢？究竟有一种什么力量，在暗中催促着人们忙碌的奔走呢？那君临在他们头上的，到底是什么呢？这，在古代希腊人解释起来，则是命运；而在我们现代人，虽则在今天还可以说是物价指数，然而将这曲线划得逐渐上升的，又是什么呢？追根到底，我找不到回答，那末权且认为它是"冥冥之手"吧！②

抑或是文网森严，抑或是作者禀赋所限，邹绿芷对生命、生存的思考欲说还休、浅尝辄止，但这种俯视众生、探究命运的哲理之思却显示了抗战中期国统区知识分子已经超越了肤浅的乐观和漂浮的幻想，开始了对生命、生存较为深刻的思索。

作为社会的良知和良心，国统区知识分子始终背负着沉重的责任，深信"知识分子就是那些运用专业知识，运用接触专门知识的优势以及使用

---

① 邹绿芷：《冬天——遥寄李欣》，《文艺生活》桂林版第一卷第 6 期，1942 年 2 月 15 日。
② 邹绿芷：《冬天——遥寄李欣》，《文艺生活》桂林版第一卷第 6 期，1942 年 2 月 15 日。

符号的能力来为更为广泛的公众谋利益的人。"① 正是知识分子的责任感和使命感使国统区的知识分子在困厄、绝望中兀自坚持着。曾卓的《誓》是对他们复杂心路历程的最好总结："希望的顶点是含笑的坟/震荡旷野的群众的歌声是撒弥/我的诗是我的碑"。②

不得不承认，在漫长的战争环境中，知识分子的坚持、承担是和动摇、懦弱并存的。矛盾、痛苦、忧郁和无能为力更多地困扰着他们。但战时国统区的大多数知识分子在民族大义、忧国忧民方面都表现出了知识分子应有的良知和操守。他们渗入骨髓的爱国情结、深沉浓郁的悯人情怀和绝望中的坚守自持是抗战最终走向胜利不可或缺的一个重要因素。

但知识分子本身的弱点使得这种坚持和承担充满了复杂的情感指向——焦灼、低沉、绝望以及相对的自省、感奋、在绝望中寻找希望。复杂丰富的情感指向正是战时国统区知识分子复杂丰富的战争人生心灵体验的外射。

---

① ［美］杰弗里·C. 戈德法布：《"民主"社会中的知识分子》，杨信彰、周恒译，沈阳，辽宁教育出版社 2002 年版，第 35 页。
② 曾卓：《火花·誓》，《文艺生活》桂林版第三卷第 3 期，1942 年 12 月 15 日。

第五章　战时国统区文学样貌的多元化呈现

一、文学多元化：抗战文学路向调整的总体效果

抗战中期国统区知识分子作家对战争人生之所以具有如此丰富复杂的心灵体验并诉诸表达，固然出于外患（抗战形势的不乐观和生活困穷的压迫）与内忧（对民族前途命运和个人价值实现的焦灼），不可忽视的另一个重要原因或时代背景则是抗战近一年后开始的文艺界对抗战文学创作路向的调整。

抗战初期，"作家们感于'文章入伍'的口号，将抗日宣传与文学创作混为一谈，使文学创作一度陷入窒息状态。面对民族兴亡的战争，作家应该利用本身的声名和影响来尽抗日宣传的义务，但是在抗日宣传之外，仍有文学创作的本业；这是截然两码事"①。文学史家的评说如此。历史的当事人则具体而微地指出："我以为那一时期的作品之绝少令人满意，症结在于作家之不深入生活者之尚少，而在于描写壮烈事件之成为风气者实多；因为战地的经验固非大多数作家所有，但战地以外的经验并非不相当深入者，则亦未必没有，不过在当时热刺刺的空气中，作家会感情的地不愿拿出来写罢了。而这结果，除了壮烈事件之写来亦未成功而外，又造成了题材的单调与贫乏。"②

确实是这样。全面抗战开始后，面对异族侵略、国土沦丧，中国面临亡国灭种的危险之时，和其他各阶层一样，知识分子作家的爱国热情被充分激发，积极以笔为枪，服务抗战。但作家们误以为抗战文学就是战场文学、战争文学，大胆的作家就凭借一些报道材料拼凑战争作品，胆小的作家只好搁笔，连自己本来熟悉的生活题材也不敢写了。本来不熟悉却硬要

---

① 司马长风：《中国新文学史》（下卷），第2页。
② 茅盾：《八月的感想——抗战文艺一年的回顾》，《文艺阵地》第一卷第9期，1938年8月16日。

去写，作家们"好像口已被塞紧而还勉强要唱歌"的"痛苦"可想而知①，而这样创作出来的作品的质量也自然不会很高，初期的抗战文艺成为众人所一致诟病的"差不多"。

因此在抗战近一年后，有文章尖锐指出："目前对于抗战文学，有一个要求，就是：质的提高"。而"质的提高"就"须得强调现实主义"。在指明"现实是复杂的，多方面的，抗战文学反映抗战的现实，也应该是复杂的，多方面的"之后，作者反问道："在全面抗战之下，社会的任何一角落不都在抗战的氛围下吗？"由此，作者强调，抗战文学作品的题材应该非常广泛，内容应该包含各个方面。前线"将士英勇的血肉战争"固然是"最光荣的一面"，"全国大众在抗战中的生活变动，心理反映，社会在抗战中的一切动态"也都可以是抗战文学的题材。在文章的最后一部分，作者并发出警告："抗战文学，该不要忘记'文学'这两个字。所谓文学，就有文学的特殊性。""艺术性就是使得文艺和其他的社会科学论文，及宣言，标语等的宣传品不同的唯一的地方。……抗战文学在文学本身上说，它是中国历史发展的现阶段的文学。是文学的一个新阶段。要从文学的本质特性上去发挥这新阶段的任务。"因此，"抗战文学绝不是局限于救急的宣传品这一狭义上。救急的宣传品，早有标语宣传等形式，文学所要达到的宣传的目的，不能采用那样简单的手段。"②

总的来说，这篇文章回答了人们对抗战文艺的两点疑问：一是写抗战什么内容？回答是前方的抗战和后方的抗战都可以写；二是怎么写抗战？回答是用文学的方式，运用文学的艺术性来达到真正宣传抗战、表现战时生活的目的。此文章发表前后，以群、茅盾、胡风等人也纷纷撰文从不同的角度对抗战初期文学创作中存在的问题进行了分析，指出抗战文学运动得以深入的途径，那就是——返归现实主义，提高抗战文学的艺术质量。③

---

① 老舍：《保卫武汉与文艺工作》，《抗战文艺》第一卷第 12 期，1938 年 7 月。

② 祝秀侠：《现实主义的抗战文学论》，《文艺阵地》第一卷第 4 期，1938 年 6 月 1 日。

③ 参看以群：《关于抗战文艺运动》，《文艺阵地》第一卷第 2 期，1938 年 5 月 1 日；茅盾：《八月的感想——抗战文艺一年的回顾》，《文艺阵地》第一卷第 9 期，1938 年 8 月 16 日；胡风：《民族革命战争与文艺——对于文艺发展动态的一个考察提纲》，《七月》第 4 集第 1 期，1939 年 7 月。

正是在抗战文学路向调整这一文学思潮变迁的背景下，国统区知识分子作家才能向内倾，感慨个人在大时代之中的"外患"与"内忧"，体会个人复杂丰富的情感指向并将它们以抒情的形式表达出来。这当然只是抗战文学路向调整的影响之一。就国统区而言，这次文学路向调整的总体效果是开始了文学多元化的历史进程，具体表现为"七月派文学思潮""逐渐成为40年代现实主义主潮最重要的形态之一""历史剧创作潮开始勃兴""讽刺与暴露文学思潮的涌现"以及"反思文学的悄然兴起"。① 而就桂林版《文艺生活》月刊而言，文学的多元化则更多地体现在暴露与讽刺小说的充分发展、对战争挤榨下小人物命运的关注以及战时知识女性在时代新风潮下的成长三个方面。

二、暴露与讽刺：对战时国统区诸病象的全景扫描

1938年8月，茅盾在《八月的感想》一文中指出："中国人民目前的斗争是三重的：抵抗外来的侵略，争取落后的份子到抗战阵线，断然消灭那些至死不悟的恶劣势力。抗战的高热，刺激了中国巨人的有活力的新细胞，在加速度滋生而壮健起来，他有足够的力量进行这三重的斗争。而且必须同时进行这三重的斗争，最后的胜利才有保证。这是我们这时代的特征。这就是我们作者所必须把握到的'现实'"。因此，"作家的笔尖""不但要扫荡敌人，也要扫荡内奸，——贪污土劣以及不知自好的包办主义者，为虎作伥的托派。"作家们既"要表现新时代曝光的典型人物，也要暴露正在那里作最后挣扎的旧时代的渣滓"。对于后者，茅盾认为在《文艺阵地》创刊号上发表的张天翼的《华威先生》"就是旧时代的渣滓而尚不甘渣滓自安的脚色"。②

同年10月，茅盾又发表《暴露与讽刺》一文，开篇即指明："现在我们仍旧需要'暴露'与'讽刺'。"进而指出暴露的对象是"贪污土劣，

---

① 参见刘增人：《文学路向的两次调整：抗战文学的勃兴与分流》，《江海学刊》2004年第1期。

② 茅盾：《八月的感想——抗战文艺一年的回顾》，《文艺阵地》第一卷第9期，1938年8月16日。

以及隐藏在各式各样伪装下的汉奸——民族的罪人"，暴露的方法是"用艺术的手腕描画出他们的面目行径"；讽刺的对象是"一些醉生梦死，冥顽麻木的富豪，公子，小姐，一些风头主义的'救国专家'，报销主义的'抗战官'，'做戏主义'的公务员，……"，讽刺的手法是用"讽刺的笔尖挑开了他们生活的内幕，刺激起他们的久已麻痹了的羞耻的感觉，使得民众对于那些天天见惯了因而不觉其怪的糜烂泄沓的生活，有了憬觉和厌恶"。①

但随着《华威先生》被日本报刊翻译过去做了反面教材，便有人认为不宜再写暴露自己弱点的暴露与讽刺作品，认为这些作品的出现标志着抗战文艺在"朝低潮走"。针对这种论调，司马文森针锋相对地做出反驳："在我看来，这不但不是低潮，不是退后，反之却是一个新的发展，从创作上来说已使我们的写作主题更深入和扩大了。从写作技术上来说已进入到能够描写形象，表现正确的地步了，为什么还说是退步？"司马文森坚决认为文学是需要暴露与讽刺的："在彻底执行使文艺服务于抗战这一个正确的目标底下，我们不止应该去表现这些有害于当前抗战的不良现象，且应该是每个文艺工作者当前最主要的写作任务。因此在这时，我们不仅要提倡鲁迅文风的杂文，且要多多地提倡以带有讽刺性、暴露性的短篇小说、小故事及短剧等。"他进一步指出，"张天翼的《华威先生》曾替我们划出一条新的写作路线，……但这还不够，我们还得努力，还得更多方面的去发掘、去表现，须知只有使这些卑鄙恶劣的不良现象彻底澄清，才能使我们的抗战更加接近胜利"②。

《华威先生》的发表及由此引发的关于暴露与讽刺的论争使抗战文学创作出现了一种新的趋向——"对于隐伏在光明中的丑恶的研究和探索"③。作家在表现新时代的正面典型人物之外，同时开始了对现实的深入观察，大批的暴露讽刺作品开始产生，国统区抗战文学出现了一股新的、

①　茅盾：《暴露与讽刺》，《文艺阵地》第一卷第 12 期，1938 年 10 月 1 日。

②　司马文森：《朝低潮走吗》，见杨益群、司马小莘编：《司马文森研究资料》，第 271～272 页。原载《救亡日报》（桂林版），1940 年 9 月 3 日。

③　茅盾：《八月的感想——抗战文艺一年的回顾》，《文艺阵地》第一卷第 9 期，1938 年 8 月 16 日。

以暴露与讽刺为目标和手段来服务抗战的现实主义文学创作潮流。以开暴露讽刺文学风气之先的《文艺阵地》为例,有人曾做过统计:《文艺阵地》发行六年间,共刊出讽刺作品48篇,占文学作品总篇数的十分之一左右,占刊物篇幅的三分之一强。体裁包括小说、诗歌、散文、剧本、童话等。人物形象包括国民党文化官僚、基层官吏、普通小职员、知识分子、农民、没落绅士、帮会流氓以及地主等。①

《文艺生活》月刊虽然在战时出版时间较晚,历时仅不足两年,但仍刊发了为数不少且颇具分量的暴露讽刺文学作品。这不能不说是和主编司马文森对抗战文艺的认识密切相关。《文艺生活》桂林版共出3卷18期,刊载暴露讽刺小说、剧本共13篇,作品数量和出版期数相比的比例还是很大的。

考察上述文本,其表现的主题大致可分为三类:

一是暴露讽刺在战时"发国难财"的社会各个阶层(包括地主、戏子、商人、教员等)的丑恶嘴脸。

沙汀的《圈套》(三卷5期)是其长篇小说《淘金记》的一部分,《淘金记》以抗战时期四川一个小镇为背景,描写了地主阶级内部各派不同的势力为了发国难财而引起的一场相互倾轧和尔虞我诈的斗争。《圈套》主要讲的是地主恶棍白酱丹和帮会头子林么长子为了取得在"何府"祖坟坟地烧箕背开金矿的权利,而对何家大少爷何人种实施各种手段,白酱丹由于暗合了何人种吸食鸦片的嗜好而在这场斗争中占了上风,但却遭到何人种的母亲——地主何寡母的严词拒绝。小说以北斗镇上地主阶级各股恶势力的争斗为着眼点,透视反映了抗战时期整个国统区黑暗和腐朽的现实,具有较高的讽刺意义和现实主义精神。

想发国难财的不只是乡下的地主阶级,城里的戏子、商人,甚至小学教员都在用各种方式利用战争带来的物资紧张,或私自贩运或炒作货币或囤积居奇来谋求发财。

张客的《国难财》是一个独幕喜剧。故事发生在一个小旅馆里,一个

---

① 陆衡:《讽刺文学在〈文艺阵地〉》,《海南师范学院学报》(社会科学版)2006年第1期。

名叫赵敏庭的戏子为了贩运私盐和米，让自己的妻子杨若玉去巴结讨好国华运输公司的老总胡立海，本以为自己的老婆会帮自己，谁知老婆早已对和他在一起的寒酸生活感到不满，在胡立海的金钱引诱和甜言蜜语之下竟对之半推半就。故事最终在大队宪兵来查房，胡赵二人呆住、惊怕的情形下落幕。剧本着重刻画了靠发国难财起家的胡立海这个人物形象，他为了发财，不顾良心、不怕掉脑袋，没有一点民族意识，希望战争永远打下去。当杨若玉问他做走私这种事被宪兵抓到了怎么办时，他不在乎地说："大不了，砍脑袋，人，反正是死。"杨若玉觉得这么死太不值得，胡立海回答："有什么不值得，上前线打日本鬼子那才不值得，可是，话得说回来，日本鬼子可非打不行，我们干这笔生意就全靠打日本鬼子，年头一太平，就不是我们的世界了。"并对此进行了解释："一打仗，东西才贵起来的，我们就在当中吃点油水，仗不打了，那就没油水吃啦，靠着打日本鬼子起家的，发了几百万，几千万大财的，多啦。"[1]剧本充分暴露了战时国统区普遍存在的、丝毫没有民族意识、只妄图利用残酷的战争来谋一己私利的胡立海们的丑恶嘴脸。

　　SY（刘盛亚）的《点金术》讲了这样一个故事："我"有一个商人表弟，靠囤积居奇狠发了一笔财，生活过得十分如意。后来政府禁止囤积居奇、打击奸商后，表弟仍然很有办法，改做炒黄金、炒港币的生意。"一日所得"比"我"这个"教书匠一年的所入还多"，"我"是如此羡慕表弟，以至于慨叹如果自己有本钱也会去做生意赚钱。但好景不长，美日开战后，黑市的金子和港币都直线下落，小说结尾是："表弟的神色沮丧，'谁要港币？谁要港币，我有！我有！'"[2]小说很短，内容铺展得不是很开，人物刻画也不是很深入，但小说暴露了战时国统区的一个问题或者倾向，就是教员如果有本钱也会参与囤积居奇，发国难财。

　　沙汀的《三斗小麦》就是以小学教员参与囤积居奇为主题的。小学音乐教员刘述之是一个到了适婚年龄的年轻人，由于从小失去双亲，和姐姐相依为命，因此事事都听姐姐的。姐姐是一个科长太太，同时也和他在一

---

①　张客：《国难财》，《文艺生活》桂林版第一卷第 3 期，1941 年 11 月 15 日。
②　SY：《点金术》，《文艺生活》桂林版第二卷第 1 期，1942 年 3 月 15 日。

个学校教国文。为了弟弟的"前途"，姐姐自作主张预支了弟弟几个月的工资，囤了三斗小麦。同时囤积粮食的还有姐姐自己、校长太太、"老处女"教员以及"早已兼做着商人的国文教员"等人。刘述之为还赌债想卖掉已经升价了的三斗小麦，但遭到姑母和姐姐的强烈反对。在"喜欢刺人"同事的讥讽下和赌债要还的紧迫下，刘述之开始了和家人的斗争，这种斗争不仅仅是要出卖小麦这么简单，还包含着他对阻挠着自己进步的力量的不满（家人曾阻挠他上华北前线）和对自己囤小麦发国难财的作为的深深厌恶。小说写道："他，一个青年，一个装了一肚子救亡歌曲的新时代的歌手，而他走着灰色路线！而且仅仅囤了三斗小麦！若干是十石百石，至少这也该是一桩豪举，虽然同样不正；而这数量的渺小就使他更羞惭了。"由于家人的"圈套"和自己抹不开面子亲自去卖，后来这"三斗小麦"终于没有卖成，他预支了薪水还了赌债。姐弟二人僵持了一段时间终于和好后，小麦的价格已经超出买价五倍，而且还在上涨！在姐姐的"谆谆教导"之下，弟弟也终于"一面略带惶惑"，一面"也在加强着自己的信心"安慰自己："'管他妈的！'他终于心里一横，'连好多有钱有势的人都在囤哩！……'"①

沙汀的这篇小说成功地塑造了一个在抗战洪流中试图进步但囿于外界阻力和自身懦弱而终于沦落的青年知识分子的形象。小说的高超之处就在于，对于小说中的这些发国难财的小学教员们，读者竟不起丝毫的憎恨和厌恶——他们也是为了应对生活和不可知的未来。对于讽刺人物的这种同情就源于作者沙汀把握住了讽刺艺术的真谛："讽刺作者的笔触是冷峭的，但他的心是热的，他是希望今日被他讽刺的对象明日会变成被他赞扬的对象。"②

二是暴露讽刺战时国民党基层官吏的徇私舞弊和机关职员的醉生梦死。如寒波的《受训》（一卷 3 期），冀汸的《父子保长》（一卷 5 期），徐盈的《新事业》（一卷 6 期），赵宁的《十一日》（二卷 3 期），周正仪的《损失》（三卷 2 期）。

---

① 沙汀：《三斗小麦》，《文艺生活》桂林版第二卷第 6 期，1942 年 9 月 15 日。
② 茅盾：《暴露与讽刺》，《文艺阵地》第一卷第 12 期，1938 年 10 月 1 日。

其中，冀汸的《父子保长》便是前者的典型。保长林炳事事听父亲林先生的机宜，被讥为"父子保长"。在征丁这件事上，为了避免二叔家五个儿子，尤其是大儿子林又炳被征，父亲林先生先是出谋划策、用抓阄的方法陷害村民张明山（故意不通知张明山，而事先讲明没来抓阄就是"坐沟"，就要被征丁）。在张明山得知此事又气又急、大闹不已之时，林先生又给儿子出主意：让张明山出五十块钱，炳保长便找人替了他的儿子，这样就卖给了张一个人情。炳保长抓了一个在父亲寿宴时闹事的年轻叫花子，五十块钱也省了。但二叔家的儿子林又炳今年免了兵役，明年还是麻烦，于是，父亲又出了一个高招——让这个叫花子冒充林又炳去服役！理由就说是张明山的儿子病重，炳保长另派了堂兄弟林又炳去。这样，一幕好戏上演了：炳保长亲自押了"林又炳"去区长那里，慷慨陈词，大义灭亲，竟得到区长的表彰。可怜那年轻叫花子被关在牢里，只剩下"抱紧栏栅，拿出他最后的力量来嘶喊：'他卖了我，他卖了我。我不是林又炳，我叫王阿大。你们，杂种们，都是帮办，侩子手的帮办。'""……好好，我就就去当兵，我不怕！但我不是林又炳，我叫王阿大，我要改名字！我要改名字！……"[1] 年轻叫花子最后的喊叫所表现出的对事情本质的认识虽然有些不符合人物的身份，但这篇小说却暴露出战时国统区的一些国民党基层官吏徇私舞弊的手段之高明毒辣，以及他们利用职权欺压无辜的普遍事实，对此，作者是极尽讽刺嘲讽之能事的。

国民党政府机关职员在战时的生活和心理状态，也是作家们暴露讽刺的对象。

赵宁的《十一日》描写了战时重庆某部机关一个小官僚——五十岁的高科长从礼拜六到礼拜一这三天的生活。礼拜六高科长回乡下的家为了省十块钱没有选择坐"滑竿"，妻子礼拜五打了一晚上牌却输掉了二百块。高科长本身也不节省，打牌、抽烟，家里又请佣人，还要供女儿上大学。礼拜六晚上，高科长下定决心从第二天开始要节省，但第二天还是禁不住邀请去刘秘书家里打牌，并输掉了一百五十块。礼拜一上班，高科长预支了这个月工资五百块，还给刘秘书一百五十块，让信差带给太太二百五十

---

① 冀汸：《父子保长》，《文艺生活》桂林版第一卷第 5 期，1942 年 1 月 15 日。

块，给女儿寄了八十块，邮费七块五，高科长只剩下十二块五。虽然深知生活似乎无以为继了，但高科长还是让勤务帮忙去买两包老刀牌香烟，"我自己也该享受一点点吧，以后……，嘻！管他呢，只好以后再说了！"而"墙壁上挂着的日历上，几个深黑的大字"告诉高科长那天是"十一日"。① 赵宁用白描的手法描画了一个战时国统区小官僚贪图享受、爱面子、得过且过的生活状态，对其"穷困潦倒"的生活及导致这种生活的颓废麻木心态进行了轻轻的却不乏力度的嘲讽。

三是暴露讽刺战时知识分子不甘在后方又不敢去前方的矛盾心理，以及这种矛盾心理背后所隐藏的知识分子的虚伪、自私的劣根性。

华威先生作为抗战知识分子的反面典型已为当时人们所熟知。林林将他比作"我们的亚浦洛摩夫"："开会，谈话，是他唯一的工作，……贪官污吏，在他是痛恨的，但假如你要写文章时，就答你：'你们做吧！'……自己未动手作过什么，凡事支配别人去作，别人作得不中意时，就蹙着八字眉说道，——又错了！又错了！……敌机来轰炸的时候，心脏常跳动的。但是好象又不安于后方的工作，常憧憬到前线去。结果前线没去成，后方工作又感着乏味，就停在进退两难的苦恼的境地。"② "华威先生"虽然已经引起了人们的注意，但茅盾仍认为作家"对于知识分子在今日暴露出来的新弱点，尚未尽量描写，因而在这方面，文艺又少尽了一种教育的任务"，因为"大多数作家最熟悉的，是知识分子的生活"。③ 确实如此，《文艺生活》桂林版上刊发的暴露与讽刺作品还有一个主题就是暴露讽刺战时知识分子的。

萧蔓若的《到前方去》塑造了一个心思更为"细密"的"超群先生"。唐超群是某机关的工作人员，在一时冲动之下，报名参加去前方工作。报名之后，唐超群异常飘飘然，颇有一种居高临下，谁也不如他爱国的架势。他义正词严地对一个写小说的同事说，知识分子到前方去才是唯

---

① 赵宁：《十一日》，《文艺生活》桂林版第二卷第 3 期，1942 年 5 月 15 日。

② 林林：《战时的"亚浦洛摩夫主义"》，见林林：《崇高的忧郁》，桂林，文献出版社 1941 年版，第 31~32 页。原载《救亡日报》，1938 年 8 月 9 日。

③ 茅盾：《八月的感想——抗战文艺一年的回顾》，《文艺阵地》第一卷第 9 期，1938 年 8 月 16 日。

一的出路，而且只要逗留在后方的知识分子都去了前方，抗战很快便可以得到最后胜利。走在街上，要到前方去的"超群先生"看街上的一切都觉得无聊、混蛋。为了犒劳自己，他进饭馆点了三菜一汤，还有二两大曲。酒后，他开始怀念后方醉生梦死的生活了，马路、美食、黄包车、摩登女人都是他怀念的对象。对前方一无所知的唐超群只能把前方想象成"那么宽的原野"：在原野上，"狂风在刮着""半天空卷一阵黄沙""有几匹乌老鸦绝望地跟着狂风在飞卷"；在"原野的尽头"，大炮在"轰隆隆地吼响着"、号声在"呜嘟嘟地悲啼着"、"人和马在呐喊着，嘶叫着"。或者是"莽莽的山连着莽莽的山"的所在：有"刀子似的""峰尖"，"倒挂着的"岩石，"倾到谷底的瀑布"，"山岭上飕飕地飘动着"的军旗，"撕碎"岩石和山林的炮声枪声喊杀声以及"远远奔逃"的虎豹和猿猴……对于自己"艰苦"的军旅生活，唐超群也作了一番想象：他想象自己腿脚走路走得"疼痛不堪"，"穿着草鞋的脚趾头"破了皮在滴血；"又饥又渴"、睡在"荒凉的黄沙地上"或"岩石下面"；他甚至想象到了由于困倦"挣扎不起身"而被敌机炸死的自己！这些想象本已经让唐超群脑袋昏乱了，他曾经的同事、从"前方"回来的胡觉孚（此人可能根本没到过前方，关于前方的描述一派胡言、鬼话连篇）在办公室里对前方夸大其辞的描述更是深深刺激了唐超群，他几乎要生病了，以至于第二天真的请假一天。第三天上班，处长告诉他，到前方工作人员的名额由八个减为五个，由于他是第八个报名的，去不成了。此时，唐超群的"心里不晓得起了一种什么感觉，好像有只抽气筒在他肚里拼命抽，抽得他全个身子空得快要瘪下去，却又有人在他那抽空了的肚皮里塞进去一大卷棉花糖，叫他感到又松又甜又难受！"但当唐超群回到自己的办公室，又回到无聊、恶俗、醉生梦死的亡国奴们的生活之中时，他又在感慨："这生活……唉，到前方去……到前方去……到……"①

萧蔓若的这篇小说极为深入地刻画了战时后方的这么一类人：他们以知识分子自居，仿佛卓然"超群"、无比爱国，但对前方生活的一无所知暴露了他从没有真正关心过国家的安危，而贪生怕死、对舒适的后方生活

① 萧蔓若：《到前方去》，《文艺生活》桂林版第三卷第4期，1943年2月15日。

的眷恋又使得这类人想"超群"而"超不成群"，只能和那些被自己痛骂为醉生梦死的糊涂蛋、亡国奴们一起同流合污了。对唐超群起伏不定的心理状态的精微刻画是这篇讽刺小说的最大成就。

唐超群虽以知识分子自居，但作为机关工作人员的他充其量只能算是个技术知识分子，而不是人们通常所说的文艺知识分子（小说中有过描写，他非常瞧不起写小说的那个同事，认为小说就是"花儿月儿"，还曾做过将《红楼梦》焚烧、将《水浒传》扔进毛缸里的"壮举"）。而下面两部小说讲的则是文艺知识分子的故事。

《一幅写生画》（孙钿，一卷 4 期）和《陈可为》（梅林，三卷 4 期）分别塑造了徐书良和陈可为两个伪知识分子形象。正如唐超群"不能超群"一样，徐书良虽有很多书，而且每天手不离书、口不离哲学和革命，但他拥有的知识却非"良"类——他是个空头的理论家和创作家；他所极力追求的也非"良"愿——他是个好色、猥琐、贪财的肺痨鬼。而陈可为的问题就在于他太有"作为"了——聪明能干、善钻营的陈可为把自己打造成了一个名编辑、名作家、名社会活动家以及青年导师，而实际上，他是一个善于投机钻营、谄上逢迎、中饱私囊、贪恋富家女、以"抗战建家"为目标的小人。同样是伪知识分子，徐书良"伪"在他是一个"酸透烂透了的果实，不管怎样装潢，不管怎样夸赞，无论谁，嚼在嘴中的时候，谁也会皱着眉而把它吐掉"。① 而陈可为的"伪"则在于为了出名而费尽心机地去巴结迎合文坛前辈、争夺文学资源。徐书良之流的所谓"知识分子"固然愚蠢得可恶，陈可为一类的"投机"知识分子虽有可理解的一面，但确实不配知识分子的名号。不过这两类"知识分子"的结局却颇有相似之处：徐书良见贩卖不了他的"哲学"和"革命"理论、没有青年人围在他身边，便转攻《致富奇术》了；陈可为失去了他的几个用以出名的"文艺阵地"之后，便转做西药生意。二人"知识分子"的"歧途"此时终于"矫正"至一条"正确"的道路上了。

另外，郁天的《康克林》（二卷 4 期）也描写了一个上海富裕人家子弟康克林的故事。康克林为逃婚而出走社会、参加抗战工作，但由于他为

---

① 孙钿：《一幅写生画》，《文艺生活》桂林版第一卷第 4 期，1941 年 12 月 15 日。

抗战服务立场的不坚定（出于三分钟热血）和动机的不纯洁（为了和一个女同学接近），以及他个性上的一些问题（虚荣、自私、不能合群），终于在离家两年后返回，接受了家里安排的婚事。小说结构上头尾呼应，暗示出战时一部分青年知识分子在家庭和社会、个人生活和服务抗战之间所进行的是一种圆圈运动。在讽刺之余，作者同时表示出一种惋惜。

《文艺生活》上刊登的上述以暴露与讽刺战时国统区诸病象为目标的文本，正是战时讽刺与暴露文学思潮的一个组成部分。这一文学思潮的涌现得益于抗战文学路向的调整，而其产生的深层次原因则在于作家们一直秉承"五四"以来新文学的现实主义传统——批判社会、对社会发出异议而非迎合。

三、"轭下"的困境：对战争挤榨下小人物的命运书写

在抗战初期发生的对抗战文学的讨论中，《现实主义的抗战文学论》是一篇极有见地的论述性文章。文章指出："由于全面抗战的展开，中国到处都展开战时的样貌，不只是可歌颂的东西，同时也有可诅咒的东西；无论写任何一方面，敌人的残暴与阴谋也好，难民的流离失所也好，汉奸的丑恶也好，甚至写一个老太婆一个小孩子，在抗战中的行为心理也好。只要正确的认识，用艺术的手段表现出来便一样成功。"[1]

这场前所未有的大规模民族战争在带给作家们巨大的生活变迁的同时，更使得他们有机会和生活在中国最底层的人民一起去经历战争的残酷和贫穷的磨难。郭沫若就说"抗战的号角""把全体的作家解放了"，把他们"吹送到了十字街头，吹送到了前线，吹送到了农村，吹送到了大后方的每一个角落，使他们接触了更广大的天地，得以吸收更丰腴而健全的营养。"[2] 罗荪也说："抗战的烽火，迫使着作家在这一新的形势底下，接近了现实：突进了崭新的战斗生活，望见了比过去一切更为广阔的，真切的远景。作家不再拘束于自己狭小的天地里，不再从窗子里窥望蓝天和白

---

[1] 祝秀侠：《现实主义的抗战文学论》，《文艺阵地》第一卷第 4 期，1938 年 6 月 1 日。

[2] 郭沫若：《中国战时的文学与艺术》，《郭沫若研究资料》（上册），北京，中国社会科学出版社 1986 年版，第 333 页。原载重庆《新华日报》，1942 年 5 月 28 日、29 日。

云，而是从他们的书房，亭子间，沙龙，咖啡店中解放出来，走向了战斗的原野，走向了人民所在的场所；而是从他们生活习惯的都市，走向了农村城镇；而是从租界，走向了内地……"①

既有正确认识的指导，又有切身的遭遇和体认，作家们笔下所呈现的抗战文学的新样貌就不仅包含对"可诅咒的东西"的暴露与讽刺，同时包含了对那些在战争挤榨下艰难求存的小人物（如"一个老太婆一个小孩子"）悲剧命运的书写。

《文艺生活》桂林版第一卷第 1 期开篇第一篇文章就是艾芜的小说《轭下》：一个曾经在国民党部队军需方面做事的老人，在躲避敌机轰炸的山洞里，以回忆的口吻讲述了南京沦陷后他在难民区里亲身经历到的、在日本鬼子重轭之下的几个小人物的命运。难民区虽是由八九个外国牧师设立的，但阻止不了日本鬼子白天来抓逃兵、抓壮丁，晚上来糟蹋女人。老人的勤务兵谢玉林和一个老百姓家的正在上学的独子吴荣福就被抓了壮丁去修飞机场。做工累得半死、没有工钱、吃个半饱也都可以接受，但日本鬼子每天用抽生死签的方式折磨壮丁们。二十多天后，抽到黑签的谢玉林虽侥幸逃过枪毙、回到难民区，但男扮女装的他仍没有摆脱被抓走的命运——一个汉奸指认他以及吴荣福的妻子等女子为卖唱的戏子，被日本鬼子带走了。这几个年轻人的结局小说虽没有交代，但是可想而知。可怜的吴荣福的母亲和祖母，两个寡妇失去了独子和媳妇再也无法存活，在难民区里便一命呜呼了。

小说借老人之口（"唉唉，你看见中国人，给人家狗一样地打着走，就是泥巴做的人，你也受不了呀！"）和谢玉林之口（"这完全是恶鬼在作弄人，兴抽他妈的什么签呀！……这样杀人，直比杀鸡杀鸭只惨！鸡鸭临死的时候，才晓得有人杀他。"）形象地呼应了小说的题目《轭下》——成了亡国奴的底层百姓的命运就是脖子上负着重轭、任人奴役宰割的牲畜的命运！因此，小说虽没有讲什么抗战的大道理，也没有描写前线战场的惨烈，但通过展现几个战时小人物的悲剧命运很好地达到了宣传抗战、服

---

① 罗荪：《抗战文艺运动鸟瞰》，见《文学运动史料选》（第四册），上海，上海教育出版社1979年版，第117页。原载《文学月报》第一卷第 1 期，1940 年 1 月 15 日。

务抗战的目的。这其实是艾芜在战时自觉的创作追求——"要在写后方那些卑微弟兄的时候,引起读者对他们发生强烈的同胞的爱",以此使读者"对敌人杀我同胞,发生最大的仇恨"。①

彭慧的《巧凤家妈》则是直接表现战时底层小人物在后方用出力的方式支援抗战的抗战小说的代表。巧凤家妈是一个"可以和壮年男子比气力的结实"的大脚女人。虽然自己没有田地,但她爱田如子,是"整田"的"好手"。早年丧夫的巧凤家妈中年又失去了独生女儿——巧凤在省城打工时被敌机炸死了。为了给女儿报仇,巧凤家妈先是想去当女兵,没当成,后来听说修铁路修公路"好运军队上火线去打东洋人",便"打定主意跟几个壮汉子一同去"了。为了"一直把路要修到打东洋的火线上",巧凤家妈下急雨还在挖山,不肯休息,最后被活埋在垮塌的山头下。三天后,当人们找出巧凤家妈的尸体时,她"还把一根锄头抱得""死紧""死紧"的。②彭慧的这篇小说塑造了一个个性十分鲜明的农家妇女形象,巧凤家妈所具有的结实的体格、勤劳的本性、爱田如子的特点以及爽朗的男子性格,一方面极为符合这个人物的身份——一个有特点的农村妇女,另一方面也为人物的最终命运埋下了伏笔——为女儿报仇去修路、为修路不惜丢了性命。也就是说,小说虽然是抗战小说,但没有为抗战而"硬写"的牵强,活生生的人物、活生生的作为、活生生的死去,一切都是水到渠成,没有一丝做作。底层百姓在战时的遭遇以及他们由此而发生的所作所为就这样呈现在读者面前,虽是小人物的悲剧却同样惊心动魄。

底层小人物的悲情故事不仅来源于在沦陷区敌人对其进行的生杀予夺、在后方老百姓对抗战的以命支持,同时来自战争所带来的一系列衍生品——征丁、征粮、失业、饥饿、物价——对其的挤榨和威胁。和前者相比,这些悲情故事似乎更多。

荆有麟的《自耕农张大才》描写了一个质朴、乐天、有些老成和愚昧的自耕农(自己耕种自己的土地的农民,比雇农和佃农都强)怎样在国民党政府沉重的征粮压力和不合理的征粮方式下苟延残喘的生活。小说把握

---

① 艾芜:《作家生活自述》,《当代文艺》,1944年第4期。
② 彭慧:《巧凤家妈》,《文艺生活》桂林版第三卷第2期,1942年11月15日。

到了农民那种绝望、愤恨却又常常带着笑脸生活背后的复杂心理："但因他脑筋中没有太阳，他以为永远是雾天，在雾天底下的人们，要希望太阳，那是不应该——甚或不可能的事。他以祖传的忍耐法，将希望偷偷藏起，用笑脸，来打发生活了，——虽然那希望仍时时咬着他。使他感到愤怒与悲恨。""乐天"的张大才在得到战争结束的日子遥遥无期的信息之后，"眼睛立刻失神了"，"眼珠一次一次尽转动"，仍机械地问是否要继续抽丁、征粮，得到肯定回答后则"不讲话了"，"脸上收起了笑容，冷冷地看着我"。小说结尾，"我"目送着张大才的背影，想道："他暂时还能活下去。"① 意味深长的结尾暗示了战争挤榨下的农民的最终命运。

在战争中受压迫最重的莫过于老人、妇女和儿童了。

关于老人：黄药眠《一个老人》中的傅叔公，是一个家道中落的大户人家出身的老人，大儿子、二儿子先后病死，三儿子虽然做了公务人员，但赚钱很少而且已经两个月没有寄钱回家了。日本人要来了，侄媳妇们忙着搬家，老人却没钱搬。土地爷和警察所所长说的不用搬并不能阻止日本人五个钟头后就开着橡皮艇过来。想搬却无钱搬，急火攻心的傅叔公双脚完全麻木，倒在床上，"颤声地说，'唉，这世界，不，不如死吧，……不如死吧！'"② 葛琴的《雪夜》也写了两个可怜的老人。失业的老路工驼五叔怀疑同住的老人癫金山偷了他仅有的十几块钱。在挨了两天饿之后，在一个雪夜，驼五叔走上街头去寻找癫金山，看到几个像癫金山的人，但都不是，一番波折之后，在一个饭馆门前石阶上看到了正"蠢蠢地望面前那只通红的炉灶，不知在烤火还是什么，兀然地就像塑在那里的一尊门神"的癫金山。驼五叔正要去抓他，却"兜头一阵敲击锅子的声音，就像敲着他的脑门似的，一下把他猛地愣住了"，两个老人就这样目不转睛地望着厨子煎鱼、洗锅、煮猪头，浮想联翩。直到厨子做完了菜走了，他们二人的眼睛"几乎不约而同的落到那炉将要熄灭的煤火上，然而又慢慢的抬起头来，一个人惘然地叹了一口气"。驼五叔这才想起什么来，"朝旁边的癫金山一望，手臂张开着，整个弯曲的身体突然抖起来"。而癫金山

---

① 荆有麟：《自耕农张大才》，《文艺生活》桂林版第二卷第 6 期，1942 年 9 月 15 日。
② 黄药眠：《一个老人》，《文艺生活》桂林版第三卷第 1 期，1942 年 10 月 15 日。

"拉长着可怕的马脸，回了驼五叔一个白眼，木瓢似的大脑壳缩到他扛起的肩头上"。"雪濛濛的街心里，两个模糊的人影对望着，许久都没有动。一阵远巷的更声，像什么人在那里招魂似的，凄然地在啸叫的北风里回荡着。"① 小说无论是场面描写还是人物内心的冲突都深入细致，两个同样饥饿的可怜人却互相猜忌，雪夜里对望静默的两个人影伴随着招魂的打更声，让人产生无边的同情和无尽的思考。

　　关于妇女、儿童：邵荃麟的小说《新居》以儿童金狗的视角，讲述了一个令人潸然泪下的故事。搬进了新居，妈妈和奶奶却都不高兴，而且家里出现了一些很不寻常的事情：妈妈的房间布置得很雅致，床单很雪白；妈妈的头发"跟假洋婆子一样，烫得好像要飞起来"；妈妈让他晚上和奶奶睡，说自己要去工厂上工；妈妈晚上穿了"一件簇新的血红色的绸旗袍"，"颧骨上涂着两颗红冬冬的颜色，好像两滴红墨水要向全脸红渗漾开去"……在这个晚上，金狗做了一个梦：在新房子里，灯火照的明晃晃的，好像在等什么客人。妈妈房间里收拾得挺整齐。院子里太阳很猛，爸爸骑着一只高头白马嘟嘟的跑过来，穿着一身草绿色的军装，胸前一排黄铜纽扣，霍霍地闪着亮光，皮带旁边还挂着一只洋号……第二天早上，金狗把梦告诉了妈妈，"忽然，一滴冰凉的什么，扑的滴落到他额角上，他抬起头来，妈妈一双包着眼泪的眼睛，凝凝地望着他。"② 小说文笔描写细腻，情感含蓄，把一个善良、温顺却被迫做暗娼养活家人的年轻母亲的无奈、痛苦淋漓尽致地表现了出来，读之令人动容。另一方面，小说儿童视角以及儿童美好梦境和龌龊现实的对比等手法的运用更使得小说的悲剧意味浓得化不开。战时底层小人物为了生存而遭受的痛苦完全显现了出来。正是在上述意义上，在这一期的《编后杂记》中，司马文森称其和冀汸的《父子保长》"都是很坚实的作品"③。同类的描写女性被迫做娼的故事还有曾敏之的《楼居》（二卷 5 期），但由于是散文形式，对人物内心的刻画以及作品的艺术感染力都不如荃麟的这篇小说。

　　在疯涨的物价之下，底层小人物为了一件新衣就可能会疯掉。寒波的

---

① 葛琴：《雪夜》，《文艺生活》桂林版第二卷第 4 期，1942 年 6 月 15 日。
② 荃麟：《新居》，《文艺生活》桂林版第一卷第 5 期，1942 年 1 月 15 日。
③ 编者：《编后杂记》，《文艺生活》桂林版第一卷第 5 期，1942 年 1 月 15 日。

《新衣》（三卷 2 期）讲的就是战时重庆一个机关的小办事员为了购置一件新中山装的千难万难、并最终为此而丢了饭碗的故事。家累很重的某机关书记员（连科员都不是）王平甫为了让家人填饱肚子想尽办法跳到了一个薪水高一点的新机关，但是到了新机关之后，王平甫却备受嘲笑，原因就在于他穿了那套他仅有的、"快满十岁了"、布满了补丁的中山装。为了前途，王平甫决定无论如何都要买一套新的中山装。他用各种方式攒钱——少给家里寄钱、替人抄写到深夜、日常一省再省，但他攒钱的速度怎么也赶不上物价上涨的速度，他看好的中山装由一百块涨到两百块、三百块，最终已经付了两百块定金的中山装由于他隔了一个月才去取，已经卖给了别人。而现在如果再做同样的一套则要五百块！身体的过度劳累和新衣梦想的破灭使得王平甫神思恍惚，竟将一份"呈请准向某处定购麻袋五万只"写成"拟请准再定购中山装五万套"，次长为此批示要彻查他们司，司长因此暴怒并革了他的职。寒波的这篇小说虽然艺术性不是很高，但其讲述的战时底层小人物在物价这匹疯狂野马的追逐下疲于奔命最终被践踏而死的悲剧却是那个时代的记录，让人在感喟之余掬一把同情之泪。

另外，荃麟的《多余的人》（一卷 1 期）和葛琴的《守夜人》（二卷 4 期）也分别塑造了羡生痴鬼（一个家道败落后沦为叫花子最后被保长族叔送去"抽丁"，但内心世界十分丰富、有自尊的落魄人）和守夜人南京老头（一个脾气暴躁，喜欢吹牛、骂人、发牢骚但心地善良的报馆守夜人）两个鲜活的底层小人物形象。

总的来说，在抗战文学路向调整的背景下以及知识分子作家在战争中进一步与人民接触的体认下，战时国统区抗战文学在暴露和讽刺之外，同时表现出对在战争挤榨下的底层小人物或悲壮或悲惨的悲剧命运的关注。无论就战时文学来看还是就整个文学史来看，这些底层小人物的形象和命运都是富有生命力和启示力的。

四、"家鸽"的成长：对战时知识女性成长命题的关注

1941 年 4 月 25 日，王西彦在其主编的《现代文艺》第三卷第 1 期上发表了一个短篇小说——《家鸽》。《家鸽》主要讲了这样一个故事：一个

有着"美满和好的生活"的家庭主妇姚文英，凭着一时虚荣的冲动而去参加妇女慰劳队到前线去，但仅过了一天便因为雨后路上遇险而委屈地重新回到家庭。小说的题材并不新颖，立意也不是很深，发表后却引起了一场争论。除去一些读者和友人的来信，陪都重庆的几个妇女刊物也发表了一些对《家鸽》表示"异议"的文章，王西彦本想对这些置之不理，但当他看到罗荪发表在《文艺生活》第二卷第4期的《"笼"和"鸟"——关于〈家鸽〉及其他的一段杂感》这篇文章之后，不得不起笔对自己的作品进行"辩正"。①

先抛开二者争论的内容不提，《家鸽》这篇小说的创作以及罗荪对其的批评都是在1940—1942年间形成的"妇女要否回家"的论战背景下产生的。

关于"妇女回家"的讨论实际上发端于20世纪30年代中期。这次讨论既有外来思潮的影响（德国希特勒倡导的"妇女回到家庭去"和苏联倡导的妇女"从家庭里走出来"），又有本土思想运动的推动（1934年2月，蒋介石推行的新生活运动），但最终因为1937年全面抗战的爆发、国民党需要全国人民和各党派对抗战活动的积极参与和支持而暂时平息。② 及至抗战进入相持阶段，国民党为了限制中共势力的发展，便力图将妇女运动纳入自己的控制之下。国民党制定的妇女政策（如要妇女"加入国民党并生育更多的孩子"等）和为配合反动专制政治而进行的封建礼教思想的宣传，以及战时国民经济的衰退都使得"妇女回家论"甚嚣尘上，很多部门都大肆裁撤和拒用女职员。③ 一些人在报刊上发表文章，鼓吹"妇女回家"。比较有代表性的是尹及的《谈妇女》（《战国策》第11期，1940-9-1）和沈从文的《谈家庭》（《战国策》第13期，1940-10-1）、《男女平等》（昆明《中央日报·中央副刊》第9期，1940-10-27）三篇文章。

尹及的《谈妇女》试图从生物学的意义和政治的意义两个方面来证明

---

① 王西彦：《关于〈家鸽〉的辩解》，《文艺生活》桂林版第三卷第4期，1943年2月15日。

② 参看夏蓉：《20世纪30年代中期关于"妇女回家"与"贤妻良母"的论争》，《华南师范大学学报》（社会科学版）2004年第6期。

③ 参见何黎萍：《20世纪40年代初关于"妇女回家"问题的论战》，《四川师范大学学报》（社会科学版）2006年第3期。

妇女应该回到家庭去。尹及认为"男女'平等'已经是一件生物界的事实"，"在'性的亲昵'上，男女二性，不能有上下，优劣，高低之分"，也"绝无贫富、智愚、贵贱，贤不肖，上司下属之分"。因而"女人的真正位置是在'家'里，因为只有在'家'里才能得到真正的、生物的、长久的平等，在'家'外——譬如说，参政会——得到的平等是假的，人做的，暂时的"；从"大政治观点"看来，女人的真正地位也是在家里。因为人力决定了国力，而"人力之创造者的只有女人可担任"。总之，妇女必须回到家庭里，"她们的真正自由是在丈夫的自由里，真正的个人职业是在婚姻里"。①

沈从文的《谈家庭》和《男女平等》二文则论述了家庭对于妇女解放和男女平等具有重要的途径性意义。他认为妇女问题之所以发生，可以"从一个较新观点来解释"，那就是"一部份人争解放只是想要一个家而得不到，或有了个家又太不像家"，因此解决妇女问题"并不十分困难，还是从'家'着手!"沈从文指出，妇女"之中绝大多数就并不明白自己本性上的真正需要是什么。除非她有了个很好的家以后"。接着，沈从文通过举一个真实的例子来证明，"一家如果还像个家，凡是身心健康的女子，不会觉得可怕的"，并打比方说家庭就类似一只鸟儿的一个窠，用以"孵卵育雏"。这种"自然派定"的"庄严重要的工作"，"义务中必然即包含快乐幸福的源泉"。因而，男子要想让女子"从家中发展，对家多发生一点兴趣，多负一分责任"，就要"努力来安排一个""适宜于发展母性本能，又无悖乎作主妇的尊严"的家，这样妇女问题便得到了解决。而那些少数"男性十足""生理上有点变态""行为上只图摹仿男子"的女子以及"身心不大健康，体貌上又有缺点的女子"则"必需到社会上去作各种活动发展，方能填补生命的空虚"。② 在男女平等的问题上，沈从文指出："事实上许多方面既不相同，求平等自必相当困难。不平等本无'高下'，无'是非'，只是有一点'差别'。""中国古代政治家，早看出了这种差别，可能发生许多问题，想用人为的方式求其平等，礼教由此产生，礼教

① 尹及：《谈妇女》，见绀弩编：《女权论辩》，桂林，白虹书店1942年版，第8~12页。
② 从文：《谈家庭》，见绀弩编：《女权论辩》，第13~18页。

中谈及男女问题虽云'男尊女卑'，其实在家庭制度中给了女子一种绝对平等观。"事实上，"女性若明白一个家对于母性发展的重要性"，而男子也能将"享乐感与责任感调和得恰到好处"，"妇女问题就简单多了"。①

围绕尹及和沈从文的上述文章及其观点，1941年以桂林《力报》副刊《新垦地》为中心，一批支持尹、沈的封建文人和一批先进妇女、进步作家发生了激烈的论战。反对方中不乏聂绀弩、何家槐、葛琴等人。② 双方共发表了40多篇文章。1942年，聂绀弩把双方文章（包括尹和沈的文章）编成《女权论辩》一书，由桂林白虹书店出版，"妇女问题"争论进一步扩展。

正是在"妇女回家"问题的论战声中，王西彦和罗荪分别写就了他们的小说和批评文章。王西彦在《关于〈家鸽〉的辩解》一文中清楚地说明："《家鸽》的女主人公姚文英在我的脑子里早就存在着，不过一直没有把她写出来。……刚好在这时候发生了所谓'妇女问题'，在报章杂志上连接地看到这类论争文章，因为脑子里业已存在着姚文英的影子，便不自禁地看了一些。'真该写了，'放下那些名文，我对自己说道，'真该赶快写了。'于是我稍稍改变了原来的打算，把自己对于妇女问题的某一部分的意见也索性容纳到作品里面去，结果便成功了《家鸽》。"③ 而且，作者在《家鸽》中还直接让男女主人公讨论了"那位同时又是小说家的教授的那篇名文"——《谈家庭》，男主人公认为"那位小说家的话是很有根据的，他所根据的小半是别人的成例，大半却是自己的经验"，并且分析了"那位小说家"的恋爱和婚姻状况。④ 而罗荪的批评文章副标题就标明是《关于〈家鸽〉及其他的一段杂感》，开头更是从妇女问题谈起，并对尹及《谈妇女》、沈从文《谈家庭》的主要观点进行了比较详细的复述和驳斥。那么，罗荪和王西彦的主要分歧在哪里呢？是什么导致王西彦觉得罗荪是在"曲解着《家鸽》"呢？

---

① 从文：《男女平等》，见绀弩编：《女权论辩》，第21~23页。

② 计有绀弩：《妇女、家庭、政治》《贤妻良母论》《母性与女权》；何家槐：《呜呼》；葛琴：《男女平等论》。

③ 王西彦：《关于〈家鸽〉的辩解》，《文艺生活》桂林版第三卷第4期，1943年2月15日。

④ 王西彦：《家鸽》，《现代文艺》第三卷第1期，1941年4月25日。

　　问题的关键在于双方。就王西彦来说，他的"反面文章"写得不合时宜。在"女子应该回家庭去"的"呼声高涨"的时候，仍然写了一个冲出"笼子"又返回的"家鸽"。难怪有女大学生要写"一封长长的热情的天真的信"来质问他的"'助纣为虐'之举"，也难怪罗荪将他和尹、沈置为一流。就罗荪来说，他的问题在于将小说虚构的故事等同于作者真实的观点，将小说男主人公的话等同于作者的话，认为王西彦是在证实"妇女的真正位置是在家庭"的结论之正确。难怪王西彦说"他把《家鸽》作牺牲，不管三七二十一，他把它拿去当作尹及先生和沈从文先生的文章的注脚，藉此发一遍他自己的'杂感'"。①事实上，通读《家鸽》全文，人们不难发现，王西彦所塑造的姚文英这个知识女性形象，由于她的爱慕虚荣和风头主义使得她的出走社会只是"企求一种沉闷的生活的消遣物"②，"而不是一种对整个妇女前途的觉醒"，因此，作为"家鸽"的她变不成"海燕"是顺理成章的。从王西彦的辩解来看，他只是写了女性之中的姚文英这类人物，"一如像鸟类之中有雕鹏，有海燕，也有鹦鹉，有家鸽一样"。而作者写这篇小说的深意在于将它作为"督促者手里的""一根鞭子"，使妇女解放的敌人——社会，包括妇女自己——能够觉醒。当然，正如王西彦自己所说的那样，他确实把"对于妇女问题的某一部分的意见"容纳到了作品里，他确实认为"妇女回家"论争中反对派的观点"过于乐观""过于天真"，虽然"尊敬"那些"翱翔在广大的原野上和森林里的飞鸟"，但他也确实"还不敢贸然预想那些飞鸟的前途"。③在这个意义上，罗荪对王西彦的批评也不能算是纯粹的"曲解"。

　　之所以费这许多笔墨来谈王西彦的《家鸽》，原因一方面在于，《家鸽》的批评和反批评文章在《文艺生活》上形成了交锋，另一方面，这种交锋是20世纪40年代初国统区关于"妇女回家"问题论争的一种显现。确实，在"妇女回家"问题论争的大背景下，《文艺生活》上有很多作家

---

① 王西彦：《关于〈家鸽〉的辩解》，《文艺生活》桂林版第三卷第 4 期，1943 年 2 月 15 日。

② 王西彦：《家鸽》，《现代文艺》第三卷第 1 期，1941 年 4 月 25 日。

③ 王西彦：《关于〈家鸽〉的辩解》，《文艺生活》桂林版第三卷第 4 期，1943 年 2 月 15 日。

对战时国统区知识女性的成长命题进行了关注。退一步讲，无论从抗战现实还是从文学想象来看，知识女性成长的命题都是富有吸引力的。受过教育的女性往往能够开放地接受新思想，并因此而打破一些阻隔，投入女性少有从事的社会新领域，譬如抗战。而女性自身的生理、心理、性格以及长期被框囿的社会历史定位又会对女性的这种出走社会产生一种反作用力。在这个角力游戏中，女性的出走和回归、坚定和动摇以及在这过程中与男性产生的纠葛都是饶有兴味的故事。

林觉夫（秦牧）的《一出喜剧》讲的是 1941 年在桂林，社会剧社女主角梅环耐不住剧团的清苦生活想回上海，因而托从商的知识分子王承甫找人陪她从广州湾转香港回上海。曾经是她恋人的剧团中坚秦哲劝她坚持工作。剧社另一男演员陈明和从湖南乡下剧团来桂林找工作的马志强无意中听到一个惊天秘密：王承甫将梅环介绍给"海派商人"周春生是一笔交易——周义务替王去香港办货，并出让自己贸易公司的三张股票给王。而此时又有消息传来，太平洋战争爆发，香港被炸。梅环得知真相后痛苦万分，秦哲安慰她，同时用戏中台词劝导她：

> 在行进的时候，有人退伍，有人落荒，有人颓唐，有人叛
> 变，但革命是要继续下去的，抗战是一定坚持下去的。[①]

秦牧的这出独幕剧意在表现知识分子在战时的不同选择——坚守如秦哲，动摇如梅环，逃离如王承甫。并通过戏剧的结局指出，知识女性的动摇是没有出路的。

SY 的《悲喜剧》（二卷 6 期）则描写了一个战时版的"子君"：一个有三个孩子的姨太太上了妇女补习班，功课很好。"我"还送了易卜生的《拉娜》给她。后来这位秦姓的女学生毅然离开了丈夫和孩子，出来艰苦地生活了一段时间，但最后还是和一个中年的胖子公务员订了婚。

描写知识女性动摇和回归的只占很少数，更多的作品是从正面描写知识女性是如何在抗战的洪流和时代的新风潮之下克服女性自身的弱点成长为独立自主的新知识女性的。

---

① 林觉夫：《一出喜剧》，《文艺生活》桂林版第三卷第 2 期，1942 年 11 月 15 日。

这方面的作品首推司马文森的长篇小说——《雨季》。司马文森从1941年6月中旬开始创作这部长篇，1942年6月中旬写完，"足足有一年的时间"。《雨季》从《文艺生活》桂林版第一卷第2期（1941-10-15）开始连载，到第三卷第3期（1942-12-15）连载完毕。桂林版《文艺生活》共三卷18期，《雨季》就连载了14期，可以说贯穿了桂林版《文艺生活》始终。早在抗战初期的1939年左右，司马文森就被"产生在一个朋友家里的一件平凡的悲剧深切地""感动着"，就决心要把它写出来，但当时文坛"充满了'冲'、'杀'等类的英雄史诗"，"恋爱"故事"也许会使人认为与'抗战无关'"，一个朋友也劝他不要写，否则会挨骂。但两年过后，司马文森终于"无法避免"他的"故事"和"故事中的人物"对他的"诱惑"，而他也"厌倦"了"冲杀等类的作品"，也"没有从报章上去搜集英勇故事再加工制造的才能"，因此便"重新鼓起勇气"开始写《雨季》。①

《雨季》的女主人公林慧贞是一个出身于没落世家、有些清高又弱不禁风，"外表冷静而内心热烈"②的知识女性。上海圣公会女子学校毕业后，便在父母的包办下和大学毕业生、上海纺织厂主独生子孔德明结了婚。孔德明虽天性"懦弱"，但"遇事却极乐观"，为人"忠诚"，"富有正义感"。③在父亲去世后，独自把家业支撑得很好。林孔二人虽"未曾经过狂热的恋爱"，婚礼也是旧式的，但"两方面也都一样表示满意"，④婚后二人也过了一段甜蜜的日子。但"外表冷静而内心热烈"的林慧贞总是在不断地寻找生活的"激情"——学生时代热爱钢琴、婚后沉迷爱情小说、离开上海到内地时为抗战所激动而数次捐钱、刚到桂县迷恋桂县山水、怀孕期间沉醉于战时读物想做救亡工作、刚生完孩子对孩子投注全部的爱但很快转移要出去工作——这决定了林慧贞不会满足于相夫教子的生活和贤妻良母的角色。而孔德明则认为"一个最好的女子""同时也应该

---

① 司马文森：《〈雨季〉后记》，见杨益群、司马小莘编：《司马文森研究资料》，第231~232页。

② 司马文森：《雨季》（二），《文艺生活》桂林版第一卷第3期，1941年11月15日。

③ 司马文森：《雨季》（一），《文艺生活》桂林版第一卷第2期，1941年10月15日。

④ 司马文森：《雨季》（二），《文艺生活》桂林版第一卷第3期，1941年11月15日。

是一个最懂得维护家庭，和教养子女的妻子和母亲"，而"工作的意义只在于解决生活"，"不为生活而工作"的工作则是"胡闹"。二人意见的分歧和生活的趋于平庸化使得林慧贞检讨她几年来的生活后"发现了一个新的奇迹"："她和孔德明的关系，纯粹是建筑在彼此的利害关系上。她之需要孔德明是为了他有钱，可以供给她生活上的需要；孔德明之需要于她，也正是因为她长得漂亮，拿得出去，可以替他衬托门面，当装饰品。"进而林慧贞认为他们二人并不曾相爱过，他们的结合"没有共同的认识基础"，"只是彼此间的需要和利用"。[①]　就在此时，孔德明离开桂县去昆明主持新厂开幕仪式，而他的大学好友方海生出差桂县，突然出现在林慧贞身旁。作为一个坚强的革命者，方海生同情林的处境，而他所讲述的战地生活故事也深深吸引了林慧贞。生活的平庸、夫妻感情的冷淡、理想追求不能实现的苦闷，再加上方海生作为"一个有勇气，有气节，有决心的"[②]年轻革命者的身份，种种因素综合在一起使得林慧贞疯狂地爱上了方海生。方海生在接受还是不接受林慧贞的爱上挣扎着，他爱慕林的美貌、也幻想了被她征服，但最终为了事业、为了朋友而放弃了爱情，不辞而别回归部队继续战斗了。大病一场过后的林慧贞无法再和孔德明一起生活，恰好此时有一个机会，她便决心离开家，到古岭教养院去教孩子们唱抗战歌曲了。而且坚定地拒绝了半个月后因为爱她、孩子病重而来恳请她回家的孔德明。小说结尾，孔德明在归航的途中，无意中看见了一只"可怜的失群的雁"，虽然"似乎已经倦乏得快飞不动了"，但仍"尖厉的叫着"，"勉力的想跟上去"。孔德明"觉得自己似乎就和这只失群的雁一样，落寂，凄清，他第一次感到自己是真正的孤独了！"[③]

司马文森写《雨季》的初衷是想通过这样一个爱情悲剧来表现一个在抗战洪流中觉醒了的、富有反抗精神的新时代知识女性的面貌。林慧贞虽然衣食无虞过着幸福少奶奶的生活，但通过对时局的关注和对自己生活的反思，她清醒地认识到了自己就像家里那对飞走又飞回来的金丝鸟一样是过着寄生生活的。由此她想到，"中国的许多女性也可以说是无数的金丝

---

①　司马文森：《雨季》（四），《文艺生活》桂林版第一卷第 5 期，1942 年 1 月 15 日。

②　司马文森：《雨季》（十三），《文艺生活》桂林版第三卷第 2 期，1942 年 11 月 15 日。

③　司马文森：《雨季》（十四），《文艺生活》桂林版第三卷第 3 期，1942 年 12 月 15 日。

鸟了：她们也被豢养着，过着寄生生活，羽毛丰的时候，人家用着许许多多力量把她们压制住，等到翅膀退化，无法自由飞翔了，便不得不在笼中，过她的寄生日子了。到后来老了，死了，才结束了那悲剧的平凡的一生。"她曾热切地希望孔德明能支持她出去工作，她说："我焦急着到社会去博一博自己的命运，试一试自己的能力，多少年来，我都是靠人家这样养着过日子，可是我就不相信我没有自立的能力。"① 最后，林慧贞毅然离开家庭，出走古岭教养院为抗战工作，司马文森认为这是"林慧贞找到她应走的路"。② 当年对这部小说的宣传也是认为林慧贞是"在抗战中觉醒了"，"要求热情，要求粗亢而战斗的爱"，而"大胆的向旧社会，向幽囚过多少女性的牢笼宣战"的"年青而贤慧的女性"。并称这部作品"就像是隐藏在云层中的阳光，在这沉闷的时代，它将给我们带来了新的理想，新的希望!"③ 当年的知识青年野曼就曾被《雨季》所启迪，写下了组诗——《绿色书简》：

> 闷人的雨季／曾使我们看不到一张报纸／看不见一册新鲜的杂志／看不见所有曾经在斗争生活中的同志……／……／我被你那倔强的声音煽动得这样／大胆地用力踢开了那关闭着的门板／从阴暗的屋子里走了出来／而且为你们唱出了这支歌／唱出了一个男孩子因爱而发出的强音……④

应该说，感情的浓烈、心理描写的细腻以及象征手法的运用使得《雨季》成为一部较为成功的艺术作品，作者司马文森关于新知识女性成长的立意也取得了预期的效果。但林慧贞所代表的战时知识女性的成长之路注定是有始无终的。首先从动机来看，林慧贞虽然也有民族意识想为国出力，但她出来工作的原因更多出于她对平庸生活的厌倦和对新的激情的向往。正如她对方海生的爱情一样，方海生是作为她的理想追求（为抗战工

---

① 司马文森：《雨季》（四），《文艺生活》桂林版第一卷第5期，1942年1月15日。
② 司马文森：《〈雨季〉后记》，见杨益群、司马小莘编：《司马文森研究资料》，第233页。
③ 这是桂林文献出版社为《雨季》的出版发行做宣传时的介绍文字。见《文艺生活》桂林版第三卷第2期至第4期封底广告。
④ 野曼：《抹不去的脚印——怀念司马文森同志》，见杨益群、司马小莘编：《司马文森研究资料》，第112页。

作）和爱情（渴望真正的爱情）合而为一的具象而被她爱慕着的。其次，从性格来看，作为一个激情型的知识女性，林慧贞对于抗战工作的热情、对小孩子的耐心到底能维系多久还是一个未知数。小说清楚地表明，林慧贞并不真心爱她的小孩，她只是沉浸在自己的幻想中。一个连自己的孩子都不爱的女人，她对那些孤儿的爱又能持续多久呢。最后，当时的社会环境还不具备使林慧贞成为具有真正独立的人格的知识女性的条件。连同情她的境遇、支持她冲出牢笼的方海生在写给孔德明的信中仍认为林慧贞的"出轨"是因为孔没能"好好的领导她"，要"积极的领导她，教育她"。①因此，和"不敢贸然预想那些飞鸟的前途"的王西彦一样，司马文森也担心林慧贞"那渺茫的前程"会有"一阵暴风雨出现"，只是司马文森更乐观一些，相信"这风雨会把人们锻炼得更坚强和勇敢"。②

同样以战时知识女性道路选择和自身成长为主题的作品还有田汉的五幕剧《秋声赋》。《秋声赋》完稿于1941年冬，同年12月由新中国剧社在桂林首演，1942年4月到9月连载于《文艺生活》桂林版第二卷第2期至第6期。《秋声赋》描写了新文化人徐子羽的妻子秦淑瑾和爱人胡蓼红二人在抗战的大形势下抛弃了个人的情感、由情敌一变而为一起合作为抗战服务的姐妹这样一个故事。秦淑瑾本来是一个教师，但婚后便懒怠了，沉迷于家中琐事。胡蓼红是一个女诗人，因其"头脑最清醒""肯为大众的利益着想"③而得到徐子羽的喜爱，并为徐生了一个孩子。二人都想完全占有徐子羽的感情，但徐子羽认为谁能始终给大众以幸福的，谁一定能给他以幸福。在徐子羽的女儿大纯不肯叫自己妈妈、而以前在长沙救济过的难童都视其为妈妈之后，胡蓼红决定放弃个人的情感要"更慈爱地，勇敢地去做那广大的，失了家乡失了爹娘的孩子的妈妈"。④而秦淑瑾也在胡蓼红的感召下意识到她"像饲养还不久的山禽似的并没有忘记"自己的"本能"，"到必要的时候""还能飞"。⑤二人不但在敌兵入侵长沙、破门而入

---

① 司马文森：《雨季》（十四），《文艺生活》桂林版第三卷第3期，1942年12月15日。
② 司马文森：《〈雨季〉后记》，见杨益群、司马小莘编：《司马文森研究资料》，第233页。
③ 田汉：《秋声赋》，《文艺生活》桂林版第二卷第4期，1942年6月15日。
④ 田汉：《秋声赋》，《文艺生活》桂林版第二卷第4期，1942年6月15日。
⑤ 田汉：《秋声赋》，《文艺生活》桂林版第二卷第5期，1942年8月15日。

之时合力打死了两个敌兵，还坚持留在长沙做抢救战区儿童工作。

《秋声赋》的主题正如田汉自己概括的那样："在这个作品里我所要表现的主题是明白的，我们今天需要的是每个人都能集中力量于抗战工作，我们要清算一切足以妨害工作甚至使大家不能工作的倾向"。① 在剧中，作家徐子羽为抗战文化活动不遗余力地写诗、写剧本、编刊物、看稿子、排戏剧，两个女人也最终在抗战的鼓舞下抛弃了"个人主义的利己思想"，成为为"争取大众的解放"努力工作的知识女性。② 在"大家都有工作了"的情形下、在中秋节晚上桂林市民庆祝"湘北大捷"的鞭炮声中，徐子羽说："这也是秋声。可是这样的秋声不会让我们悲伤，只会让我们更兴奋，更积极。不会让我们有迟暮之感，只会让我们向前努力，不知老之将至。"③ 不得不承认，田汉的《秋声赋》具有强烈的时代精神，给时人以巨大的精神力量去坚信抗战一定会胜利，而且田汉将知识女性的成长力量作为抗战胜利的正能量来表现也是颇具艺术感染力的。但表现两个女人由情敌转变为同生死共患难的战友和姐妹却有些过于理想化。

更为理想化和概念化地表现知识女性成长的是郭弼昌的《妻与爱人》：部队工作人员叶飞同志因为妻子是高小毕业的旧式小姐，是"只把头望着地下的柔顺的绵羊"，而爱上了同在一起工作的余莎同志——"一匹在暴风雨里狂驰的野马"。但随着妻子勇敢地"碰开"把她"像鸟一样"困住的"笼"，出走衡阳，把孩子送到保儿院，参加了一个救护训练班，叶飞又重新爱上了她，转而放弃了和余莎的爱情。余莎对此却很理智："我们仍然恢复从前的同志关系……有许多工作在前面等待我们。新时代的青年，是始终应该以工作为第一位的！尤其是我们女性，再不应该被情感所屈服了！"④ 另外，华嘉的《江边》和欧阳予倩的《一刻千金》（均刊于三卷 1 期）也都表现了战时知识女性是如何克服自身脆弱的感情、以抗战工作为第一位，最终成长为拥有自信的独立自主的知识女性的历程。

---

① 田汉：《关于〈秋声赋〉》，见《田汉文集》（五），北京，中国戏剧出版社 1983 年版，第 483 页。

② 田汉：《秋声赋》，《文艺生活》桂林版第二卷第 4 期，1942 年 6 月 15 日。

③ 田汉：《秋声赋》，《文艺生活》桂林版第二卷第 6 期，1942 年 9 月 15 日。

④ 郭弼昌：《妻与爱人》，《文艺生活》桂林版第一卷第 3 期，1941 年 11 月 15 日。

　　上述以知识女性成长为命题的抗战文学作品被一种固定的逻辑所限定，即阻碍与除阻、依附与独立、蒙昧与觉醒。固然这与"成长"表象相合，女性确实要破除一些束缚女性的障壁，如社会、男权以及自身。但这些"成长"的知识女性却无一例外始终处于强大的男权社会的阴影中——无论她们被看作豢养笼中的家鸽和金丝鸟还是被憧憬为自由搏击的山禽和海燕。尽管如此，这些新知识女性形象的出现仍然是对 40 年代初国统区"妇女回家"论争作出的正面且有力的回答。与此同时，这些关注知识女性成长命题的文本和暴露讽刺文学以及战争挤榨下的小人物命运书写，共同构成了战时国统区文学的多元化样貌。

　　立足于一个战时刊物所透视出来的战时国统区文学样貌同时给当下学界关于"抗战文学"的某些观点提供了实际佐证："抗战文学"这个词组包含了两个意义项，即抗战与文学。因此，它"一方面可以是'一切服从抗战需要'的文学活动，另一方面也可以是'在抗战中'文学如何活动"。"从学理上讲，前者更多包含的是抗战的主题与内容，表达着中国作家在民族危亡关头的严肃"，而"后者实际上是在一个比较宽阔的范围内定位文学的特殊生存环境，'在抗战中'是一个意味深长的描述，它更加倾向于将文学本身的存在和发展作为历史现象的主体，抗战是对这一主体存在方式的特殊考验"，既考验了作家，也考验了读者和文学存在的社会体制。[①]

　　桂林版《文艺生活》所呈现的战时国统区知识分子的心灵体验以及国统区文学的多元化样貌虽发生在华南地区——桂林，但华南色彩并不是很浓郁。战后在广州和香港出版的光复版和海外版《文艺生活》则表现出相对浓郁的地方色彩。

---

　　① 吴伟强等：《中国抗战文学研究的新的可能》，《西南师范大学学报》（人文社会科学版）2006 年第 6 期。

第六章　战后香港文学的新中国文学性质和华南色彩

一、战后香港文学：
整体中国文学中一个特殊而带地方色彩的部分

抗战胜利后的 1945 年年底，司马文森离开广西前往广州并着手筹备《文艺生活》的复刊。1946 年 1 月 1 日，《文艺生活》在广州复刊，出光复版第 1 号。但仅出了 6 期就遭到国民党当局的查封，司马文森本人也被通缉，《文艺生活》被迫迁到香港出版。这样，正如前文所说，在 58 期《文艺生活》中，光复版第 7 期至 18 期和海外版第 1 期至 20 期，即 1946 年 8 月至 1949 年 12 月 25 日期间的这 28 期（中间有四个合刊）《文艺生活》月刊都是在香港出版的。而由于广州和香港仅"一水之隔"，因此，这 34 期《文艺生活》都可视为"香港文艺刊物"① 而成为战后香港（1945—1949）文坛的一个有效构成。

从 20 世纪中国文学发展的脉络来看，战后香港由于恢复了英国政府的管理，在言论上相对自由，因此成为各派文化力量竞相施展才能的舞台，香港文坛也由此成为内地文坛在海外的延伸。在左、中、右三派文化力量中，中共领导并影响的左翼文化活动是香港文坛活动的主流。② 在文化、宣传阵地上，南来的左翼文人创办了一些有影响的报刊，如《正报》

---

① 事实上不仅这 28 期或 34 期《文艺生活》是"香港文艺刊物"，香港学者许定铭认为《文艺生活》由于"近半"都是在香港出版，因而整体都可以视为"香港文艺刊物"。参见许定铭：《〈文艺生活〉月刊》，《大公报》，2008 年 6 月 3 日。

② 其中的原因是多方面的：首先自然是中共审时度势认识到香港的重要地位——作为"虽然是中国的领土而中国政府又管辖不了的英国殖民统治的地方"，中共可以通过香港打破国民党的舆论封锁。因此中共运用外交手段使港英政府承认中共在香港的合法地位，并且运用文化策略占领香港舆论阵地，使得香港形成了一个有利于中共的政治环境和文化环境。其次是国民党入港宣传人员的无能。还有一个原因就是港英当局对蒋介石试图在抗战胜利后收回香港表示不满，因而对进入香港的国民党文化势力想方设法进行钳制。参见袁小伦：《战后初期中共利用香港的策略运作》，《近代史研究》2002 年第 6 期，第 121~148 页；郑树森、黄继持、卢玮銮：《国共内战时期（一九四五——一九四九）香港本地与南来文人作品三人谈》，见郑树森、黄继持、卢玮銮：《国共内战时期香港本地与南来文人作品选》（一九四五——一九四九）（上册），第 7~10 页。

（1945 年 11 月 13 日创刊），《新生日报》（1945 年 12 月 15 日创刊，有文艺副刊《新语》《生趣》），《华商报》（1946 年 1 月 3 日复刊，有文艺副刊《热风》《茶亭》等），《人民报》（1946 年 3 月 1 日创刊）以及香港版《文汇报》（1948 年 9 月 9 日创刊，有副刊《文艺周刊》等），等等。即使一些香港本地的报刊如《星岛日报》《华侨日报》等也被左翼文化力量所渗透，如《星岛日报》的副刊《文艺》（1947 年 12 月 1 日创刊）就是由范泉担任主编，而《星岛日报》的另一副刊——《民风》（1948 年创刊），挂名主编虽是香港中文大学的马鉴，实际却是由薛汕和戴望舒负责。左翼文人创办的文学期刊则有《中国诗坛》（1946）、《野草》（1946，后改为《野草丛刊》）、《文艺生活》（1946）、《大众文艺丛刊》（1948）、《新青年文学丛刊》（1948）、《海燕文艺丛刊》（1948）等等。左翼文人还创办书店、出版社、学校。书店有生活书店、南国书店、民主书店、新知书店、初步书店等；出版社有新民主出版社、人间书屋、大千出版社、中国出版社、有利印务公司等；学校有达德学院、南方学院、持恒函授学校、中国新闻学院、港九劳工子弟教育促进会、建中工商专科学校、香岛中学、培侨中学、汉华中学等。①

　　这样，左翼文人就"从作者、编者、读者及其共享空间上构筑成了一个左翼文化影响、传播机制"。而且，"这一机制在全国反独裁、争民主的背景下运行得异常顺畅，几乎主导了本时期的香港文坛。"② 香港学者郑树森、黄继持、卢玮銮在编选《国共内战时期香港文学资料选》（一九四五——一九四九）时也坦承"按照现存资料来看，左翼的活动几乎占绝大部分"，"当时左翼活动俨然是香港文坛活动的主流"。③ 而此时"左翼的文艺工作是全国配合的，华南不过是其中一个环节"，这就使得"内地多项文学论

---

①　参见郑树森、黄继持、卢玮銮：《国共内战时期（一九四五——一九四九）香港本地与南来文人作品三人谈》，见郑树森、黄继持、卢玮銮：《国共内战时期香港本地与南来文人作品选》（一九四五——一九四九）（上册），第 12~14 页；袁小伦：《战后初期中共利用香港的策略运作》，《近代史研究》2002 年第 6 期，第 143 页。

②　黄万华：《1945—1949 年的香港文学》，《中国现代文学研究丛刊》2004 年第 2 期。

③　郑树森、黄继持、卢玮銮：《国共内战时期（一九四五——一九四九）香港文学资料三人谈》，见郑树森、黄继持、卢玮銮：《国共内战时期香港文学资料选》（一九四五——一九四九），香港，天地图书有限公司 1999 年版，第 5 页。

争及政策趋向往往在香港出现"。因此，虽然此阶段的香港文学"不一定与香港本土的文学发展有密切关系"，却可以被看作"整体中国文学其中一个特殊而带地方色彩的部分"。①

香港学者基于史料、在整个中国新文学史的视野下对战后香港文学的概括是十分到位的。

首先，无论从战后香港文学的实际创作情况还是从其对于中国大陆文学传统的归属来看，战后香港文学都是"整体中国文学其中"的一个有效组成"部分"。

其次，战后香港文学在中国新文学史中处于一个"特殊"的位置，有自己的"特殊"性。战后香港文学无论从创作主体（南来左翼文人）、创作内容（左翼文学）还是面向对象（华南及全国的知识分子和工农群众）上看都显示出浓厚的政治性。甚至可以说，战后香港文学完全是50年代新中国文学的一种前奏或预演。这种前奏或预演在理论层面上表现为两点：一是对左翼文艺政策的全面宣传阐释（对"人民文艺"的阐发）和运动实践（关注方言文学运动、粤语电影和粤剧改革运动等），二是对异己文学力量的清洗（批判"反动文艺"）和对队伍内部非无产阶级思想的批判（批判胡风的"主观论"和对小资产阶级作家进行思想改造）。② 文学创作层面上战后香港文学作为新中国文学的前奏或预演则在于战后香港文学表现出明显的政治化的特点。

最后，战后香港文学虽然作为当代文学的肇始而显示出特殊性，但其仍表现出自身的地方色彩。值得注意的是，战后香港文学的地方色彩不在于香港本土市民文学特色的展示，却显现为香港的传统文化地域归属——华南的风俗民情和方言土语的独有魅力。华南色彩成为战后香港文学的地方色彩和前述战后香港文学的特殊性密切相连。

战后香港文学所具有的浓厚的政治性和鲜明的华南色彩这两个特质在

---

① 郑树森、黄继持、卢玮銮：《国共内战时期（一九四五——一九四九）香港本地与南来文人作品三人谈》，见郑树森、黄继持、卢玮銮：《国共内战时期香港本地与南来文人作品选》（一九四五——一九四九）（上册），第9~10页。

② 关于战后香港文学作为新中国文学的前奏或预演在理论层面上的诸多表现（如对人民文艺的阐扬、小资产阶级知识分子思想改造、方言文学运动等），详见本书第七、八、九章。

同时期出版的港版《文艺生活》月刊上得到了印证。作为战后香港文学的互文本，港版《文艺生活》月刊中的诗歌、小说和剧本的创作主题和地域色彩也分别表现出政治性和华南性。其政治性主要体现在对社会现实、党派纷争以及文学路向的高度关注，其地域色彩则主要体现在对岭南乡土、华南风俗和粤方言的展示和热爱上。

二、浓厚的政治性：战后香港文学的新中国文学性质

1948 年 5 月 15 日出版的《文艺生活》上有这样一首《送别诗》：

> 有我所爱的，是你现在要去的地方。/有我所憎的，也是你现在要去的地方；/我爱它，我的家乡在那儿，/我憎它，独夫武士在那儿。[1]

这首诗典型地展现了南来左翼文人在北望故园时具有的复杂情绪：心向家国的柔情和欲归不得的愤恨。这种具有明确指向的愤恨必然化作某种行动，——左翼文人必须利用香港这个没有硝烟的"前沿阵地"来和内地进行"对话"或者说是"呼吁"和"颠覆"。

1945 年光复后的香港对于南来左翼文人来说既是避难所、转口港，同时又是观察站和前沿阵地。国共内战时期已没有租界，香港就成为解放区之外左翼文人"避开国民党特务干扰、拘捕"的"最后、唯一的避难所"，[2] 在这里"不像解放区那么动荡，也不像蒋管区那样受迫害"。[3] 人们可以经由香港这个"转口港"北上上海、北平或东下南洋。香港同时是南来文人心系中原战局的观察站，更是南来文人对国民党直接"喊话"的前沿阵地。这种"喊话"既包括对国民党治下的各层民众苦难生活的同情，更多的是对蒋介石为维持独裁统治勾结美帝发动内战表示愤恨和讽刺以及鼓舞民众起而反抗的战斗呼吁，还有一部分是表达"对中国的未来、

---

[1]　冰山：《送别诗》，《文艺生活》海外版第 3、4 期合刊，1948 年 5 月 15 日。

[2]　郑树森、黄继持、卢玮銮：《国共内战时期（一九四五——一九四九）香港本地与南来文人作品三人谈》，见郑树森、黄继持、卢玮銮：《国共内战时期香港本地与南来文人作品选》（一九四五——一九四九）（上册），第 10 页。

[3]　郭沫若：《一年来中国文艺运动及其趋势》，《华商报》，1948 年 1 月 7 日。

共产党的执政有一般性的憧憬和寄望"。①

　　光复版和海外版《文艺生活》上典型反映上述"喊话"内容的文体是诗歌和杂文，尤以诗歌为盛。《文艺生活》光复版（1946.1.1—1948.1）共17期，共发表诗歌97篇，反映上面种种诉求的就有88篇，占了91%，平均每期5篇。《文艺生活》海外版（1948.2—1949.12.25）也是17期，但诗歌数量明显减少，共有诗歌48篇，相关诗歌31篇。这是因为随着战局发展进入1948年，国共内战进入了历史的转折点，共产党的军队已经打退了美式装备的国民党军队，并使自己转入了反攻。在言论相对自由的香港，人们已经从1947年12月31日新华社的广播和1948年1月1日中共《人民日报》上发表的毛泽东的《目前形势和我们的任务》一文中清晰地了解到了这一事实。因此，1948年到1949年间反国民党的诗歌便随着国民党的大势已去而消弭了不少。但总体上，从1946年到1949年，《文艺生活》上刊发的相关诗歌总数达到了119篇，数量还是十分庞大的。

　　在上述诗歌中，诗人们对刚刚摆脱8年抗战的艰苦生活马上又落入内战的、国民党治下各层民众的苦难生活给予了表现和同情。这各层民众包括：被"沉重的军粮公粮""内战的担子""窒息的生活"压死的农民尹大嫂②和被地主黄老爷逼租又退佃、在过节时用毒酒药死全家的农民李春发③；"拖着生活的重担"而"跳到浸骨的水里"的筏夫们④；"老子帮工/儿帮工/帮了短工帮长工/长工帮了一辈子/临死一身空大空"的帮工汉⑤；因无钱医治、儿子死于肺病、卖了母亲冬衣才买了薄板棺材的"灵魂的工程师"⑥；"'职业'姑娘偏不对他垂青"、不知道"今夜在那一家屋檐下露眠"的失业者⑦；"用使人痛苦的——痛苦的微音"⑧ 去求乞、"像是人类

---

　　① 郑树森、黄继持、卢玮銮：《国共内战时期（一九四五—一九四九）香港本地与南来文人作品三人谈》，见郑树森、黄继持、卢玮銮：《国共内战时期香港本地与南来文人作品选》（一九四五—一九四九）（上册），第19页。

　　② 公里：《尹大嫂之死》，《文艺生活》光复版第8期，1946年9月。

　　③ 沙鸥：《逼租》，《文艺生活》海外版第5期，1948年7月7日。

　　④ 马远：《石谷河上的歌声》，《文艺生活》光复版第6期，1946年7月1日。

　　⑤ 江南：《帮工汉》，《文艺生活》海外版第9期，1948年12月25日。

　　⑥ 黄药眠：《街，商品……灵魂的工程师》，《文艺生活》光复版第1期，1946年1月1日。

　　⑦ 曾卓：《素描三章·失业者》，《文艺生活》光复版第2期，1946年2月1日。

　　⑧ 曾卓：《素描三章·乞儿》，《文艺生活》光复版第2期，1946年2月1日。

的渣滓，/一被抛出去以后/就再不会有人/愿把他从新拾起"① 的乞丐；被
吉普车碾断腿却庆幸一大筐鸡蛋"只打破了几个"的"挑着鸡蛋的乡下
婆"②；"为着一粥一饭，勉强登台"的"一个又老又病的戏子"③；"人人
怕上小菜场"，"青菜豆腐买弗起，/鸡蛋荤腥侬弗要想"的上海市民④；因
为按日征收水费而"唔使讲到喫饭，今日就算系饮水都够艰难"的广州市
民⑤；"样样东西涨价，/只有薪水跌价，/为此呈请照加，/折扣不可再打"
的公教人员⑥；在四大家族挤压下破产、"背负着羞耻/从饥饿里逃生"至
美洲成为"流浪汉"的民族资产阶级⑦。可以说，国民党统治下的社会各
阶层民众都生活在"夜间"——"好多血，好多泪，/在流着，流着，/这
是夜间——/好多罪过，好多苦难/接二连三发生着"⑧。在这样的"夜间"，
人们是难以入睡的，难以入睡的人们在诗人们的呼唤声中必然觉醒起来。

　　诗人们直接呼号——"反对再有人制造战争/反对再有人杀人，人抢
人/你要我们进攻/就停止前进/你要我们瞄准/就把枪放下"⑨；"在祖国危
急的今天/人民的前途充满了新的灾祸/一切的党派团体，人们……/不朝
着民主的方向/迈步前进/那就是违反人民呵"⑩。

　　诗人们厉声质问——"就算是一株小草吧/在土地上/也还有生长的自
由/也还有承受阳光的权利//就算是一条小河水吧/在低地里也还有流动的
自由/也还有流向大海的权利和希望"，"他们到底也还是个人/他们总该有
起码的人底自由/他们总该有起码的人底权利/他们总该有起码的人底爱和
人底憎/可是，你们呵/凭什么理由不给"⑪。

　　诗人们尖锐讽刺——"这是神话里的国度/人当作牛马/黑认为白//这

---

① 黄药眠：《街，商品……·乞丐》，《文艺生活》光复版第 1 期，1946 年 1 月 1 日。
② 何家槐：《老戏子·街头偶见》，《文艺生活》光复版第 4 期，1946 年 4 月 10 日。
③ 何家槐：《老戏子·老戏子》，《文艺生活》光复版第 4 期，1946 年 4 月 10 日。
④ 马凡陀：《上海解放之歌·买小菜》，《文艺生活》海外版第 14 期，1949 年 5 月 15 日。
⑤ 芦荻：《粤讴三首·吐苦水》，《文艺生活》海外版第 14 期，1949 年 5 月 15 日。
⑥ 马凡陀：《公务员呈请涨价》，《文艺生活》光复版第 11、12 期合刊，1947 年。
⑦ 老集：《流浪汉》，《文艺生活》光复版第 18 期，1948 年 1 月。
⑧ 吕剑：《夜间》，《文艺生活》光复版第 13 期，1947 年 4 月。
⑨ 洪道：《不再为了战争》，《文艺生活》光复版第 3 期，1946 年 3 月 1 日。
⑩ 征军：《再不容许内战》，《文艺生活》光复版第 3 期，1946 年 3 月 1 日。
⑪ 何霖：《你们凭什么理由不给》，《文艺生活》光复版第 6 期，1946 年 7 月 1 日。

是神话里的国度/仓内有粮食生霉/仓外有无数饿殍//这是神话里的国度/空气要抽税/阳光要专卖//这是神话里的国度/猪竟吃人肉/狗也挂勋章"；①"三民煮，煮三民，三民煮得烂如泥；/三民肥的瘦，三民瘦像柴；/三民填炮眼，三民为狼豺，三民煮家硬说'前世该'！/宋一碗，孔一碗，总裁肚里盛个满"②；"美国有个'土肥原'，/司徒雷登臭名传；/奴役中国靠此君，/不枉留华几十年。""只恨世界已大变，/中国人民难欺骗，/只恨暴君枉挣扎，/虽有妙药命难延；/只恨中共人拥戴，/救国救民出生天"③；"飞来飞去，我睇你地飞得几高高，虽则要插翼上天，我估都难得有路，……狼狈空运南飞，重想在广州开府，边个人民肯你地咁样搅得一塌糊涂"④。

诗人们放声呼吁——"历史好像是一个大棺材/人民便是有力的抬棺者/中国的老百姓应/和中国的知识份子一齐起来/抬起这/出卖人民的'民主犯'/愚民政策的独裁者/送出中国去/送出我们的地球去！"⑤；"中国大火了！/……/放火的倒是四万万的人民//烧死你呀！暴君/连你的遗嘱也要同时火葬/埋在坟墓里的人民/也要爬出来咒骂你呵！/你是太阳的仇敌/你偏使中国终年黑暗/中国人白天走路也要打着灯笼/我们饮着眼泪过活呵！/在漫长的夜里谁敢哭号"⑥；"一九四七年的中国，/人民没有沉默，/人民不肯沉默，/而且也没有被窒息。一九四七年的中国，/反抗的斗争没有停止！/火！/火呀/燃烧着反抗者的心，/燃烧着被损害的土地……"⑦。

诗人们热情寄望——"我们的队伍来了/饿死的还躺在棺材里的人民睁大眼睛吧！/囚禁在监狱的政治犯把耳朵贴在铁墙听吧/早晨的时候/我们就飘着红色的旗来了"⑧；"人民军，也是常胜军，/把我们的村庄解放。/村庄里到处敲锣打鼓，/人们着了火似的，欢起来了"⑨；"勿说佝穷

① 申奥：《方向·神话里的国度》，《文艺生活》光复版第17期，1947年10月。
② 萧乾：《民歌初试·绕口令》，《文艺生活》海外版第12期，1949年3月15日。
③ 黄宁婴：《美国土肥原》，《文艺生活》海外版第13期，1949年4月15日。
④ 芦荻：《粤讴三首·飞来飞去》，《文艺生活》海外版第14期，1949年5月15日。
⑤ 李卡：《出丧的行列——为昆明，重庆，上海，广州学生反内战示威巡行作》，《文艺生活》光复版第3期，1946年3月1日。
⑥ 黄阳：《今天是什么日子呀》，《文艺生活》光复版第7期，1946年8月。
⑦ 邓光亮：《斗争没有停止》，《文艺生活》海外版第3、4期合刊，1948年5月15日。
⑧ 黄阳：《活的队伍》，《文艺生活》光复版第4期，1946年4月10日。
⑨ 尹文：《给人民军》，《文艺生活》光复版第17期，1947年10月。

人一世穷，/共产党一到倔挺起胸，/砖头瓦片亦有翻身日，/共产党一到倔运道通!"[①]；"时间开始了——//毛泽东/他站到了主席台底正中间/他站在飘着四面红旗的地球面底 中国地形正前面/他屹立着像一尊塑像……"，"祖国，我的祖国/今天/在你新生的这神圣的时间/全地球都在向你敬礼/全宇宙都在向你祝贺"[②]。

可以说，1946 年到 1949 年刊登在《文艺生活》上的这些诗歌很大程度上可以代表战后香港文坛诗歌方面的成绩。作为时代的记录，这些诗歌现在读起来仍让人激动、狂热，因为那是时代的声音。当然，同样非常明显的是，这些诗歌普遍表现出了很强的政治性，这无疑损害了诗歌的艺术性。政治性和艺术性的"强弱情况正反映了当时的主流大势"。家仇国恨与政治信仰的凝合使得左翼文人必须利用香港这个没有硝烟的"前沿阵地"实现对国内读者、群众的"呼吁"以及对本地市民的"刺激"，来实现"对付国民党""颠覆现存政权"的目的。[③] 浓厚的政治性必不可免。

就小说和剧本而言，光复版和海外版《文艺生活》上相关文本的文学题旨主要表现为两个端点——一是表现国民党政府、官员、军人对百姓的欺压以及相应的群众的反抗，二是表现共产党政府、官员、军队对百姓的爱护以及相应的群众的拥护。

前者方面：沙汀的《催粮》（光复版第 7 期）、海兵的《借粮》（海外版第 14 期）、陈残云的《兵源》（海外版第 13 期）都揭露了国民党为了内战粗暴地进行征粮、征兵而逼得百姓无法存活的社会现实；陈残云的《救济品下乡》（光复版第 9 期）、楼栖的《枫林坝》（海外版第 16 期）、于逢的《一个军人》（光复版第 8 期）以及瞿白音的剧本《南下列车》（海外版第 14 期）则描写了内战发生时国民党的乡长、军人对百姓的欺压，以及大溃败时国民党上至立法委员、部长、集团军副总司令，下至伤兵各色人等成为丧家之犬的心态和行为。国民党的行为必然激起各阶层群众的反

---

①　马凡陀：《上海解放之歌·买小菜》，《文艺生活》海外版第 14 期，1949 年 5 月 15 日。
②　胡风：《时间开始了》，《文艺生活》海外版第 20 期，1949 年 12 月 25 日。
③　郑树森、黄继持、卢玮銮：《国共内战时期（一九四五——一九四九）香港本地与南来文人作品三人谈》，见郑树森、黄继持、卢玮銮：《国共内战时期香港本地与南来文人作品选》（一九四五——一九四九）（上册），第 36 页。

抗：蒋牧良的《余外婆》讲述了一个被称为"余外婆"的老好先生——一个镇上的国民学校校长觉醒的故事。"余外婆"本来奉行克己主义，对驻扎小镇的国民党军队的斑斑恶迹一忍再忍。但当国民党军队怀疑他们几次被抢军火是因为学校里有儿童团、因而杀了 9 个孩子之后，"余外婆"终于醒悟了、剃掉了虚假的胡子、冲出市镇，"直向着广阔的原野上走去"①。孟超的《鼻子》写的是一个"热情""有正义感""忠实于他的职务"的青年新闻记者阮放冲破各种阻力（报馆的压力、同事的讥讽、特务的恐吓、宪兵的抓捕以及自己的退缩）终于将重庆学生为反内战、反饥饿而举行罢课的消息报道出来的故事。② 还有一些剧本是直接描写学生反饥饿、反内战的，如黄谷柳的《反饥饿》（活报剧，光复版第 15 期）、佚名的《受审记》（活报剧，光复版第 18 期）等等。

后者方面：林柳杞的《自从死了黑煞神》（光复版第 10 期）、伯子的《十五只杯子》（活报剧，海外版第 10、11 期合刊）、岳野的《人人说好》（独幕剧，海外版第 16 期）、楼栖的《新破镜重圆记》（南方采茶戏，海外版第 17 期）以及丁波、林韵的《姊妹献粮》（秧歌剧，海外版第 20 期）都表现了共产党军队对百姓的爱护以及百姓对其的拥护和爱戴。如林柳杞1946 年在新解放区北平延庆县写的小说——《自从死了黑煞神》，就写了一个八路军和老百姓围绕一头黑猪发生的喜剧故事。一连的炊事员李叫好和哨兵吴二青误杀了油醋店主人杨寿康的一头黑猪，他们以为这头猪是连里前一天晚上跑掉的那头，而实际上跑掉的那头猪后来找到了，而且这活猪比死猪要重二三十斤。连里决定一切从群众出发，杨寿康要活猪就给活猪，要死猪就赔他一些钱。但司务长胡连发要小聪明直接把死猪还给了杨寿康，被国民党兵欺压已成习惯、有些迷信的杨寿康已经几乎感动得要流眼泪了。后来政治处主任张育勤知道了打死老百姓的猪却没有赔钱的事，很生气，决定趁着请两个抗日军人家属吃饭的时候也请杨寿康过来，向他道歉。但杨寿康竟然跑掉了。迷信的他一直认为这头猪长得怪，像个黑煞神，会给他带来祸事。而且，按照他的人生经验，当兵的只会欺负老百

---

① 蒋牧良：《余外婆》，《文艺生活》光复版第 16 期，1947 年 8 月。

② 孟超：《鼻子》，《文艺生活》光复版第 17 期，1947 年 10 月。

姓，小说中写道："八年来，黄色的军衣和咒骂拷打是分不开的。照心理学的话来说：黄色和打骂在交替作用上，已给他造成了很强的感应结。"①因此，对政治处主任的邀请做了不祥预期的杨寿康就跑路到张家口去了。小说笔调轻松幽默，尤其是在描写李叫好抓猪以及"黑煞神"死了之后杨寿康的心理活动上，小说令人啼笑皆非的结尾也让人们对国民党与老百姓的关系有了深入的认识。而直接将国民党和共产党对百姓的不同态度进行对比、构思成章的是岳野的《人人说好》：逃避解放军追捕的国民党蔡团长带了一个卫兵闯进了刘掌柜的杂货店，要吃要喝，要了刘掌柜的棉大衣，还打死了卫兵当他的替死鬼，然后躺在床上假扮刘掌柜的生病的儿子，并用枪抵住了刘掌柜的女儿巧姐来逼刘掌柜就范。解放军洪班长和战士何合金追踪而至后，一方面待刘掌柜像亲人一样，另一方面识破了蔡团长的诡计，在和蔡团长交火的过程中，洪班长和战士何合金不分你我，亲如兄弟，共同俘获了蔡团长。剧本情节紧张、悬念迭出，有很强的艺术感染力。而处处使用的对比手法，使得国共军队对百姓的截然不同的态度清晰呈现。剧本结尾通过刘掌柜的感慨（"你们比他们要好到天上去啊！""哪里看见过这样好的军队啊！"）和巧姐的回答（"多呢，爹！人人说好，全中国都是，现在！"）点明了剧本的题旨。②

除表现国共两党对百姓的差别之外，光复版和海外版《文艺生活》上还有一些以表现农民和地主矛盾、农民反抗地主为主题的小说和剧本。如碧野的《卢大爷回来了》（光复版第6期）、周而复的《春》（光复版第10期，第11、12期合刊，第13期）、沙汀的《田家乐》（光复版第14期）、温涛的《逼上梁山》（独幕剧，光复版第15期）、华嘉的《老坑松和先生秉》（海外版第5期）、岑砾的《一个最后的男子》（海外版第10、11期合刊）以及秦黛的《复仇记》（桂林花灯戏，海外版第15期）等等。

上述文本只有周而复的《春》成稿于抗战胜利前夕，而且描写的是解放区的农民（阎争先、陈五儿等）是如何在政府的帮助下和地主徐绍堂（绰号坏莞豆）在减租减息的斗争中取得胜利的。其余文本都是在国共内

---

① 林柳杞：《自从死了黑煞神》，《文艺生活》光复版第10期，1946年12月。
② 岳野：《人人说好》，《文艺生活》海外版第16期，1949年7月15日。

战期间写成、是以国统区的农村和农民为描写对象的。如沙汀的《田家乐》和温涛的《逼上梁山》是以西南某一农村为背景的，华嘉的《老坑松和先生秉》是描写广东某农村的。这些文本中农民和地主的斗争非常残酷，丝毫不亚于共产党和国民党军队在战场上的厮杀。《卢大爷回来了》里面的佃农胡老瓜因反抗收租砍伤了地主卢大爷的账房王进禄后，先是中枪受伤后来是被折磨致死；《一个最后的男子》里为了反抗维护地主利益的保安队，泥洞村里最后一个男人长顺也被打死了；《逼上梁山》里面的退伍军人王得胜用装神弄鬼的方法吓昏了地主恶霸张三爷，骗得其所藏枪支的下落，后来击毙了挣扎绳索反抗的张三爷；《老坑松和先生秉》里面的地主老坑松因为强奸寡妇、其子勾结乡长诬陷好人为其脱罪而被村里的年轻人在祠堂里双双杀死。

以新文学史的视野来观照 1946 年到 1949 年《文艺生活》中的上述文本，我们发现，左翼文学力量所主导下的战后香港文学——无论是用诗歌来向内地的隔空"喊话"，还是用小说和剧本去表现国共斗争（占多数）和地主农民斗争（占少数），其实都具有一个指向，就是表现不可调和的阶级矛盾——无产阶级和地主阶级以及与封建地主阶级有着千丝万缕联系的资产阶级的矛盾。战后香港文学所呈现出来的这种浓厚的政治性特点正是 50 年代开始的新中国文学所具有的特质。

前文提到，穗新版《文艺生活》上的那些以阶级矛盾为题旨的小说和剧本，其侧重点已经转移为在新中国政治环境下阶级矛盾的化解。事实上，在洪子诚根据"权威文学评论"和"各次文代会对创作的总结性评述"所列举的五六十年代的 21 篇代表小说中，[①] 以表现国共阶级战争和建国后农村阶级斗争为题材或背景的就有 16 篇，占了 76%。前者如杜鹏程的《保卫延安》，吴强的《红日》，曲波的《林海雪原》，罗广斌、杨益言的《红岩》等；后者如柳青的《创业史》、周立波的《山乡巨变》、冯德英的《苦菜花》、浩然的《艳阳天》等。五六十年代小说对阶级矛盾的重视正是代表战后左翼文学的战后香港文学的延续和拓展。战后香港文学是左翼作家在理论和创作上为推行延安文艺整风所确立的"文艺新方

---

① 洪子诚：《中国当代文学史》，北京，北京大学出版社 1999 年版，第 29~30 页。

向"——为工农兵服务的无产阶级文学之后所取得的成果，而五六十年代的文学则是进一步巩固延安"文艺新方向"、建设社会主义文学的一个开端时期和重要阶段。二者所带有的浓厚的政治性是一以贯之的。

三、鲜明的华南色彩：战后香港文学的地方特色

让一些香港学者耿耿于怀的莫过于战后香港文学的尴尬地位：一方面，在中国现代文学史上，战后香港扮演了一个非常重要的"中间站"角色，为新中国的文艺理论与实践提供了一个"彩排"的舞台和空间。而另一方面，由于左翼文学的主导文坛，香港本地文学的发展无形中受到了压抑，貌似繁荣的战后香港文学却只是"'在香港'的文学，而非香港文学本身主体性的建设"。① 香港无疑成了"为他人做嫁衣裳"的绣娘。

通过对 1945—1949 这一时期的香港文学资料进行整理，香港学者发现，当时居留香港的众多左翼文人在思考问题的时候都有一种"要把香港归入华南或更大的中国状况去处理"的潜在思路，因此"南来文人虽然是谈香港，但目的并非为香港"。如秋云的《香港有值得写的题材吗？》就"有点居高临下，以党的组织政策驾驭香港的情况"，试图"把香港纳入整个华南，乃至整个中国的社会政治变革情况来考虑"。② 而司马文森在香港写的《谈加强时间性、战斗性和地方性》里重点强调的地方性也不是香港，而是整个华南。司马文森说："当我们今天还留在香港，还不能到解放区去时，就得加强对华南一些真实情形的关心和调查研究工作。"③ 在这种思路下，在战后香港进行的一些文学运动其实和香港本身关系并不是很大。如对于声势很大的方言文学运动，香港学者就指出，方言文学运动是

① 郑树森、黄继持、卢玮銮：《国共内战时期（一九四五——一九四九）香港文学资料三人谈》，见郑树森、黄继持、卢玮銮：《国共内战时期香港文学资料选》（一九四五——一九四九），第8页。

② 郑树森、黄继持、卢玮銮：《国共内战时期（一九四五——一九四九）香港文学资料三人谈》，见郑树森、黄继持、卢玮銮：《国共内战时期香港文学资料选》（一九四五——一九四九），第8~9页。

③ 司马文森：《谈加强时间性、战斗性和地方性》，见郑树森、黄继持、卢玮銮：《国共内战时期香港文学资料选》（一九四五——一九四九），第60页。原载《大公报》，1949年7月6日。

"与政治的文艺路线相关"，"关涉到发动华南工农群众反抗国民政府，希望文章可以为工农所阅读"的文学运动，虽然作家们"实际面向的读者是香港的小市民，他们意想的读者则是广东工农，实际读者与意想读者分割"，这就导致方言文学运动的"社会作用远逊于华北方言文学的成效"。①

当然，"在香港"的文学必然要与香港发生某种关联。南来左翼文人创办的诸多学校如达德学院、南方学院、新闻学院等对于给香港本地青年提供就学机会、培养他们成为文艺工作者等方面都起到了很大的作用。南来文人创办的报纸如《华商报》，也适当调整策略，迎合本地读者，因而对学生运动和工人运动都产生了实质性的影响。而共产党领导下的文艺表演团体——中原剧艺社和中国歌舞剧艺社出于宣传目的和生存需要和香港本地联系得更为紧密。中原剧艺社在香港倡导的粤曲小调剧可以看作是为挖掘地方色彩以及发扬民族特色的进一步尝试，如改编自解放区秧歌剧《夫妻识字》的粤曲小调剧《今时不同往日》就在香港太平戏院演出，很受欢迎。中原剧艺社还迎合港人口味，配合时代进步科技，创作用港式粤语来直接描写香港生活的一些广播剧，如《中左马票》《包租婆》等。中原剧艺社还采取机动性、游击性的活动剧场方式让戏剧走进香港一些偏远地区，既扩大了影响，又增强了和香港本地的联系。②

《文艺生活》上也有一些以香港为描写对象或以香港作为背景的文学作品。

如海外版第6期上就有一组名为《香港风情画》的6首短诗。文华的《点解香港咁古怪》用11个"点解香港咁古怪"的问句开头，讲了香港贫富两极分化、人情薄如纸、中国人却说英语、借"阻街"之名强拉单身姑娘等丑陋现象，诗中夹杂粤语、普通话和俗语；沙鸥将目光放在了香港的几个场所——菜场、茶楼、酒店上，菜场的混乱肮脏、买菜人分成几等（《菜场》），茶楼里人满为患、为多得几文只好"把痛苦埋在心底"的

---

① 郑树森、黄继持、卢玮銮：《国共内战时期（一九四五——一九四九）香港文学资料三人谈》，见郑树森、黄继持、卢玮銮：《国共内战时期香港文学资料选》（一九四五——一九四九），第14页。

② 参看郑树森、黄继持、卢玮銮：《国共内战时期（一九四五——一九四九）香港本地与南来文人作品三人谈》，见郑树森、黄继持、卢玮銮：《国共内战时期香港本地与南来文人作品选》（一九四五——一九四九）（上册），第13~14、28~29页。

"茶花"女（《茶楼》）以及酒店过道里的卖唱女和酒店房间里的阻街女（《酒店》）都在诗中出现。张殊明的《化装的小贩》讲了卖橄榄的小贩为促销而进行滑稽表演和杂耍表演、还要躲避警察而过着"一世的奔波"的生活。张殊明的《定时的跳楼》则描写了一个在十一层高楼上从容吸烟然后从容跳下的失意人的自杀，意在表现香港"这里就是一座大舞台，/千百出的喜剧和悲剧，/演来都那么的精采。"

《文艺生活》海外版第 6 期上还有海兵的一篇报告文学——《风灾》，写的是香港占四大渔区第二的长洲在 1948 年 7 月遭受大风灾后渔民所遭遇的惨剧。这篇报告文学和稍后海外版第 7 期上发表的小海燕的《种子》、戈云的《周求落魄记》由于在取材上关注了香港受灾的渔民、摸索活路的流浪少年和走私冒险的鳄鱼头而得到了司马文森的肯定。司马文森专门以此为例写了一篇《谈取材》的文章，指出在香港这个"典型的殖民地城市"，有很多可写的东西，除上述三篇报告文学所提出的题材外，香港的建筑工人、底层的一些单身母亲和贫贱夫妻的悲惨故事都可以成为青年们写作的"难得的题材"。他建议青年们不必都想去写"土改""解放战争"或其他"一些被认为轰轰烈烈事件"，要把握住"写你所熟识的"这个"珍贵写作原则"。而与此同时，"表现此时此地生活"却不应该是和一些报纸副刊的格调一致，而应侧重表现各层民众的苦难生活。[1] 确实如司马文森所说，战后香港出现的比较有代表性的报告文学都是表现各阶层民众苦难的。如艾群的《饥饿的队伍——香港的一日》（香港新青年文学丛刊社，1948 年 3 月 15 日）和夏明、静子等执笔、集体创作的《血的债》（《海燕》，《海燕文艺丛刊》第一辑，香港达德学院文学系系会，1948 年 6 月 10 日）等等。这些报告文学由于"对现实生活层面及批判观点均能充分照顾"，而且可读性高、本地色彩强而成为战后香港文学中"成绩相当不俗的作品，其整体成就比小说要高"。[2]

---

[1]　司马文森：《谈取材——以〈风灾〉、〈景明楼上的舞会〉、〈种子〉、〈周求落魄记〉为例》，《文艺生活》海外版第 7 期，1948 年 10 月 15 日。

[2]　郑树森、黄继持、卢玮銮：《国共内战时期（一九四五——一九四九）香港本地与南来文人作品三人谈》，见郑树森、黄继持、卢玮銮：《国共内战时期香港本地与南来文人作品选》（一九四五——一九四九）（上册），第 30 页。

　　小说和剧本中亦有以香港为背景表现广东人到香港讨生活的种种情形的。如陈残云的小说《受难牛》讲的是广东农民受难牛因缴不起军粮、被污"作乱"而来到香港"避风势"，由于他"胆正、命平、力大"而成了那些和他一样从乡下到香港靠扁担过活而又没有什么"保家"的苦力以及一些地痞的大哥，在油麻地苦力堆里站住了脚。小说叙述使用普通话，对话则采用方言，如受难牛和单眼仔"过招"时的对话："'你想死？'单眼仔说着，想伸手去捆一把受难牛的脸颊，'你死过几次呀！衰公！''不要动！'受难牛一手挡开，'丢你单眼仔，炒埋唔够两碟，你敢动手？我说，你一动，我就把你的猪肠头都抽出来！'"并运用了很多行话土语，如"企市""食夜粥""缩沙""抛浪头"等①，小说因此含有丰富的"地方性知识"，具有地道的华南方言风味。

　　秦牧的《情书》则通过描写荣嫂请写字先生给出走香港三月有余的丈夫亚荣写信的方式，侧面表现了当时广东乡村的生存环境：种的田人家要"吊佃"，"乡公所要钱又要米"，"抽丁"抽的很凶，屋顶破损家里"下雨天就像个水潭一样"，保安队横行乡里，乡公所队丁试图非礼荣嫂。荣嫂在讲述这些内容的时候充满了对丈夫亚荣——"那个盘着头巾，老实，结巴嘴，上颚掉了两个牙齿"的乡下人的挂念，虽零零碎碎，但情真意切。在香港睡骑楼下面、着凉又受欺侮的亚荣看到信时，"也有一丝笑意浮上瘦脸上去了"。《情书》虽说没有正面描写亚荣在香港的苦力生活，但通过荣嫂的想象完成了对香港的叙述："香港是怎样一个地方？在她脑子里这是个花花世界，男男女女都爱装扮，这似乎是个发光的有香味的城市……"② 这也许是战后所有内地民众对香港的想象。但香港却并非天堂。

　　王逸的独幕剧《月儿弯弯》表达的是对内地女性如何在战后香港有尊严地、不出卖自己而生存这一问题的思考。内地进步教师之妻许佩霞带着一双儿女先丈夫来到香港，二月有余，仍不见丈夫音信，房租既欠，举日维艰。有希望给她工作的某小洋行的司理沈金龙和某私立小学的黄校长都是色狼，许佩霞如果不出卖自己便没有工作可做。虽说剧本结尾隔壁歌咏

---

　　① 陈残云：《受难牛》，《文艺生活》海外版第3、4期合刊，1948年5月15日。
　　② 秦牧：《情书》，《文艺生活》海外版第13期，1949年4月15日。

队的歌声传来："不管没有空，我们要用功，不怕担子重，我们要挺胸，不做恋爱梦，我们要自重，不做寄生虫，我们要劳动。新的女性产生在受难之中，新的女性产生在觉醒之中。"① 但掩盖不了剧本整体传达的主旨——对战后香港社会知识女性难以生存的现实的反映和思考。

《受难牛》和《情书》虽说和香港有关，但它们其实更多地具备"岭南乡土小说"的特点："在明晰的政治背景上""展开主人公离乡漂泊的命运；在关注乡村小人物命运中弥漫开浓郁的南国风味，在对南中国乡俗风情清婉细切的描写中不时渗透出某种政论倾向；着力开掘方言土语的生活蕴量，人物对话甚至全部用方言，以增强小说对华南读者的阅读冲击力。"② 因此，南来作家创作的和香港相关的小说也并不具备香港本地的特点，这些小说的"故事情节仍多以内地农村为题材"，"虽以华南为背景，但这不过是把三十年代北方作者写过的农村题材放在华南的背景来重写，让广州人与香港人更添切近之感。"而真正"以香港小市民趣味为主"、体现香港本土文学特色的还是香港本地的作家如侣伦、经纪拉（三苏）等人。③ 但由于当时左翼文人、左翼作品主导香港文坛，香港本土作家的作品虽有一定的受众，但恐怕在数量上还是稍微逊色一点。因此，战后香港文学的地方特色主要就体现为具有鲜明的华南色彩上，即华南风俗人情的展示和广东方言的运用。

前述《受难牛》《情书》以及《月儿弯弯》三篇中就有相应的华南色彩的表现，《情书》是最具代表性的。荣嫂絮絮叨叨的话里透出很多华南独有的乡俗风情：隔壁二叔刚死，孩子吃人家给的糕不吉利；孩子拉肚子是"湿热"，写张红纸贴到榕树上，"契给榕树爷"；等"天变地变"亚荣平安回家便"烧猪还神"；观音山出了老虎是"上天放下来收拾人的"；荣嫂被人非礼，她婆婆到乡公所交涉要求"烧爆仗""赔金花红绸"；④ "一个月喝几次凉茶"，如果街上没有就买些麦冬、藕节、金银花来熬水饮……

① 王逸：《月儿弯弯》，《文艺生活》海外版第 12 期，1949 年 3 月 15 日。
② 黄万华：《1945~1949 年的香港文学》，《中国现代文学研究丛刊》2004 年第 2 期。
③ 郑树森、黄继持、卢玮銮：《国共内战时期（一九四五——一九四九）香港本地与南来文人作品三人谈》，见郑树森、黄继持、卢玮銮：《国共内战时期香港本地与南来文人作品选》（一九四五——一九四九）（上册），第 24~25 页。
④ 广东潮汕地区民间传统，意在祛除霉运，图个好兆头。

这些乡俗风情在荣嫂半方言表达和写字先生文言总结的映照下，更显生动鲜活。

比较而言，秦牧的文字只能说是带有方言性，譬如《情书》。真正运用方言来增显作品华南色彩的要数陈残云、华嘉和易巩等人。陈残云的《受难牛》和《救济品下乡》、华嘉的《老坑松和先生秉》、易巩的《珠江河上》中的叙述语言都是普通话，人物对话却用了很多方言。现在看来，已经算是方言文学了。但在当时，这种写作还只算是语言"揉杂"的作品。冯乃超和荃麟在《方言问题论争总结》一文中明确提出，这种"用普通话夹一些方言写"是需要的，但"主要是以一般能懂普通话的读者为对象"。而他们现在的对象是"此时此地的广大工农群众"，因此需要的是纯粹方言写就的"方言文学"。① 今天回顾冯、邵二人的"反揉杂"的观点，觉得其未免有些极端。虽然他们的意图是实践大众化，但由于"广东话的口语和书面语之差距，远远超过以北京话为底子的普通话，因此完全'我手写我口'在粤语地区其实行不通，甚至得不偿失，除非所有作品只是用来诵读、广播给一般群众听"②。不但作者写作的困难加大，读者看起来也会很吃力。而且就作品本身来看，成绩比较好的反而是语言"揉杂"的作品，而非纯粹方言写作的作品。易巩的《珠江河上》（光复版第7期）就是一个很好的例子。

小说开头便是一个在珠江河上撑艇的妇人的咒骂：

衰瘟鸡呀！十世不修德呀！这样冤气的埠头，在这里撑过艇的都没利市呀！好人都给气坏呀！吃人参都补不过来呀！全家铲呀！死监趸呀！好像对海发瘟似的，等大半天都不见一个过海的，还衰过大婆等老公呀！丢那妈，你撑吧！你撑吧！一早撑到黑，撑得多少渡？又要埠头钱，又要艇租，又要牌照费，人心没

---

① 冯乃超、荃麟：《方言问题论争总结》，见郑树森、黄继持、卢玮銮：《国共内战时期香港文学资料选》（一九四五—一九四九），第105页。原载《正报》周刊，第69、70期合刊，1948年1月1日。

② 郑树森、黄继持、卢玮銮：《国共内战时期（一九四五—一九四九）香港文学资料三人谈》，见郑树森、黄继持、卢玮銮：《国共内战时期香港文学资料选》（一九四五—一九四九），第12页。

屐足的契弟，坐地分肥的灾瘟呀！又不见水鬼拉他们下水呀！又不见他们吃了肠穿肚烂呀！

这样一个满嘴粗话、对盘剥她的埗头、警察不吝最恶毒的咒骂的妇人却爱憎极为分明，面对发生在河上的抢米事件，她一直在为抢米者加油、指引，而大骂为警察撑艇的两个疍家妹。整个抢米过程在妇人纯粹方言的咒骂和指引下显得十分惊险。而结尾处，客人都上岸了，妇人仍用咒骂的方式发泄了她对社会的不满：

> 抗战胜利了，衰气运还没有过完么？祖先的神牌打瞌睡么？丢那妈，枉奉香灯了，我要把你通通丢在水里，浸你一天一夜，你还不灵灵圣圣，就一个一个破掉了当柴烧！

通过方言土语的运用，易巩成功地塑造了一个饱受苦难、愤怒喷张又爱憎分明的个性人物。应该说，《珠江河上》是一部既反映华南底层人民生活现实、又颇具华南色彩的出色作品。类似《珠江河上》这样的语言杂糅的作品以及那些纯粹方言写就的方言文学作品（如芦获的《粤讴三首》）所含蕴的语言魅力和风俗民情使得战后香港文学被染上鲜明的华南色彩。浓厚的政治性和鲜明的华南色彩合力诠释了战后香港文学在中国文学中的"位置"——整体中国文学中一个特殊而带地方色彩的部分。

下 编

第七章　人民文艺思想在华南的阐扬和批评实践

一、第一次文代会："新的人民的文艺"的确立

从 1949 年 4 月到 8 月，《文艺生活》对一件事保持了持续的关注，那就是全国文学艺术工作者代表大会（以下简称第一次文代会）的召开。

1949 年 4 月 15 日出版的《文艺生活》海外版第 13 期上的《文艺新闻》除和往常一样介绍作家的生活流徙和作品创作出版等情况外，还发了一条新闻："文协全国代表大会，已在北平筹备召开，届时闻将有代表由港出发参加，并将提出留港文艺作家对文艺运动的若干意见。"

在接下来的海外版第 14 期上，司马文森发表了一篇短文——《祝全国文工大会》，向读者介绍"全国文学艺术工作者大会，定六月初在北平召开"，"香港及全国各地代表，均已被邀出席参加了"。并指出了这次大会召开的"重大意义"和主要内容是"检讨过去，从对日抗战以来，我们文艺运动的成就，及讨论未来，为配合建设新中国的文教工作任务，制定文学艺术政策。"在短文的结尾，除了对这次文工大会表示祝贺以外，司马文森并且"热切的盼望华南的文教工作者，注意这一次大会召开的意义，并准备在行动中接受他们的决议，到工厂去，到农村中去，到部队中去，把文化和工农兵结合起来"。[1]

再接下来，《文艺生活》海外版第 15 期上刊发了记者的报道——《介绍全国文工大会》。文章介绍了文工大会从三月间正式筹备，决定在六月卅日召开。介绍了大会筹备委员会、筹备委员会常委会的成立和人员构成情况，介绍了筹备委员会常委会下设的机构——秘书处、作品评选委员会、演出委员会、展览委员会、章程及重要文件起草委员会的分组和负责人的情况。文章说明，虽然大会规定"凡为分会理监事均为当然代表，可以出席参加大会"，但是"因工作及交通关系"，文协香港分会会员中真正

---

① 编者：《祝全国文工大会》，《文艺生活》海外版第 14 期，1949 年 5 月 15 日。

能出席大会的只有茅盾、郭沫若、冯乃超、欧阳予倩、柳亚子、夏衍、钟敬文、黄药眠、周而复等人。文章指出这次全国文工大会的"重要节目之一"是"解放区与国统区两个地区的文艺运动报告";大会的"主要的项目"是讨论"全国文运的方针政策等",并推测"可能由大会通过新中国'文艺政策'","中华全国文协"可能被"加以改组","成立另一个名称的新机构"。①

及至第一次文代会于 1949 年 7 月 2 日正式召开之后,《文艺生活》分别在海外版第 16 期、第 17 期上刊登了记者的报道——《全国文工大会日志》,极为详细地介绍了大会的人员组成、会议安排及主要发言人的发言内容等。② 海外版第 16 期还在首页刊发了郭沫若在第一次文代会上的总报告——《为建设新中国的文艺而奋斗——全国文工代表大会上的总报告》,司马文森还在本期《文艺生活》上发表短文,表示要从调整组织、制定南方文学艺术工作纲领、发展方言文学三个方面来配合文工大会所制定的宣言和工作纲领及由此带来的新任务和新工作。③

从《文艺生活》对第一次文代会的关注和重视程度,我们不难看出,当时香港的左翼文学界已经充分预见到了第一次文代会是一次全国文学艺术工作者大会师的大会,是一次对新文学发展 30 年来尤其是抗战以来文艺运动的成就得失进行总结检讨的大会,更是一次承载着制定新中国文艺政策的政治目的的大会。

确实如此。这次大会实现了过去 30 年都没有实现的被战争分隔在各个地域和各个领域的文学家、艺术家的"大会师":"从老解放区来的与从新解放区来的两部分文艺军队的会师,也是新文艺部队的代表与赞成改造的旧文艺的代表的会师,又是在农村中的、在城市中的、在部队中的这三部分文艺军队的会师"。④

---

① 记者:《介绍全国文工大会》,《文艺生活》海外版第 15 期,1949 年 5 月 20 日。

② 记者:《全国文工大会日志(一)》,《文艺生活》海外版第 16 期,1949 年 7 月 15 日。记者:《全国文工大会日志(二)》,《文艺生活》海外版第 17 期,1949 年 8 月 25 日。

③ 编者:《文工大会闭幕以后》,《文艺生活》海外版第 16 期,1949 年 7 月 15 日。

④ 周恩来:《在中华全国文学艺术工作者代表大会上的政治报告》,见中华全国文学艺术工作者代表大会宣传处编:《中华全国文学艺术工作者代表大会纪念文集》,北京,新华书店 1950 年版,第 33 页。

　　在会上，郭沫若的总报告分别对国统区和解放区的文学艺术工作进行了概括和评价。报告指出，国统区的"文学艺术工作者在百般压迫之下坚持了工作"，"产生了一些对国民党反动派作斗争的有强烈政治意义的作品"，但"在毛泽东文艺新方向的影响之下的和人民大众结合的努力"方面只是"开始了若干"。而在解放区，从1942年延安文艺座谈会以来，"文学艺术开始作到真正和广大的人民群众结合，开始作到真正首先为工农兵服务，从内容到形式都起了极大的变化。"郭沫若并提出文学艺术工作者"今后的具体任务"之一就是"要深入现实，表现和赞扬人民大众的勤劳英勇，创造富有思想内容和道德品质，为人民大众所喜闻乐见的人民文艺，使文学艺术发挥教育民众的伟大效能。"①

　　在会上，茅盾作了十年来国统区革命文艺运动的报告，报告重点指出，"就国统区的革命文艺运动的主流来说，最近八年来也是遵循着毛主席的方向而前进，企图同人民靠拢的"②。"企图"一语所透露出来的未尽未成之意正和郭沫若对国统区文艺运动的论断一致。

　　而周扬在其所作的关于解放区文艺运动的报告中则直接认定"解放区的文艺是真正新的人民的文艺"③，他"从文艺主题、人物、语言、形式、思想性、艺术性、普及和提高、改造旧文艺、建立科学的文艺批评等方面，系统的表达了对'新的人民文艺的理解'"。④ 作为新意识形态的代表，郭沫若和周扬的报告都是以"人民文艺"为主词。三个月后（1949年10月），这次大会通过成立的全国文学艺术界的统一机构——中华全国文学艺术界联合会（简称全国文联）的机关刊物创刊并被命名为《人民文学》。

---

　　① 郭沫若：《为建设新中国的人民文艺而奋斗——全国文工代表大会上的总报告》，见中华全国文学艺术工作者代表大会宣传处编：《中华全国文学艺术工作者代表大会纪念文集》，第38、41页。

　　② 茅盾：《在反动派压迫下斗争和发展的革命文艺——十年来国统区革命文艺运动报告提纲》，见中华全国文学艺术工作者代表大会宣传处编：《中华全国文学艺术工作者代表大会纪念文集》，第46页。

　　③ 周扬：《新的人民的文艺——在全国文学艺术工作者代表大会上关于解放区文艺运动的报告》，见中华全国文学艺术工作者代表大会宣传处编：《中华全国文学艺术工作者代表大会纪念文集》，第70页。

　　④ 孟繁华、程光炜：《中国当代文学发展史》，北京，人民文学出版社2004年版，第22页。

因此，第一次文代会的文学史意义就在于，"它在对 40 年代解放区和国统区的文艺运动和创作的总结和检讨的基础上，把延安文学所代表的文学方向，指定为当代文学的方向，并对这一性质的文学的创作、理论批评、文艺运动的方针政策和展开方式，制订规范性的纲要和具体的细则。"① "延安文学所代表的文学方向" 就是 "毛泽东文艺新方向"，就是毛泽东的《在延安文艺座谈会上的讲话》（以下简称《讲话》）所体现出来的人民文艺的观点。由此看来，第一次文代会最重要的使命就是 "规定了新中国的文艺的方向"②，为新中国开始后的文学实践制定政策和纲领——"新的人民的文艺"。

二、"一段绵延的历史"：被不断阐释的人民文艺

这样，从第一次文代会始，人民文艺/人民文学就 "成为毛泽东延安《讲话》精神所倡导的文艺方向的一个重要理论范畴"③。但任何一个理论范畴都 "既是一个新的历史概念，同时又是一段绵延的历史"④，人民文艺/人民文学也不例外。人民文艺/人民文学这一概念和理论是毛泽东在继承了马克思、列宁等人关于革命文艺应当为千千万万劳动人民服务的思想之后，在于 1942 年 5 月发表的《在延安文艺座谈会上的讲话》中正式提出并系统论述的文艺理论问题。作为一个政治家，毛泽东首先指出，"我们的文艺是为什么人的" 这一问题，"是一个根本的问题，原则的问题"。"我们的文学艺术都是为人民大众的，首先是为工农兵的，为工农兵而创作，为工农兵所利用的。"⑤ 这就是毛泽东的人民文艺思想，其核心在于阐述文艺与人民群众的关系问题，亦即文艺为什么人服务这一个现实而又根

① 洪子诚：《中国当代文学史》，第 14~15 页。
② 周扬：《新的人民的文艺——在全国文学艺术工作者代表大会上关于解放区文艺运动的报告》，见中华全国文学艺术工作者代表大会宣传处编：《中华全国文学艺术工作者代表大会纪念文集》，第 70 页。
③ 冯宪光：《人民文学论》，《当代文坛》2005 年第 6 期。
④ 旷新年：《人民文学：未完成的历史建构》，《文艺理论与批评》2005 年第 6 期。
⑤ 毛泽东：《在延安文艺座谈会上的讲话》，《毛泽东文艺论集》，北京，中央文献出版社 2002 年版，第 56、60、67 页。

本的问题。此后，从 1942 年到 1949 年，人民文艺逐渐成为进步文艺的中心概念，在延安边区/解放区自然得到了理论和实践上的双重阐释，1945年以后在国统区和香港也开始被广泛使用和不断阐述。因为"一种理论体系的构筑，除了倡导者的学说的提出外，还要有众多诠释者（追随者）的阐述，将其具体化、权威化、经典化"。① 就 1945 年后的华南地区而言，率先将"建设新中国人民的民主的文艺"，即人民文艺作为大旗竖立起来的刊物是《文艺生活》月刊。

1946 年 1 月 1 日，《文艺生活》在广州复刊，出光复版。司马文森将郭沫若的《人民的文艺》②作为复刊词，强调"过去本刊曾致力于文艺抗敌工作，今后我们将本过去一贯精神，致力于建设新中国人民的民主的文艺"，"郭沫若先生所指的各点，正是我们努力的目标。"③《人民的文艺》一开篇，郭沫若就指出："今天是人民的世纪，我们所需要的文艺也当然是人民的文艺。"这是由"人民是主人"的历史地位决定的。接着，郭沫若从文艺的起源上论述了人民文艺发生的历史必然性："文艺从它滥觞的一天起本来就是人民的，无论那一个民族的古代文艺，不管是史诗，传说，神话，都是人民大众的东西。它们是被集体创作，集体享受，集体保有。"并描述了人民文艺在人类社会历史文化发展的过程中与庙堂文艺不断斗争、彼此消长的过程，指出："一部文艺史也就是人民文艺与庙堂文艺的斗争史。"最后，郭沫若又对人民文艺的性质、内容以及形式作了相应的规定："人民的文艺是以人民为本位的文艺，是人民所喜闻乐见的文艺，因而它必须是大众化的，现实主义的，民族的，同时又是国际主义的文艺。"④

继《人民的文艺》之后，郭沫若又写了《走向人民文艺》（载《文艺生活》光复版第 7 期，1946-8），进一步论述其人民本位的思想和人民文艺观。在《走向人民文艺》一文中，郭沫若再次强调文艺在原始阶段便是人

---

① 黄万华：《1945～1949 年的香港文学》，《中国现代文学研究丛刊》2004 年第 2 期。

② 郭沫若《人民的文艺》一文作于 1945 年 4 月 20 日，首先刊载于 1945 年 5 月 4 日的《抗战文艺》上。

③ 编者：《编者·作者·读者》，《文艺生活》光复版第 1 期，1946 年 1 月 1 日。

④ 郭沫若：《人民的文艺》，《文艺生活》光复版第 1 期，1946 年 1 月 1 日。

民文艺，在人民的世纪，青年应该把握人民本位的思想，写作以人民为本位的文艺。除此之外，郭沫若认为，"今天我们搅文艺的人是应该诚心诚意向老百姓学习的，……文艺是生活的反映，而老百姓就是生活的专家。……农人工人在工农生活方面比任何博士硕士，大总统大主教还要专门，我们为什么不向他们学习？……学习老百姓的言语，把握老百姓的生活习惯，以老百姓的好恶为好恶，以老百姓的希望为希望，学习得这样大开大阖的感情，合乎老百姓的要求者我们极端的爱他，反乎老百姓的要求者我们极端的恨他。由这个极端的爱写出我们的颂扬，由这极端的憎吼出我们的咒诅。"

应该说，郭沫若的人民文艺观一方面固然是建立在其"人民本位"历史观基础之上，同时也是在抗战后期不断好转的国际形势和国内战局的鼓舞之下形成的，但正如有研究者所指出的那样，郭沫若的人民文艺观的形成更多的是受到了中共领袖毛泽东直接而深刻的影响。① 这种影响既出于内在的郭沫若对毛泽东其人其思想的敬仰和信服，又不能排除郭沫若作为时代感应神经的文学家对外部时事的敏感。《讲话》集中体现了毛泽东的基本文艺思想，"它是毛泽东对现代中国问题进行整体观察和思考而得出的科学认识与论断在文艺领域中的延伸"②，郭沫若敏锐地意识到了这一点，及时③将自己的人民本位历史观、文艺观与毛泽东的人民文艺思想进行整合，写出《人民的文艺》一文。但综观郭沫若对人民文艺思想的论述，我们发现，郭沫若只是从人民文艺的源流、发展、性质、形式以及作家的思想转换等方面对人民文艺进行了整体上的概括描述，没有对毛泽东的基本文艺思想——"文艺为人民大众服务，首先为工农兵服务"中的后者，也就是人民文艺的主体部分进行阐释。这方面林默涵在后来做到了。

---

① 参看秦川：《论郭沫若的人民本位文艺观》，《郭沫若学刊》1994 年第 1 期；王俊虎：《从"人的文学"到"人民文学"——郭沫若文学观嬗变新论》，《海南大学学报》（人文社会科学版）2007 年第 4 期。

② 王俊虎：《从"人的文学"到"人民文学"——郭沫若文学观嬗变新论》，《海南大学学报》（人文社会科学版）2007 年第 4 期。

③ 之所以说"及时"，是因为毛泽东的《讲话》在国统区正式发表是在 1944 年 1 月 1 日，《新华日报》以《毛泽东同志对文艺问题的意见》为题摘要发表了《讲话》的内容。在延安文艺座谈会召开两年后，《讲话》才在国统区第一次和广大文艺工作者、读者见面。及至 1945 年，新华日报社才以《文艺问题》为书名公开出版发行了《讲话》的全文本。

　　1947 年 5 月 17 日，林默涵在香港写了《关于人民文艺的几个问题》一文。林默涵在这篇文章中指出了一个问题："为人民的文艺，不一定就是写工农的文艺"。他举例说："站在人民的立场，嘲笑没落阶级的腐烂，揭露反动势力的凶残，这是为人民的文艺，因为它加强了人民斗争的决心和信心；站在人民的立场，表现小资产阶级的优点与缺点、挣扎与动摇，并从而教育他们，引导他们走向人民的队伍，参与人民的斗争，这样的文艺，当然也是为人民的。"但为人民而非写工农兵的人民文艺并不是人民文艺的主体。他说："我们的文艺既然是为人民服务的，就应当以工农为描写和表现的主要对象，因为人民中间数量最多和力量最大的，正是工农。……工农应该是我们文艺表现的主要对象。"因为"正像一切新兴的阶级，都要求自己成为文艺作品的主人翁一样，在这人民翻身的时代，作为人民的主力的工农，也要求文艺的描写和表现，正是自然明白的事情。"作家只有站在"工农大众自己的立场"，把自己"作为其中的一份子"，"和工农大众同生死，共苦乐"，才能"正确地描写工农，表现工农，把他们的平凡而又光辉的姿态，在文艺作品中如实的表现出来"。①

　　较之郭沫若，林默涵可以说掌握了毛泽东文艺思想的核心内容。林默涵在此文中揭示了人民文艺与工农兵文艺，亦即人民与工农兵之间的涵盖与被涵盖、整体与主体的关系。这种强调人民主体、忽视主体之外构成成分的思路一直延续到中华人民共和国成立后相当长一段时间。在现代学者看来，这是战争文化影响的结果。②

　　林默涵的这一观点两年后在毛泽东文艺思想的主要阐释者——周扬那里得到了呼应。在第一次文代会上，周扬指出，在中国共产党的领导下，中国的工农兵群众，"在政治上已有了高度的觉悟性、组织性，正在从事于决定中国命运的伟大行动"，因此应该"尽一切努力去接近他们，描写他们"。虽然，"文艺可以描写一切阶级、一切人物的活动，工农兵的生活和斗争也只有在与其他阶级的一定关系上才能被完全地表现出来。但是重点必须放在工农兵身上，这是没有问题的，因为工农兵群众是解放战争与

　　①　默涵：《关于人民文艺的几个问题》，见默涵：《在激变中》，香港，新中国书局 1949 年版，第 1~4 页。

　　②　陈思和：《中国新文学整体观》，上海，上海文艺出版社 2001 年版，第 90~111 页。

国家建设的主体的缘故。"①

　　和林默涵、周扬观点相同但更强调其地区普适性，林洛在《大众文艺新论》一书中强调指出，毛泽东的"文艺为人民大众服务，首先为工农兵服务"的"指示"，"无论在什么地区，都是文艺工作者战斗的指南"。拿香港来说，香港作为殖民地"是一个特殊的地方"，"一方面暂时的是政治的避风塘，另一方面又有暂时培养民主力量的有利的条件。"国内流亡到香港的文化工作者虽然辛勤耕耘促进了香港的文化进步和活跃，"但对象还是为了知识份子和小市民"，这样，毛泽东"为什么人的问题""就还没有解决"。而"工农之成为改革社会和创造新世界的主要力量，无论在什么地方都是一样的；真正为人民服务的作品，无论何时何地都应该以工农为主题表现的对象，而且是为他们服务的。"香港的文艺工作者要想写出表现"新时代的新群众"的作品就要"到人民斗争的行伍去，到祖国去，到人民解放战争的战场上去"。退一步讲，如果要写表现小市民的文艺，"也应该站在工农的立场来写，改造他们的劣根性，争取他们站到工农方面来，寻求解放的出路"。

　　值得一提的是，林洛在该书"人民文艺的指导理论"这一部分中还指出，"普及文艺是人民革命的文艺，马列主义的艺术观点"是"人民文艺创作指导的最高绳准"，认为"从马恩列斯到毛泽东的文艺观点，都是贯彻着一个中心思想：文艺从群众中来，必须到群众中去。"因而确认毛泽东的"人民文艺政策思想"是"马列主义具体化、中国化的文艺思想"。②这样，通过将毛泽东人民文艺思想置于马恩列斯的学说脉络当中，林洛确立了毛泽东人民文艺思想作为人民文艺指导理论的权威地位。

　　林洛对毛泽东人民文艺思想这种全新的、深入的阐述在现在的香港学者看来是十分超前的。他们认为，作为"纲目清楚的左翼文艺观"，林洛的《人民文艺的指导理论》一文具有"很大的包涵性"。而且《大众文艺新论》中的观点"基本上与后来中共建政后五十年代初期的类似作品相当

---

　　① 周扬：《新的人民的文艺——在全国文学艺术工作者代表大会上关于解放区文艺运动的报告》，见中华全国文学艺术工作者代表大会宣传处编：《中华全国文学艺术工作者代表大会纪念文集》，第71、89页。

　　② 林洛：《大众文艺新论》，香港，力耕出版社1948年版，第19~21页，3~4页。

接近"，其在国共内战时期出现是"很特别的"。① 由此，我们可以看出，香港的左翼文艺工作者对毛泽东人民文艺思想的阐释已经达到了相当的深度和高度。

现在，我们可以对人民文艺/人民文学这一理论范畴在华南地区这"一段延绵的历史"进行一下回顾：1942 年毛泽东发表《讲话》，提出人民文艺思想；1945 年《讲话》在国统区正式出版，国统区文化人士主动或被动地②接触到人民文艺思想；1949 年第一次文代会召开，毛泽东人民文艺思想作为文艺的新方向被确立下来。从 1945 年到 1949 年，在国统区以及香港，尤其是香港的左翼文艺工作者利用香港难得的和平环境充分宣扬和阐述了毛泽东《讲话》精神，这使得因为内地战争环境而播释受阻的毛泽东文艺思想得以从容、充分地展开。这实际上为第一次文代会召开以及新的人民文艺方向的确立做了直接准备。

关于第一次文代会，从文学史的角度，当代学者认为其"开始了当代文学的'一体化'的进程，确定了各种文学力量在'当代文学'中的资格和地位"③。也有学者从新政权和新文学、亦即政治和文学的关系着眼，指出第一次文代会在中华人民共和国成立前即召开，"表明新政权很自觉地对社会中具有影响力的文艺群体进行召集、安抚和组织、规范，由以承担共和国的文学生产与政策宣传的任务"④。但在历史的当时，身在其中的作家们却只感到无比的兴奋和自豪。

---

① 郑树森、黄继持、卢玮銮：《国共内战时期（一九四五——一九四九）香港文学资料三人谈》，见郑树森、黄继持、卢玮銮：《国共内战时期香港文学资料选》（一九四五——一九四九），第17 页。

② 说国统区文化人士"被动"接触人民文艺思想，是就延安对《讲话》的"主动"宣传而言的。1944 年 4 月，延安就曾派出何其芳、刘白羽等人去重庆宣讲《讲话》，1945 年何其芳再次赴重庆担此任务。周恩来也在宣传《讲话》的过程中不遗余力。参看《四十年代国统区革命文艺运动史》编写小组：《〈讲话〉在四十年代国统区的传播——纪念毛主席〈在延安文艺座谈会上的讲话〉发表三十六周年》，《西南师范大学学报》（人文社会科学版）1978 年第 1 期；蔡清富：《〈在延安文艺座谈会上的讲话〉在国民党统治区的传播》，《中国现代文学研究丛刊》1980 年第 1 期；艾克恩：《延安文艺运动纪实［续］——毛主席〈在延安文艺座谈会上的讲话〉的前前后后》，《新文学史料》1992 年第 4 期；王泠一：《周恩来对〈在延安文艺座谈会上的讲话〉的贡献》，《史林》1993 年第 1 期。

③ 洪子诚：《中国当代文学史》，第 15 页。

④ 郑纳新：《"人民文学"的建构与〈人民文学〉》，《东方丛刊》2009 年第 4 期。

第一次文代会结束后十几天，1949 年 8 月 1 日，杜埃便在《人民文学主题的思想性》一文中欣喜地写道："全国文学艺术工作者代表大会在北平的开幕，就是革命文学的历史胜利以及受到人民政府的重视鼓励的一个证明，这个显赫的事实，标明只有革命的政党和革命的政府，才能真正的重视文学，把文学当作国家事业的一部份，而保证了她的光辉发展前途。"而"人民的党与人民的政府所以十分重视文学，是因为文学一经掌握在新政权的手里，它就能对人民的精神生活，物质生活起积极的教育作用。"杜埃并引用日丹诺夫的话指出，"新中国人民文学的基本任务，是'巩固人民的精神与政治的一致'及'团结与教育人民'并共同建设新民主主义的国家。"最后，杜埃总结出"人民文学的主题思想包含的特点"包括"具有劳动人民的集体主义""作品主题与政策结合""发挥人民国家的新尊严，建立劳动人民的新的尊严""具有雄浑明朗的革命乐观主义"以及"立足于今天的现实，……又站在现实发展的方面及其高度上来展望明天的现实"五个方面。[1] 应该说，杜埃的上述想法是有一定代表性的。早在 1945 年 5 月，周而复就强调指出，其时"历史的方向"和"文艺的方向"都是民主，而"民主的文艺，只有在民主的政治下，才可能发生。""在西北，华北，华中的自由的土壤上，已开始苗生出人民文艺的嫩芽了。"但"就全国范围来说，基本上依然是停留在理论的阶段上，现实限制了它的前进"。因此，"人民文艺的实现"的前提是"要争取民主政治的实现"，有"人民的政权"。[2]

可以想见，当分裂了半个世纪的中国终于实现了统一，新的人民的政权终于成立，进步知识分子对文学在政治庇佑下"光辉发展"的预期终于"可能"实现时，他们该有多么的欣喜！而且，反顾中国现代史，我们必须承认，中国共产党领导的新政权"是以极大的力量推动了中国社会文化的发展的，而在文化领域里中国现代文化史诸学科包括中国现代文学史学科的建立也直接得益于这个政治领导力量的存在与发展"。但是我们也不得不承认，"在这样一个政治领导力量直接推动下的中国社会文化的发展，

---

① 杜埃：《人民文学主题的思想性》，《文艺生活》海外版第 17 期，1949 年 8 月 25 日。

② 周而复：《人民的文艺》，见周而复：《新的起点》，上海，群益出版社 1949 年版，第 33、38 页。

却也不能不直接表现为中国现实社会关系政治性质的进一步加强，不能不直接表现为中国社会现实政治观念和现实政治意识的进一步普及。"①

在这样的视野下我们再看第一次文代会后有人直接预指"今后文艺工作的一些问题"之一是"文艺为政策服务的问题"时，就不会有多少诧异了。李亚红《今后文艺工作的一些问题》认为："文艺必须服从政治，为政治服务，更确当更具体地说：文艺必须服从政策，为政策服务。"并引用王朝闻在《为政策服务与公式主义》一文中所说的："共产党的政策，是群众愿望的最集中的表现，同时也是现实内部矛盾最尖锐最深刻的概括。它是群众斗争经验及其思想的总和，它是现实发展的预示。不懂得政策，就不能真正担任教育群众这伟大的任务和避免选择主题之盲目性。"因而指出，"今天作为一个文艺工作者，是应该而且必须学习政策，熟悉政策，掌握政策的；否则必定一事无成。"虽说该文同时强调"政策乃是使文艺服务于自己，而不是把自己代替了文艺"，反对将文艺"单纯变为政策条文的演绎"，要把握好文艺与政策之间的正确的关系，②但是此文和前述杜埃的文章都表明，在社会历史的大环境下，通过对毛泽东人民文艺思想深入的领会和解读，左翼文化人士和进步文化人士已经充分认可文学艺术要符合政治革命的要求这一历史定位，文艺必须要"成为整个革命机器的一个组成部分，作为团结人民、教育人民、打击敌人、消灭敌人的有力的武器"，而文艺工作者也必须成为"文化的军队"的一名持枪的战士，③这把枪就是以掌握政策、服务于政治、并最终服务于人民大众为途径和目的而创作出来的人民文艺作品。

三、文艺批评的原则：以"和人民结合"为绳准

在战后华南（香港），进步的文艺工作者不仅对人民文艺思想进行理论阐释，还积极地以人民文艺思想为绳准进行文艺批评。

---

① 王富仁：《中国现代文学批评略说》，《北京师范大学学报》（社会科学版）2011 年第 3 期。
② 李亚红：《今后文艺工作的一些问题》，《文艺生活》海外版第 18、19 期合刊，1949 年 10 月 25 日。
③ 毛泽东：《在延安文艺座谈会上的讲话》，《毛泽东文艺论集》，第 48~49 页。

毛泽东在《讲话》中业已指出，文艺批评是"文艺界的主要的斗争方法之一"，"文艺批评有两个标准，一个是政治标准，一个是艺术标准。""任何阶级社会中的任何阶级，总是以政治标准放在第一位，以艺术标准放在第二位的。""无产阶级对于过去时代的文学艺术作品，也必须首先检查它们对待人民的态度如何，在历史上有无进步意义，而分别采取不同态度。"① 在中国现代文学批评史上，毛泽东的文学批评属于文学的政治批评。作为政治革命领袖，毛泽东"始终是以对政治革命形势及其现实政治需要的明敏感受和认识对文学艺术作家及其作品进行批评的"。他的文学批评的主要目的不是促进文学的创作和发展，而在于辅助他所领导的实践的政治革命的胜利。因此，毛泽东的"政治标准第一，艺术标准第二"的批评标准"绝不是他偶然犯下的一个错误，而是他的文学批评思想政治性质的必然反映"。新中国成立后，"以毛泽东为代表的文学的政治批评不但成为覆盖整个文学批评领域的一种批评形式，同时也是覆盖整个中国社会的文学批评形式。"② 事实上，在稍早些的 40 年代后期，华南（主要是香港）地区的文艺批评家、作家就已经以毛泽东文学的政治批评为标准进行文艺批评的理论阐述和批评实践了。

比如，林默涵在 1947 年就提出："站在人民的立场"，批评的"基本的标准""绝对的标准"就是——"凡有助于人民的事业的胜利和发展的，是好的，凡有害于人民的事业的胜利和发展的，是坏的"。而对于批评家来说，判定是否"有助于人民的事业的胜利和发展"的具体批评方法就是"首先探究""包含在作品中的思想和情感的倾向"即"作品的政治内容"。因为一方面就作家主观而言，"不管作家愿不愿意自承为一定的政治服务，只要他一有所创作，就一定会有政治的意义，或多或少的影响于社会政治的斗争，这是一个决定的事实，特别是在这人民势力和反人民势力斗争尖锐的时候，作家要自外于这个斗争，是不可能的"。另一方面就作品的社会效果而言，作品的政治内容"不但是决定一个作品的主要东西，也是决定一个作品对于社会和读者发生影响的主要的东西"。而"文艺批

---

① 毛泽东：《在延安文艺座谈会上的讲话》，《毛泽东文艺论集》，第 72~74 页。

② 王富仁：《中国现代文学批评略说》，《北京师范大学学报》（社会科学版）2011 年第 3 期。

评的第二个标准"则是"作品的艺术性"。他指出，"工农大众的文艺""艺术形式落后于思想内容"，"仿佛珍珠装在一个破旧的匣子里"，因此，"批评家的任务"就是要做到"足够地评价它的意义"。①

1948年1月，郭沫若在《当前的文艺诸问题》一文中也谈到了"关于批评建立的问题"。郭沫若指出，"今天的文艺批评的原则"是"文艺服务于政治，批评应该领导文艺服务于政治"。"批评的态度应该严肃，坚决地站在人民立场，替目前有关人民生活的最大事件——解放战争、土地改革，反美帝，挖蒋根——忠实服务。"②

应该说，林默涵、郭沫若二人对文艺批评的整体看法是在毛泽东的"政治标准第一、艺术标准第二"的批评法则的框架之下的。但二人都在不同程度上强调了站在人民的立场、有助于人民事业的胜利和发展以及政治事件与人民生活的关系等，显示出和毛泽东文学的政治批评标准的细微差别。这一方面是由于林、郭二人不具备毛泽东的政治思想视野，没有将文学以及文学批评完全纳入到整个政治革命的轨道上去；另一方面则显示出在不同的政治、文学环境下，非解放区的文艺批评家、作家在评价作家、作品的标准上较之解放区有些许侧重点上的差异。

事实上，战后华南（香港）的关于作家、作品的实际批评主要是从作品题材的人民性、作家和人民结合的程度和途径等方面来着眼进行的。"和人民结合"成为评判作家和作品最重要的批评法则。

1945年秋，在茅盾一生中唯一的剧本《清明前后》写作并演出后不久，周钢鸣就写了一篇评论——《论〈清明前后〉》。在介绍完剧本写作的背景和剧本的故事梗概后，周钢鸣首先肯定了茅盾所选取的题材"是和全中国的人民的生活密切有关，而为人民最关心的问题"。这正体现了作家和人民紧密结合所具有的"两重意义"中的一重——作家把握大众所关心和熟识的题材、人物，"站在人民大众的利益上来看问题和解决问题，反映出大众的思想和感情"，即"通过创作与人民结合"。作家和人民紧密结合的另一重意义，也是更为重要的意义则是作家通过切实地和人民一起

---

① 默涵：《关于文艺批评的断想》，《文艺生活》光复版第15期，1947年7月。
② 郭沫若：《当前的文艺诸问题》，《文艺生活》海外版第1期，1948年2月。

战斗的生活实践来改造自己的生活并表现生活，即"通过生活与人民结合"。周钢鸣指出，通过生活与人民结合和通过创作与人民结合都是现实主义的创作方法，只有运用这种创作方法来创作才能达到"生活的实践与创作的实践的统一"。但茅盾的《清明前后》主要是从第一个方面来和人民结合的，即在通过创作与人民结合的这一方面的"强度"上"比较紧密些"，而在通过生活与人民结合的"深度"上，还没有达到应有的"密度"。主要表现为"作者对他的所表现的对象的突入力还不够深，还没有到那深入的追求，热烈的拥抱的情绪的精神状态"。但话锋一转，周钢鸣最终肯定，在生活与创作上，茅盾"企图与人民紧紧的结合的努力的现实主义的创作精神"是"非常正确而明显的"。并盛赞《清明前后》具有"对于现实的观察和批判的透明镜一般的意义"，并在"打破戏剧写作被窘窒的环境，与人民紧紧地结合起来"方面，"指示出了一条宽润的道路"。[1]

于逢对易巩《一首诗的诞生》的批评，也是从作家和人民结合的角度进行的。易巩这篇小说写的是"白居易先生在严冬穿着斗篷到破陋寒冷的小村走一遭，带着慈善家般的同情心访问一下褴褛的贫民，回到温暖的别墅里就做起一首描写贫民痛苦的诗来，而且叫书僮拿去朗诵给他们听"的"可笑可憎"的情景。于逢认为易巩"根据着白居易的一首诗，和关于他的一些断片故事，组织了自己的作品，并创造了新鲜明朗的全新生活。"赞其"将必能以它作钥匙"，"开开"他的"将来世界的大门"。并鼓励易巩说，"你的血管里是流着最多的人民血液"，"你应该有权利自信，并且应该依靠这皈依了人民而获得的自信，坦然而勇敢地走自己的道路"。[2]

1946年10月，《马凡陀的山歌》出版后引起了广泛的批评。这些批评可以说是"见仁见智，毁誉参半"。是年除夕，林默涵在香港也作文参与讨论。他首先指出，马凡陀山歌的读者颇众，"而且由新诗向来的读者——知识份子的圈子，扩大到了一般的市民（其中包括工人、店员、公务员等）。"由此，林默涵肯定马凡陀是"一个愿意把自己的心血贡献给人民的诗人"，确认其"走的道路是对的"，"方向是正确的"，"是面向人民，和

---

① 周钢鸣：《论〈清明前后〉》，《文艺生活》光复版第3期，1946年3月1日。

② 于逢：《生活·思想·创作——关于易巩君的创作的一个考察断片》，《文艺生活》光复版第4期，1946年4月10日。

人民结合的方向。"并概括出所谓"马凡陀的山歌的方向，就是用了通俗的民间的语汇和歌谣的形式，来表现人民（在他主要是市民）所最关心的事物，来歌唱广大人民的感想和情绪。这是使诗歌深入人民，和人民结合的方向。"但马凡陀"到底是一个知识分子的诗人，不论在宽度或深度上，和人民生活的结合都到底还有着间隔"，"在思想和情感上，也就仍然有着距离"。因此，他的山歌，"多有侧面的讽刺，却少有正面的抗议"，讽刺"虽然算得辛辣，却不够坚强"，讽刺里面"缺少愤怒的激情，而常常带着一种无可奈何的抱怨的情绪"。这就使得马凡陀的山歌"在激励战斗上面""显得软弱"。①

1947年，陈残云（署名方远）在《怎样看马凡陀》一文中也认为"马凡陀的道路"是"绝对正确的"，"是一条接近人民的道路"。肯定"马凡陀的出现是有着重要的时代意义的"。但陈残云同样认为，"马凡陀是一条接近人民的道路，却还不是以广大人民为基础的人民道路"，他"还站在知识份子的位置来看市民，还有着浓厚的知识份子的气质"。② 林、陈二人对马凡陀"方向""道路"的确凿肯定与对其"和人民结合"不足的批评都显示出意料之内的一致，足以表明"和人民结合"作为文艺批评的标准已经为华南（香港）地区广大的文艺批评者所广泛接受和使用。

如果说上述批评文章的着眼点主要放在作家和人民结合的程度上的话，对黄宁婴《民主短简》的批评则在此基础上强调了其具有的政治意义。

1947年5月和8月，《文艺生活》光复版第14期和16期上分别刊发了黄药眠和邵荃麟的两篇对黄宁婴《民主短简》的批评文字。二人谈的都是黄宁婴由文艺思想的转变而带来的诗歌创作作风的改变，只是黄药眠对此是泛泛而谈，认为这种转变"从作者本身来看"，是"从消极的感喟，怨艾，感伤，到积极的抨击，讽刺和咒诅的一种突变"，而"从社会科学的见地"来看，"是作者向人民大众走前一步的表示"。③ 并指出这种转变

---

①　默涵：《关于马凡陀的山歌》，见默涵：《在激变中》，第68~74页。

②　方远：《怎样看马凡陀》，《文艺生活》光复版第16期，1947年8月。

③　黄药眠：《由〈民主短简〉谈到政治讽刺诗》，《文艺生活》光复版第14期，1947年5月。

既出于外在的客观环境的影响，又有内在的作者本人主观的努力。邵荃麟则对黄宁婴的六本诗集——《九月的太阳》《荔枝红》《受难的人》《奴隶歌什》《溃退》《民主短简》——进行了深入细致地分析，对"诗人十余年来所走过的道路"进行了纵向梳理。认为诗人1938年出版的《九月的太阳》，表现了"革命小资产阶级刚刚走上新生道路时"具有"热情""勇敢""激昂"的特点，但"缺乏对人民现实生活和斗争更深入的认识与结合"，因而使得"诗的思想与感情内容""还不能有更大的天地和更坚实的力量"。在"走了一段之字路之后"，1946年出版的《民主短简》标志着诗人的思想"比一九三八时候更向前跨进一步"。"前者多半还是偏重于追求理想的远景，而现在则是面对着现实政治作短兵的搏斗了，以前写诗多半还是为了个人的抒情，而现在是把它作为服务于人民的武器了。"①

对于《民主短简》的政治性质，黄药眠认为其是"以诗的形式写出来的政治宣言"，"差不多每一首都有它的一定的政治目的，和一定的读者对像。如果写到墙上去，他是一些很好的街头诗。"② 并认为其诗的政治性比马凡陀的诗要强。邵荃麟则直言："对于《民主短简》，我并不想从艺术的评价上说它已经到达怎样的高度，我觉得我们应该予以肯定的，首先是一个诗人能够那么泼辣勇敢用他的艺术去为人民战斗，能够抓住每一现实事件给予敏捷有力的反击，把艺术和政治紧密的结合，这不仅为今日激烈的人民斗争所需要，而且也是今天诗歌运动的一个方向。"③ 黄药眠只是指出了《民主短简》的"政治宣言"的性质，不置臧否，但邵荃麟的评论则是直接运用了毛泽东的文学的政治批评的准则——"政治标准第一，艺术标准第二"。

至于《民主短简》存在的问题，黄药眠认为黄宁婴《民主短简》里的诗"从内容到形式"都还是知识分子的。如在《给印钞工人》《给农民》《给兵士》三首诗里，就是用"智识份子的身份"，以"劝教或说教的口

---

① 荃麟：《读黄宁婴的诗》，《文艺生活》光复版第16期，1947年8月。
② 黄药眠：《由〈民主短简〉谈到政治讽刺诗》，《文艺生活》光复版第14期，1947年5月。
③ 荃麟：《读黄宁婴的诗》，《文艺生活》光复版第16期，1947年8月。

气，来向群众说话"。① 邵荃麟也认为这三首诗"完全是以一个智识分子的立场在说话；不仅是那种命令式口吻，主要以那样的话去质问工人农民士兵，我以为是没有意义的。""他们是没有义务来回答这'为什么'的质问的，因为这不是他们的错过。"邵荃麟进一步严肃地指出这是一个"立场"问题，"一个为人民服务的诗人"必须站在工农兵自己的立场上来给他们写诗，这就要求诗人要参加"群众生活与斗争的实践，在实践中不断地改造自己的思想感情"。而诗人的思想和生活"将是决定他向前发展一个基本条件。"② 很明显，邵荃麟对诗人黄宁婴的批评已上升到政治的高度了，认为《民主短简》虽然整体上拥抱了政治，但其中这三首诗却暴露出诗人仍然没有站在工农兵的立场，必须要改造自己的思想感情。这应该是邵荃麟对 1947 年前后香港左翼文坛展开的作家思想改造运动的一种敏感回应。

在华南（香港）地区，文艺批评家们以"和人民结合"为标准批评国统区的作家、作品时，无一例外地要对作者与人民结合的程度和方式加以批评，但在对解放区的作品进行评价的时候，这条标准则完全派不上用场。如周而复评价《王贵和李香香》时就认为其是"产生自人民当中的诗篇"，其思想、感情、生活、语言，"完全是人民的，是发自人民内心的真实的声音"。并且指出在题材的"新鲜"和风格的"简明"之外，《王贵和李香香》"给我们提供了人民文艺创作实践的方向"。周而复热烈地赞美其是"中国土壤里生长出来的奇花，是人民诗篇的第一座里程碑，时间将增加它的光辉"。③ 邵荃麟在评价《李家庄的变迁》时也认为它"是一本值得推荐的人民文艺作品，至少在文艺大众化上，它是向前跨了一步。"作者"完全是从农民的生活与实践中去取得人民的思想感情，而以这种有血有肉的思想感情作为他创作的出发点的。"作品具有一种"清新、朴素和健康的风格"。④

---

① 黄药眠：《由〈民主短简〉谈到政治讽刺诗》，《文艺生活》光复版第 14 期，1947 年 5 月。

② 荃麟：《读黄宁婴的诗》，《文艺生活》光复版第 16 期，1947 年 8 月。

③ 周而复：《王贵和李香香》，《文艺生活》光复版第 13 期，1947 年 4 月。

④ 荃麟：《评〈李家庄的变迁〉》，《文艺生活》光复版第 13 期，1947 年 4 月。

　　周、邵二人对解放区作品的评价如此之高，是因为国统区以及香港"和人民结合"批评标准的确立本就是源自延安边区以及后来的解放区对文学的定位和对文学创作实践的要求，"和人民结合"的批评标准一方面符合毛泽东的批评原则，另一方面恰恰是非解放的文学实践所欠缺的。因此，来自解放区的符合毛泽东人民文艺方向的文学创作对于国统区以及香港的批评家来说只具有"典范"的意义，而不是"批评"的对象（就与批评标准的符合而言，而非艺术价值）。正如纪叟在介绍赵树理这个人民作家及其创作的人民文艺时所说的，"这一篇介绍文字"，目的是"想对那些想走和人民结合而不知怎样去走的朋友们，作一番解释"。[①] 显而易见，解放区的作品起的是提供"方向"、指导文学创作的"例文"作用。

　　总之，就战后华南而言，左翼文艺工作者在广州和香港对毛泽东人民文艺思想进行了充分地阐扬并付诸批评实践。作为整个国统区文艺运动的一部分，虽然第一次文代会给予其的定性仍是"开始了若干在毛泽东文艺新方向的影响之下的和人民大众结合的努力"（郭沫若），"也是遵循着毛主席的方向而前进，企图同人民靠拢的"（茅盾）。但在此时此地，毛泽东人民文艺思想被广泛地宣扬和深入地阐释为其在 1949 年后的顺利推行起了不可忽视的铺垫作用。

---

　　① 纪叟：《赵树理怎样成功一个人民作家》，《文艺生活》海外版第 14 期，1949 年 5 月 15 日。

第八章　战后香港小资产阶级知识分子思想改造运动

一、游走于"人民"内外：小资产阶级知识分子的尴尬地位

如果说第一次文代会上有什么最令与会代表们心潮澎湃、热血沸腾的事情，那么莫过于是1949年7月6日下午7点20分中共中央毛泽东主席的"突然亲临"会场了。在"热烈的长久的鼓掌，并高呼'毛主席万岁'"的鼓与呼声之后，毛泽东发表了简短的讲话。讲话只有六句：

> 同志们，今天我来欢迎你们。你们开的这样的大会是很好的大会，是革命需要的大会，是全国人民所希望的大会。因为你们都是人民所需要的人，你们是人民的文学家、人民的艺术家，或者是人民的文学艺术工作的组织者。你们对于革命有好处，对于人民有好处。因为人民需要你们，我们就有理由欢迎你们。再讲一声，我们欢迎你们。①

这里，有两个方面值得"咬文嚼字"：一是"我"／"我们"与"你们"对立之感突兀明显；二是"人民"这一字眼的频繁出现，共出现了七次。"人民"字眼的频繁出现进一步非常明确地标明了毛泽东对中国当代新文艺的发展与走向的要求就是发展"新的人民的文艺"，这是毛泽东一直以来的人民文艺思想的再次表达。值得追究的是第一点。毛泽东口中的"我""我们"和"人民"其实是同一的，这是毋庸置疑的。而毛泽东口中的"你们"——文学家、艺术家、文学艺术工作的组织者虽被冠以"人民的"，但这些人的被"欢迎"却完全出于"对人民有好处"、为"人民所需要"，而非其主观创作具有艺术价值和其客观的群体归属也是人民。这固然源于毛泽东对文学的功利考虑，另一方面却也暴露出文艺工作者（知识分子）在新中国的阶级谱系和性质划分上实际上处于一种尴尬的

---

① 《毛主席讲话》，见中华全国文学艺术工作者代表大会宣传处编：《中华全国文学艺术工作者代表大会纪念文集》，第3页。

地位。

虽然毛泽东 1942 年在《讲话》中已经指认，"最广大的人民，占全人口百分之九十以上的人民，是工人、农民、兵士和城市小资产阶级。所以我们的文艺，第一是为工人的，这是领导革命的阶级。第二是为农民的，他们是革命中最广大最坚决的同盟军。第三是为武装起来了的工人农民即八路军、新四军和其他人民武装队伍的，这是革命战争的主力。第四是为城市小资产阶级劳动群众和知识分子的，他们也是革命的同盟者，他们是能够长期地和我们合作的。这四种人，就是中华民族的最大部分，就是最广大的人民大众。"① 这里，知识分子作为城市小资产阶级的一部分构成被肯定为人民大众，但同时又被暗指为是和"我们"相对的"他者"。"知识分子的阶级归宿——小资产阶级——仅仅是大众的外围；他们时常与工农兵格格不入。只要气候适宜，他们就会不知不觉地转为大众的反面。"② 所以，毛泽东断定知识分子的"灵魂深处还是一个小资产阶级知识分子的王国"，并进而严厉指出，在"小资产阶级出身的人们总是经过种种方法，也经过文学艺术的方法，顽强地表现他们自己，宣传他们自己的主张，要求人们按照小资产阶级知识分子的面貌来改造党，改造世界"之时，"我们的工作，就是要向他们大喝一声，说：'同志'们，你们那一套是不行的，无产阶级是不能迁就你们的，依了你们，实际上就是依了大地主大资产阶级，就有亡党亡国的危险。"③

这里，加了引号的"同志"一词颇为耐人寻味——在毛泽东看来，这个引号就是革命的"门槛"，小资产阶级知识分子就是"站在革命门槛上的人"，"他们必须迅速地将自己的立场转移到人民大众的阵营之中，否则，知识分子必将被自己的出身阶级——小资产阶级——所俘虏。"④ 因此，这个引号的能否去除——革命门槛的能否跨越，就决定了小资产阶级知识分子能否成为人民"同志"。而这些完全取决于小资产阶级知识分子能否进行思想上的改造。小资产阶级知识分子就处于这样一种游走于"人

---

① 毛泽东：《在延安文艺座谈会上的讲话》，见《毛泽东文艺论集》，第 58 页。
② 南帆：《革命文学、知识分子与大众》，《文艺理论研究》2003 年第 1 期。
③ 毛泽东：《在延安文艺座谈会上的讲话》，见《毛泽东文艺论集》，第 59、80~81 页。
④ 南帆：《四重奏：文学、革命、知识分子与大众》，《文学评论》2003 年第 2 期。

民"内外的尴尬地位。

其实，早在《讲话》之前，毛泽东在其早期著作《中国社会各阶级的分析》中就已将知识分子归入小资产阶级的阶级谱系之中。因此，在《讲话》中，"小资产阶级问题基本上被处理为革命队伍中的知识分子问题，他们的立场、态度、意识、缺陷、身份，特别是与新兴的革命的现代民族国家政权的关系，以及他们与新的工农兵文艺的关系，都有了规定性的论述。"从《讲话》开始，"毛泽东对于现代中国的知识阶层的认知与他对于小资产阶级的叙述整合起来，小资产阶级问题彻底成为了知识分子问题，对于小资产阶级的批判和改造就是对于知识分子的批判和改造。"①

在 1949 年 6 月 30 日发表的《论人民民主专政》一文中，毛泽东根据形势的变化重新明确界定了"人民"的概念："人民是什么？在中国，在现阶段，是工人阶级，农民阶级，城市小资产阶级和民族资产阶级。"② 此时，"人民"的概念虽然更为清晰，但在制定具体的文艺政策和一般的行文表述上，人们并没有完全依据这个概念新的外延来使用，而仍然以 1942 年《讲话》所设定的"人民"概念的内涵、即核心部分——工农兵作为主要依据。小资产阶级知识分子仍被作为人民（工农兵）之对立的一面被指认。毛泽东在第一次文代会上的即兴讲话便是例证。历史事实还不仅如此，从《讲话》开始，知识分子身后的这种"挥之不去的阶级异己身份"③ 一直没有被废除，直到一个更崭新的时代的到来④。

第一次文代会传达出的知识分子与人民大众对立关系的阶级定位无疑是令小资产阶级知识分子感到沮丧的。虽说没有达到毛泽东所说的小资产阶级知识分子的思想改造"非有十年八年的长时间不可"⑤，但毕竟在此前的几年时间里，无论是边区/解放区还是国统区、香港，小资产阶级知识

---

① 郑坚：《现代文学中小资产阶级形象问题》，《湖南工业大学学报》（社会科学版）2008 年第 1 期。

② 毛泽东：《论人民民主专政》，北京，人民出版社 1975 年版，第 11~12 页。

③ 南帆：《四重奏：文学、革命、知识分子与大众》，《文学评论》2003 年第 2 期。

④ 1978 年 3 月 18 日，邓小平在全国科学大会开幕式上发表讲话，对知识分子进行了新的阶级定位："总的说来，他们的绝大多数已经是工人阶级和劳动人民自己的知识分子，因此也可以说，已经是工人阶级自己的一部分。"邓小平：《在全国科学大会开幕式上的讲话》，见《邓小平文选》第二卷，北京，人民出版社 1983 年版，第 89 页。

⑤ 毛泽东：《在延安文艺座谈会上的讲话》，见《毛泽东文艺论集》，第 60 页。

分子都已经或深或浅地，或被动或主动地经历了小资产阶级思想改造的洗礼，对自己的思想和创作进行了检讨，有的作家甚至检讨得十分"深刻"。

二、湖面之下的漩涡：小资产阶级知识分子思想改造的预示

回顾发生在战后香港的小资产阶级知识分子思想改造运动，我们发现，它是有一个过程的，并非人们想象的那种一开始就是疾风骤雨，知识分子痛自悔悟、"挥刀自剖"。这个进程取决于毛泽东的《讲话》在战后香港的传播，而这又取决于当时国内形势的发展。

抗战胜利初期，在胜利的巨大欢欣笼罩下，原沦陷区（上海、南京、北平、天津、武汉、广州这些大城市）的人们虽说对国民党各路官员的"劫收"感到瞠目结舌、痛心不已，但仍视国民党政府为代表自己国家的政府，和大后方的民众一样，大多数中国人的愿望是和平、统一、民主。因此，此一时期的文学主潮是反内战、争民主，敦促和平建国。1945 年底，征军写道：

> 在祖国危急的今天/人民的前途充满了新的灾祸/一切的党派团体，人们……/不朝着民主的方向/迈步前进/那就是违反人民呵/如今我沉重而舞跳的心里/正沸腾着许多同乡的声音/我有我新的力量/代表人民深沉的愿望和谏议/这是一个胜利的国/只要有一颗心的人/再不能容许内战/再不能容许猖狂军阀打自己人……①

1946 年年初，洪遒也在诗中用浅白的语言表达了民众的这种朴素而又奢侈的愿望：

> 把枪放下/回到地里去，播散种子/回到机器房去，站在原来的位置/泥土开花，结果/机器唱雄壮的歌/明天/有布匹，有米，有房子/有一个安全的家庭/有了希望，有了所爱/爱歌曲，爱书本/爱勤苦的工作……而我们的/出征人还在"前方"/是他的家

---

① 征军：《再不能容许内战》，《文艺生活》光复版第 3 期，1946 年 3 月 1 日。

属/就去喊他回来/……把他喊回来/不再杀自己的人/把他喊回来/过和平的日子呀/不再为了战争。①

面对大多数民众的这种要求，1946 年 5 月 4 日，《文协港粤分会纪念第二届文艺节宣言》强调：“为了国家民族，为了广大的人民，为了自己的生活的充实和文化的前途”，文艺作家们“是坚决地站在人民这方面的，是站在民主与和平这方面的”。而“中国的民主事业的前途是有很多障碍”，“必须集合更广泛的人民的力量来共同努力”，这样，文艺作家们的“意志”和“集体的意志”才能获得“有机的统一”。并表示只要“能和千万人民站在一起”，便“一点也不感到恐惧。”②

对民众的“群”的力量的推崇和皈依成为知识分子作家此时的重要姿态。1947 年 6 月 23 日，黄药眠、吕剑、陈残云等 21 位“行吟海滨，有国难投”的诗人在香港六国饭店共同签署了诗人节宣言，宣称“在这方生未死之间，那劳动人民的战斗是一个英雄的榜样”，“唯有对最多数人的事业的献身，才能绝处逢生”。“我们的诗，必要记录这大的震撼的主题，大的澎湃的音节，讴歌这巨大的前进的潮流”。“我们顺着这潮流跟着最多数人的步伐前进。我们是归属于这最多数里的，那代表着光明、进步、和健康的最多数”③。这种对“最多数”的追随和归属思想的形成当然离不开毛泽东人民文艺思想的影响，但似乎更多的是源于近代的知识分子传统——对民众群体力量的新发现和重视。类似梁启超在《小说与群治之关系》中提出的鼓民力、开民智、新民德，即通过对民众群体力量的借助（改造）来建立新的政治社会秩序的做法。或者说，诗人们此时所“逐”的“群”仍是抽象意义上的“人民”，而非毛泽东所直接确指的“工农兵”。

之所以这么说，是基于这样的历史事实：虽然毛泽东的《讲话》1945 年已在国统区正式出版，1946 年 2 月，香港中国灯塔出版社也首先在香港出版了单行本，书名为《文艺问题》，第一页题为《毛泽东同志在延安文

---

① 洪道：《不再为了战争》，《文艺生活》光复版第 3 期，1946 年 3 月 1 日。

② 《文协港粤分会纪念第二届文艺节宣言》，《文艺生活》光复版第 5 期，1946 年 5 月。

③ 黄药眠、吕剑、陈残云等：《一九四七年诗人节宣言》，见郑树森、黄继持、卢玮銮：《国共内战时期香港文学资料选》（一九四五——一九四九），第 8 页。原载《华商报》，1947 年 6 月 23 日。

艺座谈会上的讲话》。1947 年年初，香港新民主出版社又出版了报纸版《在延安文艺座谈会上的讲话》的单行本，并于同年 8 月再版。但由于中共在国共内战初期一直处于劣势，国内局势的不明朗势必会影响到毛泽东《讲话》精神在国统区，尤其是香港的传播。及至历史进入 1948 年，情形则大为不同。这么说并不意味着在战后初期毛泽东《讲话》精神对国统区和香港的左翼知识分子影响微弱，只是这些知识分子更为在和平建国、反内战、争民主的历史潮流中文艺应该起的作用而忧思，而没有重视《讲话》中重点论述的小资产阶级知识分子思想改造话题的严峻性和紧迫性；虽然他们在论及《讲话》所传达的文艺为人民大众服务以及服务的途径（如到人民生活中去、文艺大众化）等问题时也涉及一些知识分子和人民的关系以及需要改变的方面。

1946 年 3 月，茅盾离开重庆到上海，途经广州时给广州的三个文艺团体做了一个演讲。茅盾对国内形势很乐观，认为当时"可以说已经得到了和平，而且慢慢的正向着民主建设的道路上走去"。在和平民主建设阶段，"文艺工作必须配合老百姓的要求，来争取民主政治的实现"，文艺工作者为此需要加强"主观力量"。在讲到"实现'文章下乡'"时，茅盾要求作家们改造自己"生活和写作的方式"。生活上要"真真生活在老百姓中间"，"熟悉他们的生活，了解他们的思想情感，并进而把自己和他们打成一片"；写作方式上"要把写作上的一些知识份子气，洋气，绅士气，卖弄半升墨水的学究气，以及'语不惊人死不休'的才子气，都统统收起来"，"要从老百姓口里摄取生动泼辣的字汇，要从他们的生活中学取朴质而刚动的风格。"换句话说，在写作方式上要"向民族形式的大路走"。

从整体上看，茅盾的上述观点和抗战后开始的文艺大众化、民族形式的讨论并没有多大的差别。在"写什么和怎样写"的问题上，茅盾认为既要写乡村，也要写都市；既要写工人农民，也要写小市民、知识分子、甚至"大资产阶级生活"。只要"站在人民大众的立场"，这些题材就"都可以写""都应该写"。[①] 很明显，茅盾此时强调的各点和毛泽东《讲话》

---

① 茅盾：《和平·民主·建设阶段的文艺工作——在广州三个文艺团体欢迎会上的讲演》，《文艺生活》光复版第 4 期，1946 年 4 月 10 日。

中重点强调的"文艺为人民大众，首先为工农兵"、小资产阶级知识分子需要改造思想等是有出入的，此时期的茅盾显然没有三年后在第一次文代会上的报告中那么深刻地认识到"小资产阶级的思想及其文艺形式"是文艺大众化的"最严重障碍"。[①]

同样是讨论"和平民主建国时期""大后方文艺的任务"，何其芳也认为这一时期文艺的任务是"推动大后方广泛的人民群众觉醒起来，组织起来，参加民主运动"。但何其芳紧接着对"广泛的人民群众"的构成从阶级上（中产阶级、小资产阶级、劳动人民）和社会职业上（工业家、自由职业家、公务员、职员、学生、中小商人、士兵、工人、农民等等）进行了分析。并指出，"工农是最广大并最受压迫剥削的人民，文艺首先应该为他们呼吁。民主运动的最后目的，或者说民主运动的最本质的内容，就离不开这最大多数并最穷苦的人民的翻身。……其次，在民主运动中，知识分子是桥梁，是先锋队。文艺对于他们的启发与教育也很重要。文艺应该帮助他们建立为人民服务的人生观，以至告诉他们种种具体的服务方法。"[②] 经历过延安整风并对《讲话》精神有彻底领会的何其芳一下子就抓住了两个要害问题，一个是要写工农，一个是要改造知识分子。何其芳当然没有用"改造"一词，他用的是两个更为温和却并不失力度的词语——"启发"和"教育"。

关于知识分子和人民的关系，郭沫若虽然也提出要向工人、农民这些"生活的专家""诚心诚意"地学习，但他仍是站在民主—平等的层面来谈的。郭沫若指出，文艺工作者"在能写作民主的文艺作品之前，必须首先是民主的人，凡是不合乎民主范畴的一切想法都必须毫不容情的严密的自行纠正，自己不能成为人民以上或以外的任何东西。一切必须于生活实践中求取正当的解决"。[③] 也就是说，知识分子不能高高在上，要放低身段，"不耻下问"才能创造出人民的民主的文艺。这种姿态分明不是需要改造

---

① 茅盾：《在反动派压迫下斗争和发展的革命文艺——十年来国统区革命文艺运动报告提纲》，见中华全国文学艺术工作者代表大会宣传处编：《中华全国文学艺术工作者代表大会纪念文集》，第59页。

② 何其芳：《略论大后方文艺与人民结合问题》，《文艺生活》光复版第7期，1946年8月。

③ 郭沫若：《走向人民文艺》，《文艺生活》光复版第7期，1946年8月。

的姿态。

虽然人们似乎没有意识到小资产阶级思想改造问题的严重性和迫切性，但同时期的有些文献却显示出风平浪静的湖面已被微风吹出些许褶皱，而漩涡正在湖底形成。

1946年3月发表的《中华全国文艺协会港粤分会成立宣言》明确表示："我们的旗帜始终是为人生，为祖国，我们始终面向着人民，一直坚持着要成为人民的歌手。"[①] 但"成为人民的歌手"的这种表述却包含着一种"我"和"你"的对立，作为作家的"我"来歌颂作为"人民"的"你"，作家似乎在人民之外和之上。这和毛泽东对知识分子在人民大众中的尴尬定位不谋而合。前文提到的1946年5月4日发表的《文协港粤分会纪念第二届文艺节宣言》，在指出文艺作家"必须集合更广泛的人民的力量来共同努力"才能推动中国的民主事业的发展时，又同时强调："在推动这个民主运动当中，我们必要努力清洗自己，改造自己，使自己能够成为广大民众的战斗的一员。"[②] 这体现了知识分子仍是作为人民的"他者"而存在的，与此同时，小资产阶级知识分子试图极力洗去自己的"污垢"加入人民群体的努力也十分显见。同样也是为纪念第二届五四文艺节而撰文的作家艾芜，则认为"文艺上的一个根本问题"是"从事文艺的人"熟悉"站在人民的立场为人民服务"的道理，但"对于人民始终缺少一种深切的爱，尤其是对于穷苦的人民"。人民虽然有很多缺点，但"我们要能原谅人民的缺点"，"克服对于人民的嫌恶，培养对于人民的爱"[③]。艾芜虽一字未提思想改造，但上述表白却是毛泽东《讲话》中著名的"切身说法"的另类演绎，立意仍在小资产阶级知识分子出身的文艺作家的思想是需要改造的。

黄药眠在论述思想和创作的关系时，将小资产阶级知识分子称为"贵族出身的文士"，认为"中国的作家，多半是出身于破落的贵族家庭，他

---

① 《中华全国文艺协会港粤分会成立宣言》（来件），《文艺生活》光复版第3期，1946年3月1日。

② 《文协港粤分会纪念第二届文艺节宣言》，《文艺生活》光复版第5期，1946年5月。

③ 艾芜：《文艺上的一个基本问题——纪念第二届五四文艺节》，《文艺生活》光复版第5期，1946年5月。

们从小到大的生活，就养成了他们的特殊的性格，后来虽然因为思想改变而扬弃了一部分，可是在他们的下意识里面，始终还是潜伏着许多并没有改变的习气。最坏的就是因为这些东西都是潜伏在下意识里面极不容易被人注意，或不容易表现出来，甚至有时连他们自己也不自觉。"而"为了保证文艺作品之必能成为武器"，要想把这些"贵族出身的文士"转变成"近代的文艺战士"，就必须"把他们的思想转变过来，并由思想的转变他才能够转变生活的态度，向新生活的道路上迈开他的第一步"。黄药眠进一步指出，要想使知识分子作家的思想发生转变就"必须要求作家把全部生活投进新的社会集团里去，经过不断的打击，不断的鼓励，不断的自我反省，这样经过长时期的陶冶，然后才能有效"。[1]

谈到黄药眠论及生活、思想、创作的关系时我们就不能不提到郭沫若的"依据地图旅行"论。郭沫若也认为正确的思想（人民本位的思想）源于生活实践，但如果环境不允许作家深入人民群众生活的实践，譬如国统区和香港，也没有问题，郭沫若提出，"先驱者在生活实践中提炼出了一种正确的思想，这思想的发生过程分明是生活在先。但在我们后进者则可以根据一种正确的思想以规范生活，这思想的体验过程是生活在后。譬如先有测量而生地图，这是前一种，依据地图而旅行，这是后一种。依据地图旅行并不是耻辱，要这样才能使地理知识生根，根据自己的体验，使地图上的知识化为自己的知识，可能补充或修正它"[2]。这里，郭沫若将"测量而生地图"的直观性和相对客观性等同于实践出思想的曲折性和非必然客观性。因为实践未必一定会出"真知"。因此，郭的"依据地图旅行"论貌似有理，实则是在混淆概念后强迫知识分子放弃独立思考，默认并接受主流文艺思想。郭沫若虽没有明确要求文艺作家要清除掉非由群众实践得来的"小资产阶级思想"，但要求文艺作家要重新"灌装"上由"先驱者"经由"生活实践"而"提炼"出的"人民本位"思想，这一思想改造甚至思想清洗的意图还是很明显的。

1947 年年初，冯乃超总结 1946 年是"文化界重新部署，再行动员的

---

① 黄药眠：《论思想和创作》，《文艺生活》光复版第 6 期，1946 年 7 月。

② 郭沫若：《走向人民文艺》，《文艺生活》光复版第 7 期，1946 年 8 月。

一年"，"和人民结合"已经成为文化工作者"一致努力的方向"。接着就文化工作者身上存在的问题，冯乃超抛出了四个反问：一、文化工作者"'孤芳自赏'的倾向是否还残留着"？二、文化工作者"自己的中国性和平民性是否很丰富"？三、"对人民的生活是否有真切的理解？"四、"对民间的朴素而健康的文艺形式，有没有着手作有计划的研究和运用"？冯乃超并说愿意"在新的年份的开头""就上述的问题来反省过去，准备将来"。①冯乃超提出的这些问题代表了战后初期人们对小资产阶级知识分子思想问题的全部质疑，这些质疑在稍后到来的1948年以一种更为严厉和彻底的方式进行并得到回答。

三、转折的1948：
小资产阶级知识分子思想和创作的紧急反省

当历史进入1948年，国共在内地的战局已然发生了转变，中共的军队打退了美式装备的国民党军队，并转入了反攻，局面真正应验了毛泽东《讲话》里的那句"'大后方'也是要变的"②。在历史的巨变与转折面前，知识分子尤其是左翼知识分子唯恐自己跟不上时代。

司马文森（署名宋芝）说："文艺工作者不但要关心这个政治新形势的转变，同时也应该成为转变中的一个。对这样一个现实，我们不该落后，形势的转变是一日千里的，稍一不小心就落后了。"③ 夏衍则在《坐电车跑野马》一文中，从香港坐电车或巴士急转弯的现象联想到"思想上转得过来和转不过来的问题"。他说，"假如以时代为车而以人为搭客，假如以社会为车而以人为搭客"，要想"尽可能的避免由于转不过来而发生的伤害"，那么人就要"做到把全个身心紧贴着时代，紧贴着社会，正像一个搭客四肢平伏地紧贴在车上，那么不管这车子如何的骤停急转，这样的搭客总可以保持安定，总可以避免伤害"。④ 二人是在1948年年初作出上

---

① 公韬：《迎一九四七年》，《文艺生活》光复版第11、12期合刊，1947年。
② 毛泽东：《在延安文艺座谈会上的讲话》，见《毛泽东文艺论集》，第82页。
③ 宋芝：《人民翻身时代》，《文艺生活》光复版第18期，1948年1月。
④ 夏衍：《坐电车跑野马》，《野草丛刊》，1948年第7期。

述表述的，时代紧迫感可谓先知先觉。在 1948 年岁暮，茅盾也总结道：这一年"中国的历史是'除旧布新'了，我们个人的生活也应当努力'除旧布新'，然后可望跟上时代，而不至于落伍"。① 胡仲持也认为在"光辉"的 1948 年，"从事文学工作的知识份子群，一般地感觉到本身的努力赶不上时代所要求的前进的程度"。② 在战后香港，在新的时代转折面前，知识分子紧跟时代，唯恐落伍的紧迫感和危机感由此可见一斑。

如何紧跟时代？唯有认清自己的阶级身份，抛掉包袱，才能被时代主流所认同，引为同道，共同前进。正如华嘉（署名孺子牛）的"自我批评"认知一样："我们文艺工作者，大多数都是小资产阶级的知识份子"，必须放下"个人的气质"和"淡淡的哀愁""这个包袱"。为此，"我们小资产阶级""就有天天洗一个澡，对自己严格的提出自我检讨，自我批评的必要"。③ 周钢鸣也表示，"在今天，每个知识份子，面临着历史要求我们作自我改造与转变，要求着我们更进一步地去与群众的战斗相结合"。④ 小资产阶级知识分子思想改造的迫切性和严峻性随着 1948 年 3 月 1 日《大众文艺丛刊》在香港的创刊而更加凸显出来。

"大众文艺丛刊是种思想性的，批判的文艺刊物，特别着重于文艺运动的方向和具体问题的讨论，对于文艺上各种倾向和作品的批判……"，"它是代表当前文艺思想主流的一个刊物"。⑤ 刊登在《文艺生活》上的这些关于《大众文艺丛刊》的介绍以及当代学者对刊物性质的分析都说明："《大众文艺丛刊》的办刊方针、指导思想、重要文章与重要选题，都不是个人（或几个人）的意见，而是代表了'集体'即至少是中共主管文艺的一级党组织的意志。""《大众文艺丛刊》的创刊，是中国共产党在历史转折时刻，强化其对于文艺（以及知识分子）的领导（或称引导）的一个重

---

① 茅盾：《岁末杂感》，《文艺生活》海外版第 9 期，1948 年 12 月 25 日。
② 胡仲持：《文坛一年间——从一九四九年回顾一九四八年的中国文坛》笔谈，《文艺生活》海外版第 10、11 期合刊，1949 年 2 月 15 日。
③ 孺子牛：《从自我批评做起》，《文艺生活》海外版第 1 期，1948 年 2 月。
④ 周钢鸣：《读林林的诗——〈同志，攻进城来了！〉的读后感》，《文艺生活》海外版第 1 期，1948 年 2 月。
⑤ 关于《大众文艺丛刊》第一辑《文艺的新方向》的介绍，《文艺生活》海外版第 2 期，1948 年 3 月 25 日。

要举措"。① 通过对国统区的文艺状况进行全面检讨，《大众文艺丛刊》的创办者和作者意在配合国共内战中共转入反攻的形势，在思想上为"文艺的新方向"的确立清除障碍。具体说来，六期《大众文艺丛刊》主要展开了三个方面的"大批判"：对沈从文、朱光潜、萧乾等"反动文艺"的批判；对胡风及其青年朋友的"主观论"的批判；对姚雪垠、骆宾基、钱钟书、臧克家等作家及其作品中小资产阶级思想的批判。

其中，胡风等人的"主观论"基本上被指认为是"小资产阶级的文艺思想"，认为他们对文艺上教条主义倾向的批判"只是以一种小资产阶级的思想去对待另一种小资产阶级思想"，"不仅不能解决问题，而其本身思想也成为一种偏向"。针对胡风等人所说的知识分子的自我改造和自我斗争，邵荃麟指出，其和邵等人所说的思想改造是不同的。"胡风先生所谓自我斗争，是作家和人民一种对等地迎合和抵抗的斗争，'作家的主观，一定要生动地表现出或迎合或选择或抵抗的作用，而对象也要主动地用它的真实性来促成，修改，甚至推翻作家或迎合或选择或抵抗的作用。'因此，他一方面要求作家深入人民，同时又警告作家不要被人民的海洋所淹没。而在我们，这个思想改造，正是一种意识上的阶级斗争，有如毛泽东所说的'长期地无条件地全心全意地到工农兵群众中去'，小资产阶级意识必须向无产阶级'无条件的投降'。它不是对等的斗争，而是从一个阶级走向一个阶级的过程。"邵荃麟最后总结道，从整体上看，"无论从哲学观点或文艺观点上"，"主观论者理论的一个根本错误"就是"他们把历史唯物论中最主要一部分——社会物质生活关系忽略了"②。因此，虽说当时邵荃麟等人将胡风等人的"主观论"思想命名为"小资产阶级文艺思想"，但从邵荃麟等人对主观论的批驳、分析来看，二者实际上是两种不同的文学观，因而不仅双方彼此不能被说服，胡风等人也已被看作左翼文学界的"异己力量"③。而且对胡风等人的批判"几乎马上便成为中国大陆文坛的内部斗争，后来在中国大陆很快出现了许多批判文章的小册子，似乎与香

---

① 钱理群：《1948：天地玄黄》，济南，山东教育出版社 1998 年版，第 25~27 页。

② 荃麟：《论主观问题》，见邵荃麟：《邵荃麟评论选集》（上册），北京，人民文学出版社1981 年版，第 238、231、237 页。原载《大众文艺丛刊》第 5 辑，1948 年 12 月。

③ 洪子诚：《中国当代文学史》，北京，北京大学出版社 1999 年版，第 9 页。

港的关系很微弱"。① 正是在这两种认识的前提下，本部分对胡风问题不再多费笔墨。

《大众文艺丛刊》还组织了对姚雪垠、骆宾基、钱钟书、臧克家等40年代国统区最有影响的作家、作品的集中批判，批判锋芒直指他们的创作倾向，特别是思想、政治上的倾向，而这些倾向的根源无不是作者的小资产阶级思想。《大众文艺丛刊》这么做的意图是很清楚的：就是"要从根本上划清'无产阶级及其文学'与'资产阶级（小资产阶级）知识分子及其文学'之间的严格界限；由此所要传达的信息也是明白无误的：资产阶级（小资产阶级）出身的作家（知识分子）要想在新的无产阶级的时代继续写作，成为'我们'中的一员，必须进行脱胎换骨的改造；否则，无论是写工人，农民，还是写知识者自身，都只会是歪曲。"② 这样，代表了"集体"（中共）意志的《大众文艺丛刊》向小资产阶级知识分子传达了一个明确的信息——必须改造自己的思想。

《大众文艺丛刊》创刊后不久，丛刊的主要领导者、时任中共华南局香港工作委员会委员、文化工作委员会书记的冯乃超直接以"文艺工作者的改造"为题，提出"所谓自我改造，就是一个文艺工作者从自己本身的阶级立场移到另一个进步的阶级立场上去的事情"，"就是从小资产阶级移到革命工农的立场，在深入实际斗争的过程中，逐渐的移过来。"并以陶行知作为"非解放区知识份子'自我斗争'的典型例子"，说明"自我斗争"是"在自己的脑筋里，把原有的剥削阶级的小资产阶级的思想感情挤掉，让出地位来给工农群众的思想感情的一个过程"。③ 冯乃超的这些观点并不新鲜，完全是毛泽东《讲话》中关于这部分内容的翻版。事实上，他在文中正是用毛泽东那段"切身说法"来做例子的。

---

① 郑树森、黄继持、卢玮銮：《国共内战时期（一九四五——一九四九）香港文学资料三人谈》，见郑树森、黄继持、卢玮銮：《国共内战时期香港文学资料选》（一九四五——一九四九），第18页。

② 钱理群：《1948：天地玄黄》，第34页。

③ 冯乃超：《文艺工作者的改造——纪念文艺节》，《文艺生活》海外版第3、4期合刊，1948年5月15日。

在这样一种"集体"要求改造的氛围中，小资产阶级知识分子出身的文艺作家们必然会自觉地对自己的思想和创作进行自省。虽然作家们的自我反省和自我批评被路翎（署名余林）在《泥土》中撰文讥讽为"不要人格"，"以今日之我打昨日之我底耳光""而且沾沾自喜"，但作家们无可奈何地更赞同陈闲对路翎的反驳："任何一个现实主义的作家，他应该有'与群众一同向前发展的自我斗争'，他应该有这种勇气'以今日之我打昨日之我的耳光'。"① 例如茅盾就认为阻碍知识分子进步的"魔障"主要是"优越感"和"幻想太高"，中国知识分子"身上的包袱还多得很"，"应当严肃地自己检讨一番"。在"为了新时代的到来而欢欣鼓舞"的同时，要"反顾自身，也应当痛自警惕"。② 钟敬文也表示要"严厉地校阅自己，鞭策自己"，"要尽力提炼"自己的"智识"，"修订"自己的"风格"，使自己"能够真实地适应那种哺养和卫护新中国的工作"。③

在单纯的检讨思想之外，"文艺工作者的思想改造"更"应该从对自己过去的作品的自我检讨工作做起"。④ 如夏衍在回应石牌 HF 先生等人对《春寒》的批评时就表示出了谦逊的自我批评态度。虽说夏衍在文章最后真诚地感谢石牌 HF 先生等人对他个人的"指教和关切"："你的信给了我很大的鼓舞，使我有机会重新把自己作品的病源检查了一遍……"但总体看来，夏衍是把自己作为小资产阶级知识分子的一员而对这个整体进行自我批评的。石牌 HF 先生等人认为，《春寒》"只注意到上层知识份子，读者没有看到真真出力抗战的广大人民斗争的场面，使读者觉得'寒'威可怕，'春'意不够"。并且认为夏衍在"鞭挞这些智识份子的时候常带着眼泪"。夏衍对此表示认同，并引用高尔基在《论社会主义的现实主义》中的一段话从理论上对这种现象进行解释："人们被历史的两种力量——小市民的过去，和社会主义的将来——牵引着，而明显地正在摇动。情绪的根源倾向过去，理智的根源倾向未来。"继而夏衍将话题转到中国的小资产阶级知识分子群体，他说："由于现在的中国知识份子大部分出身于背

---

① 陈闲：《略论人格与革命》，《文艺生活》海外版第 8 期，1948 年 11 月 15 日。
② 茅盾：《岁末杂感》，《文艺生活》海外版第 9 期，1948 年 12 月 25 日。
③ 静闻：《岁末杂感》，《文艺生活》海外版第 9 期，1948 年 12 月 25 日。
④ 孺子牛：《从自我批评做起》，《文艺生活》海外版第 1 期，1948 年 2 月。

负着'太痛苦了的遗产'的小市民阶级，所以尽管在理智上接受了新世界观，可是在他们的'灵魂深处'，却依然还俨存着一个难攻不落的'小资产阶级的王国'。"这就导致他们在"批评和鞭挞""封建的和资产阶级的文化和文艺"中的"旧事象、旧人物和旧性格的时候"，"不能坚定地站在人民大众的立场"，"本身对一切旧时代的残余还保留着千丝万缕的联系，所以就往往会'情不自禁'地怜惜乃至欣赏了这些弱点！"而解决这个问题的关键就在于，"小资产阶级出身的知识分子、文艺作家"要"把自己的立场（包括理智与感情）坚决完全干脆地转移到'方生'的工农兵方面"，而不能"还要保留一部份乃至大部分停留在'未死'的小资产阶级的乃至资产阶级的方面"，"这依旧是一个站在什么立场和为什么人写的问题"。文艺工作者的任务就是"要正确地诊断出这个'未死'而必死者的病症，指出他的传染性而唤起一般人的警惕，提防，而更重要的是在于无保留地参加'方生'的一面，全心全力地去同情他们，歌颂他们，肯定他们。"

夏衍代表小资产阶级知识分子所作的这份自我批评是很深刻的，颇有"大义凛然"之感。但细读此文，我们发现，夏衍对小资产阶级的剖析还是有一点点保留的（当然是很小心的）。夏衍在文章刚开始的时候对石牌HF先生等人的批评表示赞同之后，在检讨之前，中间还"补充"了一段话。意思是，从客观上讲，"小资产阶级是革命的同盟军"，在以后的"残酷斗争中"还"可以也必须和革命主力长期合作"；从主观上讲，小资产阶级出身的知识分子先天具有"动摇软弱"的弱点，因此，"在觉悟初期经不起'无情的斗争'"。综合主客观两方面，"站在人民大众的立场""对他们鞭挞的时候还'带着眼泪'，和他们斗争的时候不忘记团结，也许是必要而应该的"。① 委婉表达了小资产阶级存在的合理性以及对小资产阶级思想斗争应具有某种尺度。而且"诊断"小资产阶级的"病症"，指出其"传染性"以唤起"警惕"的说法也可以理解为小资产阶级还是可以写的，只是角度不同。

---

① 夏衍：《写"方生"重于写"未死"——答石牌HF先生》，《文艺生活》海外版第6期，1948年9月15日。

但并不是所有人都有夏衍这种在"深刻"的自我批评中小心表达合理诉求的睿智和信心。在众多的"自打耳光"的反省文字中，作家陈残云的"自我检讨"算是力度最大、最令人震惊的文字了。

陈残云的日记体中篇小说《风砂的城》自 1946 年 1 月 1 日在光复版第 1 期的《文艺生活》上发表后就受到了众多青年读者的欢迎。小说以 1940 年、1941 年间的桂林为背景，讲述了热心投入妇女抗战工作的女主人公江瑶与进步诗人冯灵之间朦胧的爱情。小说着重刻画了江瑶想爱又不敢爱的矛盾心理和微妙的情感起伏。随后，陈残云又写了续集《激荡》和《沉落》。但随着局势以及文艺思想领域风向的改变，陈残云觉得《风砂的城》受欢迎并非好事。他必须要为此做些说明。

在《〈风砂的城〉的自我检讨》一文中，陈残云很不满意《风砂的城》中的江瑶和冯灵"都是飘忽的不大有血肉的人物"，更不满意的是，他把芸大姐和舜华（《激荡》中的人物）"这代表了实际斗争的一面，写得过份晦暗和微弱，强调了'江瑶'的灰感，苦闷，消极和沉落，而带给人们一种荒凉的苍白的情绪"。因为"个人精神的直觉的偏爱"和"思想的浮面和软弱"，他没有写出"活生生的代表了新生中国的典型女性"，从而在"文艺是服务于政治，服役于政治的"这一意义上"滑跌了方向"。接着，陈残云又反省自己的"写作动机和态度""严格一点说就是'投机'"，这种"投机性"归之于他的"浮嚣不实，散漫不羁，爱抄小路的生活态度"。此外，自己"还有着'唯美派'的不健康的倾向"，以"故事写得美丽动人，铺排一些彩色的场面和细节，在辞藻上用语上着重纤巧细雕，着力于分析女性心理的微妙和矛盾，点重于个人的感情底起伏""来掩遮内容的贫乏和空虚"。① 由此，陈残云自我断定：

> 《风砂的城》是一篇失败的作品，是思想不健康的作品。我痛苦地剖白了自己的错误根源，目的是为了警惕和改造。……
>
> 最后，我还在摸索中，学习中，我愿以实际的自我斗争和自我改造，来克服现存的缺点。好在我还是文艺队伍里的学徒，错

---

① 陈残云：《〈风砂的城〉的自我检讨》，《文艺生活》海外版第 8 期，1948 年 11 月 15 日。

误和失败都是意中的事，但我重视这些错误，也重视自己的前途。

事实上，陈残云的自我检讨不仅限于《风砂的城》及其续篇这一小说文类，在这篇检讨文字的开头，陈残云已经就使他成名的文类——诗歌方面进行了"全盘否定"，称自己"这十年来""都写诗"，"但写得并不多，而且都很蹩脚，没有一篇称得上是'及格'的，更谈不上是'为人民服务'。"这是因为他"写出的诗多半是为了自己，都是发泄个人的生活的苦恼，与乎追求一个近于空洞的光明的希望。"①

从这篇极其"彻底"的长篇检讨中，我们既看到了作家坚定地为政治服务的写作方向和以具体社会实践来丰富作品内容的创作方法，又看到了作家极力认同"自我改造"、唯恐被进步潮流抛弃而失去"前途"的真诚和惶恐。陈残云的这篇检讨文字可以说是当时众多作家在思想改造运动中自我反省的"最高"姿态，其背后的"最低"心态颇值得玩味。

1948 年 12 月，诗人臧克家从上海前往香港，并在同月写了一篇自我批评的文字，即《关于〈泥土的歌〉的自白》，发表在 1949 年第 1 期《文艺生活》上。在文中，臧克家认为这本诗集牵涉到"生活写作的立场问题"，"这个问题不但关系于未来，也就关系着这本诗的本身"。臧同时自认到，"自剖需要诚恳比需要勇气更多。自我批判，是一个人在前进的途程所作的有益的一次回顾。"而《泥土的歌》的"致命伤"在于"给人的是旧式农村的悲惨和死寂，而实际上，三十一年却是暴风雨的时代。"同时，"那种忧伤的情感和昂扬的斗争的真实"实在是相去太远。臧克家虽然肯定了《泥土的歌》里"确有一点忧郁的感伤的成分"，但只承认那是因为他从河南农村回到重庆"在都市的寂寞中对过往作的一串追忆"，而且又进一步强调了"这种寂寞和凄凉是农民悲惨生活所给予的"。② 所以，在有过边区生活经历的臧克家的检讨文字里，我们很难看到由于小资产阶级的阶级出身而带来的自卑、自责和自省。这也是很有意味的。

---

① 陈残云：《〈风砂的城〉的自我检讨》，《文艺生活》海外版第 8 期。
② 臧克家：《关于〈泥土的歌〉的自白》，《文艺生活》海外版第 10、11 期合刊，1949 年 2 月 15 日。

　　值得一提的是，为了给在香港的小资产阶级知识分子出身的文艺作家自我改造提供样板，1949 年 8 月，司马文森还特意编发了解放区作家孔厥的"自白文字"——《下乡与创作》，并有介绍性的文字：孔厥"这个智识份子出身的作家，怎样从实际斗争中改造过来呢？这报告就是一篇十分切实的反省文字"。"我们把这作品在这个时候介绍出来，目的是在给那些摸索于自我改造途中的朋友，一个好的参考。"并希望大家"从人家痛苦的经验得到有益的教训"。①

　　经过思想改造之后，小资产阶级知识分子的思想认识提到了一个新的层次。诗人林林说："诗人有奔放的热情，崇高的思想，创造的才华，但这些必须了解自己摆在什么位置，查查自己是什么观点，品质和作风。才能以文艺、诗歌的武器，在同一阵营中展开独特的作用。思想不可以挂在半空，感情不可以任意的泛滥，才华不是'黄河之水天上来'，是要随整体的河道奔流的。"②此番话可以作为小资产阶级知识分子改造后的心声。

四、"众口同声"中的微弱异声

　　仔细考察战后香港小资产阶级知识分子思想改造运动，我们发现，在自我反省的"异口同声"中，仍有微弱的、异样的声音存在。

　　如被周钢鸣充分肯定的小资产阶级出身的革命知识分子、坚定的人民诗人林林就认为在"加强了文艺思想"的 1948 年，"对小资产的知识份子作家，似乎照顾得不周到。有点心急"。③作家端木蕻良在承认作家"必须要服从政治的发展，顺从政治的号召来体认真实"之后，又说："自然在将来自由的民主的国家里面，一个作家愿意写人生的枝叶，而不愿意作到向人生做全部的献身，只要是没有毒药，那当然也会被允许的。"④话里话外透露出一种过渡心态，以为作家服从政治只是暂时的、是特殊时期的特

---

①　编者：《介绍〈下乡与创作〉》，《文艺生活》海外版第 17 期，1949 年 8 月 25 日。

②　林林：《诗歌与英雄主义》，《文艺生活》海外版第 13 期，1949 年 4 月 15 日。

③　林林：《文坛一年间——从一九四九年回顾一九四八年的中国文坛》笔谈，《文艺生活》海外版第 10、11 期合刊，1949 年 2 月 15 日。

④　端木蕻良：《文坛一年间——从一九四九年回顾一九四八年的中国文坛》笔谈，《文艺生活》海外版第 10、11 期合刊，1949 年 2 月 15 日。

殊行为，表现了知识分子作家的天真。

作家蒋天佐 1948 年年底在香港出席达德学院文学系举办的作家招待会时就对同学们表示，"上海文艺界的朋友们认为，文艺需要大众化，这是没有问题的，文艺家需要改造，这也是没有问题的"，但由于上海地区的特殊性，他们认为"作家能够投身到大众中去改造自己，当然是最好，但改造亦不一定要投身到大众中去，只要作家的脉搏与大众的脉搏一齐跳动，也是可以收改造之效的。"①

稍后在《文艺生活》的笔谈中，蒋天佐再次就作家思想改造的两条途径，即生活改造和创作改造是否需要统一的问题提出了自己的看法。他认为作家努力的重点只要是两者之一就可以了，"从生活的改造求思想意识的澈底改造；或者，把目前的文艺实践作基础，在健全的原则指引之下力求精进，更深入更透澈更尽善尽美的搞下去。"因为，"两者同时并进，对于某一个人大概是不合理的；但是对于整个文艺运动是合理的，甚至必要的，正好殊途而同归。"针对有人觉得"运动要求一致性"因而就"必须规定一个唯一的重点"的论调，蒋天佐做出了"方向当然只能有一个，重点却能有一个以上的"② 反驳。

以上诸人的言论和当时的主流文艺思想明显是有距离的。但这种声音毕竟微乎其微，而且注定会归于静寂。

1948 年 10 月 15 日出版的《文艺生活》上发表了名不见经传的一个作者——黎光耀的一首诗，名为《教育》：

> 图书馆的教育，/是多么容易被风暴吹散的云朵，/现在我们已经用自己的血，/自己的汗，/自己的泪教育了自己，/痛苦使我们变得聪明起来，也清洁起来，/从那些可羞可笑不敢告人的梦中醒来……/脱掉旧的壳，虽然那上面还带着自己的丝丝血肉，被砍伐的树木才会长出更高的枝和更肥的果。//溪里的鱼游进了海洋，/在人民面前我们变得更无知了，/像一个刚背书包进学堂

① 阿超：《来港作家小记——记文学系的作家招待会》，《关于创作》，《海燕文艺丛刊第二辑》，1949 年 1 月 30 日。

② 蒋天佐：《文坛一年间——从一九四九年回顾一九四八年的中国文坛》笔谈，《文艺生活》海外版第 10、11 期合刊，1949 年 2 月 15 日。

的小学生。/我们解放了自己爬行了几千年的思想，/像动物解放了自己的前足，/站立起来成了"人"！//这是一条受难的路，/也是一条幸福的路，/有多少荆棘已被先驱者的尸体压倒，/有多少新知识份子经历了这投生的痛苦，/或（成）了新中国母亲的儿女！①

发生在战后香港的小资产阶级知识分子思想改造运动的产生动因、痛苦过程、幸福结果都在这首诗里呈现了出来。因此对这首并不为人所熟知的诗应作如是观：它是小资产阶级知识分子在思想改造运动中的复杂心路历程的凝结。

---

① 黎光耀：《教育》，《文艺生活》海外版第 7 期，1948 年 10 月 15 日。

第九章　华南方言文学运动的有限合法性

一、戛然而止：华南方言文学运动的热闹与冷寂

20 世纪 40 年代后期，在国共内战局面日趋明朗化、共和国即将成立之时，为了践行毛泽东《讲话》中的文艺大众化精神，一大批居留在香港的南方文艺工作者开展了长达三年左右、声势颇为浩大的方言文学运动。无论是理论论争还是文学创作，都留下了数量可观的文字材料。当时讨论和创作的热烈情形甚至给时人一种"好像回到民国六七年新文学运动发生时候所看到的热闹景象"① 一样。

不仅如此，方言文学论争于 1947 年 10 月开始，在持续 3 个月之后，时任中共香港"工委"委员、"文委"书记的冯乃超和"工委"副书记、"文委"委员的邵荃麟便代表《正报》同仁执笔进行总结，对方言文学进行了充分肯定，并马上得到茅盾和郭沫若的回应支持，促使方言文学论争和创作进一步朝纵深方向发展。但如此"重大"而"正确"的文艺运动，茅盾 1949 年 7 月在第一次文代会上作的报告中却一笔带过。新中国成立以后，方言文学运动的亲历者和旁观者也都对此保持了一种缄默。之后关于这一时段的各类文学史的叙述以及相关研究也没有对之进行细致地梳理和深入地探究。由此，不得不让人心生疑窦："方言文学既然用了这么多人力、精力，有那么多作品，且好像是遥遥地跟随着延安文艺座谈会的精神"②，为什么会一下子烟消云散了呢？

考究起来，方言文学运动得以兴起并发展壮大必有它的历史合法性，无论是从政治意识形态对文学的规约出发，还是从五四新文学运动的历史发展进程来看，方言文学都自有其存在的必然性。而其"戛然失声"和

---

① 静闻：《方言文学试论》，《文艺生活》海外版第 2 期，1948 年 3 月 25 日。
② 郑树森、黄继持、卢玮銮：《国共内战时期（一九四五——九四九）香港文学资料三人谈》，见郑树森、黄继持、卢玮銮：《国共内战时期香港文学资料选》（一九四五——九四九），第 15 页。

"无疾而终"则又说明，方言文学的合法性具有某种限度，即方言的地方性与全民族共同语的普遍性之间、方言文学可能带来的地方主义与新中国成立后的全国统筹之间存在着难以弥合的缝隙和难以祛除的紧张。种种原因，使得当年轰轰烈烈的方言文学运动终于定格在那一特定历史时空之中，被尘封但却颜色鲜明。

二、合法性之一：作为文艺大众化的实践层面

方言文学讨论肇始于 1947 年 10 月《正报》第 8 期发表的林洛的文章——《普及工作的几点意见》一文。针对林在文中最后一段谈到的"地方化"问题，蓝玲、孺子牛、琳清、阿尺等人陆续撰文予以讨论，其中孺子牛（华嘉）直接提出"方言文学"一语，由此引起更多人参与的、持续了三个月的论争。1948 年 1 月 1 日，《正报》编者委托冯乃超、邵荃麟执笔将众人意见整理出来，做了《方言问题论争总结》一文。在这篇《总结》中，冯、邵二人首先确定了方言文学讨论的出发点、对象和中心。出发点即是"为了文艺普及的需要"，"为了群众的需要"，而事实早已证明群众是需要的，因此方言文学的"问题已经不是建立与否，而是怎样去发扬它"，是"在以老百姓言语写给老百姓看或听的原则下，来讨论如何运用方言的问题，而不是要不要方言文学的问题"。方言文学的对象是"大多数文化水平低落的老百姓，即工农兵"。至于方言文学讨论的中心问题，则在于因为给广东方言中许多"有音而无字"的言语"借汉字记音"而带来的"方音"问题。①

在出发点、对象和中心这三个问题上，冯乃超、邵荃麟认为第一个问题，即出发点似乎是不证自明的，所以只有寥寥数语。对此，茅盾的观点有助于我们了解个中原因。茅盾认为，方言问题"讨论的开始和进行，虽在华南一隅，而且论题也明显地具有地方性，可是它的影响应该不限于一

---

① 冯乃超、荃麟：《方言问题论争总结》，见郑树森、黄继持、卢玮銮：《国共内战时期香港文学资料选》（一九四五——一九四九），第 101～103 页。原载《正报》周刊，第 69、70 期合刊，1948 年 1 月 1 日。

地。因为'方言'问题不但应当看作'大众化'的一面，而且必须在'大众化'的命题下去处理方言问题，这才可以防止单纯地提倡方言文学可能引起的倒退性与落后性"。并明确提出他本人"对于此次论争是把它当作'华南文艺工作者如何实践大众化'来了解的"。"而在目前，文学大众化的道路（就大众化问题之形式方面而言）恐怕也只有通过方言这一条路；北方和南方的作家都应当尽量使他们的作品中的语言和当地人民的口语接近，在这里，问题的本质，实在是大众化。"

在把方言文学问题纳入文艺大众化实践的合法轨道之后，茅盾进一步反问，"大众化从没有人反对，而对方言文学则竟有人怀疑，这岂不是知有二五而不知有一十么？"[①] 从而论证了方言文学从"出身"到"目标指向"的纯正性和无可怀疑性。郭沫若则将方言文学的反对派和支持派的对立升格为"人民路线与反人民路线的对立"，称"假使是站在人民路线的立场，毫无问题，会无条件地支持方言文学的独立性"。[②] 茅盾和郭沫若在香港对方言文学的表态是在特定的政治背景和文化气氛中进行的。

40 年代后期，国共正在中国内地进行激烈的内战，很多文化人士不得不转移到了香港。在左、中、右三派文化力量中，中共领导并影响的左翼文化活动是香港文坛活动的主流。左翼文化力量在香港进行的主要工作之一就是利用香港的和平环境系统地对毛泽东的《讲话》精神进行全面阐释和宣传。甚至可以说，"香港是毛泽东《讲话》的相关精神在解放区以外得到最有力贯彻的地区"[③]。当年在香港的左翼人士已经充分认识到了毛泽东《讲话》作为"空前的历史文献"的意义，认为"这些年来，主宰着中国新文艺思潮的是它，而它的影响，到了今日还在继续扩展中。"并相信，"在未来的半个世纪中，它将整个的主宰着新中国民主文艺，把它带上人民化、大众化"[④]同样，在现在的香港学者眼中，当年"左翼文艺政策在香港，若从理论角度而言，不出《延安文艺座谈会》的方针"。"当时

① 茅盾：《杂谈方言文学》，见郑树森、黄继持、卢玮銮：《国共内战时期香港文学资料选》（一九四五——九四九），第 111~113 页。原载《群众》总第 53 期，1948 年 1 月 29 日。
② 郭沫若：《当前的文艺诸问题》，《文艺生活》海外版第 1 期，1948 年 2 月。
③ 黄万华：《1945~1949 年的香港文学》，《中国现代文学研究丛刊》2004 年第 2 期。
④ 司马文森：《七月书简》（与约瑟夫·卡尔玛的通信），《文艺生活》光复版第 16 期，1947 年 8 月。

左翼对待文艺，基本上就是大众化（即《延安文艺座谈会》里的'普及'）、革命化（宣扬左派道理），也就是把文艺工具化，变成配合革命、配合政策的另类宣传。"①

所谓"大众化"，就是《讲话》里重点强调的革命文艺"向工农兵普及"的问题。为了响应这个《讲话》精神，华嘉就提出了"普及第一"的口号。他说，"中国人民翻身，这是翻天覆地的一件大事，……因此，中国的新文艺必须为广大的要翻身的人民服务，替广大的要翻身的人民办事，这已经是我们文艺工作者的当前最重要的中心工作了。这种工作，我们就把它叫做——普及第一。"而普及的对象，是"广大的不识字，愚昧，和没有文化的人民"，因此，"我们必须用他们自己的东西"，包括"他们自己的语言，和他们所乐意接受的他们自己的一套表现方法，才能恰当地表现出他们的生活和斗争"。也就是说，"此时此地的具体的运用，就必须是普及的方言文艺"②。这里，华嘉其实表达了和茅盾同样的对方言文学的定位——方言文学是作为文艺大众化的实践层面而必然出现的合法性存在。

而随着中共在内地战局中转为优势，进入反攻，人民战争即将胜利，在文艺领域如何真正落实文艺大众化就显得尤为迫切了。茅盾就说，对方言文学讨论"最强有力的刺激，还是时局的开展。人民胜利进军的步伐声愈来愈近了，作家们的责任感空前地加强了，如何有效地配合人民的胜利进军而发挥文艺的威力，今天凡是站在人民这边的作家们正是人同此心，心同此志"。③钟敬文也从"眼前"的"政治要求"出发认为，"文学工作，要在这个严重的时刻，竭尽它的对民众加强认识，鼓舞战斗，巩固革命意向等的任务，那种为他们所容易领会，喜欢接纳的作品，何等急迫需要！"④而在民众语言和国语相差很远的广东一带，落实文艺大众化除方言

① 郑树森、黄继持、卢玮銮：《国共内战时期（一九四五——一九四九）香港文学资料三人谈》，见郑树森、黄继持、卢玮銮：《国共内战时期香港文学资料选》（一九四五——一九四九），第17页。

② 孺子牛：《普及第一》，《文艺生活》光复版第18期，1948年1月。

③ 茅盾：《杂谈方言文学》，见郑树森、黄继持、卢玮銮：《国共内战时期香港文学资料选》（一九四五——一九四九），第111页。

④ 静闻：《方言文学试论》，《文艺生活》海外版第2期，1948年3月25日。

文学几乎别无他途。

另外，解放区的文艺大众化实践已经取得的成功也给华南的方言文学讨论提供了有力的论据。"解放区的作品无论就内容或形式而言，都可以说是向大众化的路上跨进了大大的一步；而形式上的诸特征，例如民间形式的运用及尽量采用农民的口语（当地的方言）等等，对于此次方言文学讨论的发展，无疑问地起了极大的作用。"因为在香港以及华南这个"特定的地区"，"摆在作家们面前的第一个现实问题竟是作品的语言和人民的口语其间的距离有如英语之于法语。如果要使作品能为人民所接受，最低限度得用他们的口语——方言"。以香港为例，一般作家的作品，一年也就能有二三千本的销量，而香港的市民作家的"书仔"的销量则不止一万份。其中原因除掉香港本地的政治社会经济等因素外，文学作品形式方面的因素也不可忽视地占了一半。① 因此，作为"成功的范例"，"遥远的北方"的"那种采用大众土语和民间形式的新生文学"② 便成为华南文艺工作者教育广东民众、实现文艺大众化的学习标杆和不二法宝。

因此，可以说，"华南方言文学运动是居留在香港的南方文艺工作者受解放区文学的刺激、积极响应'讲话'精神，为实现文艺大众化而进行的一场自觉的文学语言运动。"③也就是说，在文艺大众化的实践层面，方言文学运动成为"顺理成章"的题中之义，其合法性自不待言。

三、合法性之二：
知识分子作家改造自我、皈依大众的努力之姿态

但到底什么是大众化？毛泽东在《讲话》中早已明确：大众化"就是我们的文艺工作者的思想感情和工农兵大众的思想感情打成一片。而要打成一片，就应当认真学习群众的语言"。"我们知识分子出身的文艺工作

---

① 茅盾：《杂谈方言文学》，见郑树森、黄继持、卢玮銮：《国共内战时期香港文学资料选》（一九四五——一九四九），第 110~111 页。

② 静闻：《方言文学试论》，《文艺生活》海外版第 2 期，1948 年 3 月 25 日。

③ 刘进才：《从"文学的国语"到方言创作——四十年代方言文学运动的合理性及其限度》，《文学评论》2006 年第 4 期。

者，要使自己的作品为群众所欢迎，就得把自己的思想感情来一个变化，来一番改造。"① 在香港的文艺工作者对这一点有深入的领会，华嘉就说，"要大众化，就要先给大众'化'一下，把自己的小资产阶级思想全部抛掉，澈头澈尾，脱胎换骨，真真正正的成为人民的一个"。并指出，"我们应该认识今天的普及文艺工作，实际上就是我们的思想改造工作，就是向人民学习的工作，就是和人民打成一片的工作。"②

而另一方面，正如前文所论述的，普及又必须推行方言文学。按照这个思路，方言文学问题的讨论和创作就不仅作为文艺大众化实践的一翼，而且成为文艺大众化思想层面——知识分子思想改造的一个重要检测点了。当时的文艺工作者有言论可以印证我们这一推理。诗人林林就指出，华南的方言文艺运动表现出了"文艺工作者思想内容与语言形式，再进一步要结合人民大众，要服务桑梓的自我觉悟"。③ 黄绳说得更加明确，"方言文艺运动是居留香港的南方文艺工作者在自我改造和执行战斗的迫切要求之中发动起来的。"④ 思想改造甚至在文艺大众化的现实要求之前成为方言文学运动的发生契机。换句话说，40 年代华南的方言文学运动已经"隐含着知识分子走向大众、改造思想的价值期许与自我担当"。这样，"方言文学从一个文学表达的工具——语言形式问题就置换或化约为作家或知识分子与群众的关系问题，知识分子/作家是坚持自己的知识分子立场运用五四以来日渐形成的白话语言传统进行文学创作，还是努力改造自己的思想、立场与观点向群众语言或方言认同，这是一个大是大非、必须选择的问题。"⑤

40 年代中后期，尤其是当历史进入 1948 年这个历史转折点之后，香港和华南左翼文艺界的主要文艺思想导向之一就是深入落实毛泽东在《讲话》中所提出的小资产阶级出身的知识分子思想改造的问题。随着

---

① 毛泽东：《在延安文艺座谈会上的讲话》，《毛泽东文艺论集》，第 52~53 页。
② 孺子牛：《普及第一》，《文艺生活》光复版第 18 期，1948 年 1 月。
③ 林林：《白话诗与方言诗》，《文艺生活》海外版第 14 期，1949 年 5 月 15 日。
④ 黄绳：《方言文艺运动几个论点的回顾》，见中华全国文艺协会香港分会方言文学研究会编：《方言文学》第一辑，香港，新民主出版社 1949 年版，第 12 页。
⑤ 刘进才：《从"文学的国语"到方言创作——四十年代方言文学运动的合理性及其限度》，《文学评论》2006 年第 4 期。

中共在内地战场上的胜利，人们相信，"战场上无可怀疑的胜利仿佛也就理所当然地证明了指导战争的意识形态的绝对正确与无敌。"① 人民大众具有的改变历史的力量已然被证明为是一种超越一切的"神力"。知识分子在为胜利欢欣鼓舞的同时，却自卑、自责于自己的游离群众之外。

如邵荃麟就提出"从与人民结合的过程来进行我们自身思想意识的澈底改造"是"今天文艺思想建设上的一个基本问题"。② 周钢鸣也表示，"在今天，每个知识份子，面临着历史要求我们作自我改造与转变，要求着我们更进一步地去与群众的战斗相结合"。③ 而"以工农的阶级出身的作家来说，他本身是可以不受阶级生活隔阂的限制"，"更容易和能更直接地体验出本身阶级的生活要求和群众的斗争情绪"。"至于由其他阶级出身的作家——特别是小资产阶级出身的作家，他要是为着要跟历史社会发展的斗争方向结合，共前进的话，首先就得要放弃自己阶级的狭隘利益和狭隘观念，以至还要和其本身阶级那些与历史社会的发展斗争相违背的许多有害的观念作斗争。同时他为着要在斗争中与人民大众相结合，他就应当无条件地全身心地参加到群众的斗争中去实践，在斗争中来改造自己，一面扬弃自己小资产阶级性格中的弱点，一面吸取无产阶级的性格优点，以至把自己改造转移为具有坚强的无产阶级的思想情绪的战斗员。"④ 冯乃超则直接指出"今天文艺的任务"是"以无产阶级的立场和人民大众的立场，来反映中国革命的现实，指导处在或将处在新中国自己主人地位的人民，同心同德去铲除旧社会的根，建设新中国的新生活"，而"从这里就产生了文艺工作者怎样和新的群众的时代相结合的问题"。途径只有一个，就是进行思想上的自我改造。⑤ 可以说，40 年代后期的主流意识形态话语就是知识分子的思想改造。

---

① 钱理群：《1948：天地玄黄》，第 6 页。

② 邵荃麟：《文艺的真实性与阶级性》，《文艺生活》海外版第 5 期，1948 年 7 月 7 日。

③ 周钢鸣：《读林林的诗——〈同志，攻进城来了！〉的读后感》，《文艺生活》海外版第 1 期，1948 年 2 月。

④ 周钢鸣：《怎样分析人物》，《文艺生活》海外版第 8 期，1948 年 11 月 15 日。

⑤ 冯乃超：《文艺工作者的改造——纪念文艺节》，《文艺生活》海外版第 3、4 期合刊，1948 年 5 月 15 日。

而事实上，知识分子作家的思想改造除了对自己小资产阶级出身所带来的思想包袱和作品的"小资"色彩进行自我反省和自我批评外，更主要的则是在行动上（主要是创作行动）如何切实实现自己与群众结合以及文艺为大众服务这一目标的更新。方言文学就是一个"适时而起""应运而生"的"拯救"知识分子作家的"救命稻草"。方言文学并不止于表面上的文学语言的选择问题，它更意味和体现着文艺大众化的真正实现和知识分子作家改造自我、皈依大众的努力姿态。因此，方言文学在文艺大众化的实践层面之外，在思想层面由于和主流意识形态的符合而同样获得不可质疑的合法性。

四、合法性之三：对五四新文学运动精神传统的承继

另外，从五四新文学运动的历史发展进程来看，方言文学其实是一直存在、隐而未宣的潜在话语。钟敬文就曾提醒人们：

> 新文化运动主要是一种反封建文化的运动。这个运动在文学方面的任务，是摧毁传统的文学观念，方法和形式，而代以一种跟时代生活状态和要求相适应的东西。在表现媒介上，它主张并实行打倒文言，采用白话——即以北京话做主体的普通话。这个汹汹涌涌的洪流附带着一条小支流，就是对于民众的文学和语言（方言）的注意，民国七年北京大学的征集歌谣，就是这种活动一个有力的先驱。[①]

这里，钟敬文试图传递的信息是，方言以及方言文学的问题早在新文学运动发生之初就已经被注意到了。之所以只是"一条小支流"，是由于当时的主要目标是反对文言文和旧文学，提倡白话文和新文学。

在语言形式的变革层面，胡适、陈独秀等《新青年》同人（文学革命派）和官方（教育部）的"国语研究会"的观点基本一致，对"言文一致"和"国语统一"没有异议。"言文一致"，当然就是以白话（口语）

---

① 静闻：《方言文学试论》，《文艺生活》海外版第 2 期，1948 年 3 月 25 日。

入文，但纯粹的白话（口语）是直接入文还是以书写的文雅之词来规范后再入文就成为一个问题。双方的侧重点均在于后者，即要"用书写语言来规范口头语言"①。如《中华民国国语研究会征求会员书》里就说："同一领土之语言皆国语也。然有无量数之国语较之统一之国语孰便，则必曰统一为便；鄙俗不堪书写之语言较之明白近文、字字可写之语言孰便，则必曰近文可写者为便。然则语言之必须统一，统一之必须近文，断然无疑矣。"② 其中，统一的国语必须"近文"，强调的就是要用书写语言来规范口头语言，而不是完全的以口头语言（白话）来进入书写领域。

与国语研究会立场近似，陈独秀也认为《新青年》上可以刊登一些文言文章，因为"既然是取'文言一致'的方针，就要多多夹入稍稍通行的文雅字眼，才和纯然白话不同。俗话中常用的文话（像岂有此理、无愧于心、无可奈何、人生如梦、万事皆空、等类。）更是应当尽量采用。必定要'文求近于语，语求近于文'，然后才做得到'文言一致'的地步。"③陈独秀虽将"文求近于语"置于"语求近于文"之前，但从他对"文言一致"的描述中，不难看出他更强调的是后者，即口头语言需要迁就书写语言。傅斯年也提出"文言合一"的途径在于"取白话为素质，而以文词所特有者补其未有"。④ 在以文言来补充白话之外，白话文的语言资源还包括《红楼梦》《水浒传》等传统白话文学和西洋文学。

众人的这种观点固然是基于白话由于书写历史较短而可利用的资源不多，并且其词汇基本是非高级的俗词俚语而需要规范和提高这一考虑，但由此带来的书写语言的依旧晦涩以及欧化却将书写语言（包括文学）面向普通民众（即使是北方方言区的）的大门掩上了大半。钱玄同在和周作人讨论英文"SHE"的译法时就认为"SHE"可以直接拿来用或者译为世界语，因为周翻译的外国小说"原是给青年学生们看的，不是给'粗识之无'的人和所谓'灶婢厮养'看的"。⑤ 虽然钱玄同此说有特定语境，但

---

① 王风：《文学革命与国语运动之关系》，《中国现代文学研究丛刊》2001 年第 3 期。

② 《中华民国国语研究会征求会员书》，见《中华民国国语研究会暂定简章》，《新青年》第三卷第 1 号，1917 年 3 月。

③ 《独秀答玄同》，《新青年》第三卷第 6 号，1917 年 8 月。

④ 傅斯年：《文言合一草议》，《新青年》第四卷第 2 号，1918 年 2 月。

⑤ 钱玄同：《英文"SHE"字译法之商榷》，《新青年》第六卷第 2 号，1919 年 2 月。

却在一定程度上流露出"五四"学人由于自身身份、外部社会环境以及时代风气所限，其学术动作和运动目标都表现出某种局限性，最大的结果就是没有真正地实现"言"和"文"的一致。

这种情形到了40年代便为方言文学论者首先所不能忍受。冯乃超、邵荃麟等一针见血地指出，所谓白话文就是"指五四以后通常写在一般作品里的那种做作的欧化的、和人民的言语脱节的、大众所不易了解的白话文"。而方言文学的对象是"大多数文化水平低落的老百姓，即工农兵"。其中"最大多数"是"只有言语没有文字的（文盲）"，"次大多数"是"文字和言语不一致的（不懂普通话而略识文字的）"，"少数"是"获得局部的文字与言语一致的（懂得普通话也念过一点普通话写的东西）"。方言文学"所要照顾的"，"最主要的无疑是前两种"。那么，"是以言语去服从文字呢？还是以文字去服从言语呢？毫无问题，应该以文字去服从言语，因为文字的作用本来就是纪录言语"。由此，就"不能不有纪录方言的文字，和以方言写出的作品"。[①] 钟敬文也指明，"今天方言文学的提倡和实践，主要是为着那些不懂普通话的特定区域的民众的。这些民众的大部分，眼前对于国语（普通话）和它的文学，是很少缘分的，至少是不容易够感到很亲切。"对于这些人来说，"方言文学差不多是惟一的粮食，至少也是最主要的粮食。"[②] 这样，在方言文学的支持者这里，"言文一致"的"言"和"文"由于受益对象的广泛性和具体性而真正"名副其实"地"一致"了。因此，方言文学的主张在某种程度上是对新文学运动的深化，并且也由此获得了"理所当然"的合法性。

不仅如此，方言文学还因为其表现对象和表现方式的"进化"而获得了在文学史上的"崭新"地位。林林就说："现在的方言诗，比五四的白话诗，是要大大的进步了。……五四的白话诗，只是知识份子的自我表现，现在的新诗、方言诗，应是广大群众的表现；五四的白话诗，只是歌唱个性的解放，现在的新诗、方言诗，应是唱歌（歌唱）中国民族、工农阶级的尊严了！"并因而对五四以来的新文艺进行了新的评估，"三十年来

---

① 冯乃超、荃麟：《方言问题论争总结》，见郑树森、黄继持、卢玮銮：《国共内战时期香港文学资料选》（一九四五——一九四九），第104、102页。
② 静闻：《方言文学试论》，《文艺生活》海外版第2期，1948年3月25日。

文艺的途径""是走着'之'字形的",即"从为人的文学（白话文学）到今天为工农兵文学（方言文学），这根红线的曲折伸延，经了三十年，像是迟缓，其实也是飞快的!"① 似乎方言文学之前的文学运动都是为着方言文学的曲折出现而做的预演，似乎方言文学就是新文学运动的高潮和终点。论调背后隐现的是方言文学论者将方言文学纳入文学正统、赋予其合法性的心态和努力。

至于方言文学是否会对已经统一的国语——普通话造成破坏，香港的这批文艺工作者认为，"所谓统一的言语应该是从各地不统一的言语基础上统一起来的"，但"现在的普通话"是"混合着北方及华中各省的方言而构成的"。② 而"北方语作为'文学语言'的优势之造成，巨著之产生固为其一因，然亦仅一因而已，事实上六百年来北方语作为'文学语言'的优势之形成，尚有其更重要的政治经济交通诸因素"。事实上，"'五四'以来的'白话文学'就是一种以北方语为基础的口语文学，……不妨视为'北中国的方言文学'"，广东的"白话文学"也理应是"广东方言学"。③ 但普通话仍是"容纳许多地方的土话，接受外国字眼，吸收古人有用的成语"的"为人民解放而斗争的言语"，虽然目前"无法为全国各地广大群众所运用"，但"也是群众的言语"。发展方言文学非但不会破坏普通话，相反，"发展各地方的方言土语，只有丰富这种普通话的作用，而这种普通话的成就越高，也会反过来影响方言的提炼和加工工作，使方言也就丰富起来。"④ 而且，"方言文学不是'排他的'"，方言文学"是要和别的方言文学以及普通话的文学共存共荣，携手并进的。它是使将来的普通话文学更加壮实的"。⑤ 在这样一种理论逻辑下，南方的这批方言文学论者让人们确信，他们发展方言文学既实现了普通民众的"写说一致"，

① 林林：《白话诗与方言诗》，《文艺生活》海外版第 14 期，1949 年 5 月 15 日。
② 冯乃超、荃麟：《方言问题论争总结》，见郑树森、黄继持、卢玮銮：《国共内战时期香港文学资料选》（一九四五——一九四九），第 103 页。
③ 茅盾：《杂谈方言文学》，见郑树森、黄继持、卢玮銮：《国共内战时期香港文学资料选》（一九四五——一九四九），第 112~13 页。
④ 冯乃超、荃麟：《方言问题论争总结》，见郑树森、黄继持、卢玮銮：《国共内战时期香港文学资料选》（一九四五——一九四九），第 108 页。
⑤ 静闻：《方言文学试论》，《文艺生活》海外版第 2 期，1948 年 3 月 25 日。

延续和深化了五四新文学运动中有关语言和文学变革的精神传统，另一方面，方言文学又和其时统一的国语（普通话）及国语文学（普通话文学）处于一种互补双赢的良性关系之中。

由此，无论是从历史着眼还是从现实状况出发，方言文学运动都可以说既是对五四新文学运动精神传统的承继，又是对其时语言及文学的补益。方言文学主张的合法性似乎确凿无疑了。

五、合法性之限度：和政治意识形态的历史的符合关系

可以看出，20 世纪 40 年代后期留在香港的这批南方文艺工作者动用了多种理论资源，从多个角度论证了方言文学的历史合法性。但无法忽视的是，方言文学由于语言工具使用范围的限制（冯乃超等人主张的方言文学是纯粹用方言写就的文学，而非普通话夹杂方言的"揉杂"写作）而难以摆脱其地方性和行之不远性。

但这并没有影响方言文学论者对方言文学地位的"高估"，郭沫若提出，"方言文学的建立，的确可以和国语文学平行，而丰富国语文学"，因为"用广州话写出的作品只要你是杰作，我们尽可以把它翻译成别种方言或国语，你是无须乎忧愁不懂广州话的人读不到你的杰作的"[1]。林林也认为，"有好的国语诗，可以译为方言诗；有好的方言诗，也可以译做国语诗，彼此互相吸收，互相交流，虽然方言比国语更能传神"[2]。既然有了"互译"的"良方"，方言文学主张似乎没有什么不可逾越的"障碍"了。并且，基于"未来新民主文艺的发展""路向"是"向着普及、及与工农兵结合"这一估计，司马文森相信，将来"地方性文化的发展是必然的"，而"以广州为中心的华南文化区"有自己的特点，因此，"加强发展华南的方言文艺运动"将是"文艺建设上""最显明的特色之一"。[3]

这样，发展方言文学运动的必要性、可行性以及对其发展前景的预估都

---

① 郭沫若：《当前的文艺诸问题》，《文艺生活》海外版第 1 期，1948 年 2 月。
② 林林：《白话诗与方言诗》，《文艺生活》海外版第 14 期，1949 年 5 月 15 日。
③ 司马文森：《文艺工作者怎样迎接华南解放？——为纪念"五四"三十年作》，《文艺生活》海外版第 14 期，1949 年 5 月 15 日。

不存在问题了，于是文协香港分会的代表，已经"把《在全国各处发展方言文学运动》的提案，正式带到北平的文工大会上去"①，准备推广到全国。

在原定为第一次文代会开会的这一天——1949 年 6 月 30 日，因"交通阻滞或工作牵连"不能出席第一次文代会的留港文工大会代表王琦、司马文森、吴祖光、邵荃麟等人举行了庆祝茶会，会上除了通过了一个对文工大会的贺电外，还对即将产生的文联总会的性质、方针、工作等进行了热烈讨论，从"对于今后总会组织机构方面""关于内部工作组织部门方面""关于总的工作方面"和"关于电影工作方面"四个方面对文协总会提出了自己的意见。在关于总会组织机构系统设置方面，留港的代表们提出，"在文联总会下，各地应根据各大地区，分设华南、华北、华中、华东、西北各区分会的集中领导，如华南的方言文艺，除文学艺术方面应根据全国统一的方向精神，求贯彻之外，同时配合各大地域的特点，以展开区域性的文学艺术运动——如方言文艺等"②。尤为强调了华南方言文艺运动存在和发展的必要性。司马文森也将"发展方言文学"作为首要一点与"整理华南民间艺术，提出具体改良粤剧，粤语电影办法，改造旧艺人，培植新干部"一起，对其作出了是文工大会闭幕后的南方文艺新任务、新工作的预期。③

但已然发生的历史则是，在 1949 年 7 月 2 日召开的第一次文代会上，茅盾关于国统区以及香港文艺运动的报告中有关方言文学的内容只有区区几个字。④"据当时参与的一位学者回忆，本来有一位文艺家负责起草了一

---

① 白纹：《方言文学创作上一个小问题》，《文艺生活》海外版第 14 期，1949 年 5 月 15 日。
② 记者：《全国文工大会日志（一）》，《文艺生活》海外版第 16 期，1949 年 7 月 15 日。
③ 编者：《文工大会闭幕以后》，《文艺生活》海外版第 16 期，1949 年 7 月 15 日。
④ 在报告的第三部分——"文艺思想理论的发展"中的第一点，即"关于文艺大众化的问题"中，茅盾将"方言文艺""民歌民谣的研究与讨论"看成是 1940 年"民族形式"问题论争在若干年后的"积极成果"，认为其"给予创作活动以好的影响"。但话锋一转，茅盾指出："但是另一方面，因为文艺大众化问题究竟不只是个形式问题，单就形式论形式，也就往往难免于陷入旧形式的保守主义的偏向，也就不能从思想上克服那对于文艺大众化成为最严重障碍的小资产阶级的思想及其文艺形式。"茅盾：《在反动派压迫下斗争和发展的革命文艺——十年来国统区革命文艺运动报告提纲》，见中华全国文学艺术工作者代表大会宣传处编：《中华全国文学艺术工作者代表大会纪念文集》，第 59 页。

节有关方言文学运动的报告，交给茅盾，但大报告出来时却没有被采用。"① 新中国成立后，香港的这批文艺工作者大部分北回广州，在《对一九五〇年华南文艺工作的希望》的笔谈中，只有华嘉一人仍着眼于华南作为特殊方言地区，文艺普及必须开展方言文学，并继续鼓吹大力发展方言文学运动的必要性。②

而在北京，1951 年 3 月 10 日，《文艺报》第三卷第 10 期上提出了关于方言文学问题的讨论。编者在"编辑部的话"中介绍了邢公畹发表于《文艺学习》第二卷第 1 期（1950 年 8 月 1 日）的《谈"方言文学"》一文，并总结了邢文的观点，即邢认为"方言文学这个口号不是引导着我们向前看，而是引导着我们向后看的东西；不是引导着我们走向统一，而是引导着我们走向分裂的东西"，而且"方言文学这个口号完全是从中国语言的表面形态的基础上提出了的；不是从中国语言的内在本质的基础上提出了的"。编者并在同期《文艺报》上发表了刘作骢的批评文章——《我对"方言文学"的一点意见》和邢公畹的回应文章——《关于"方言文学"的补充意见》以及周立波的《谈"方言问题"》。《文艺报》明显一副要把方言文学问题搬上台面"掰扯"清楚的架势。

但现在看来，着眼于普及、提高的刘作骢和着意于方言在文学中的表现力的周立波，在方言以及方言文学存在合理性的认识上，比之深谋于现代民族国家统一的邢公畹，不能不说是略逊一筹。之后发表在《文艺报》上的支持方言文学的文章明显有退守之势，如杨堤指出"强调用标准语不用方言来创作是不适当的"，"在使用标准语创作时，可以而且需要适当的提炼和吸收各地的方言，来丰富自己的作品"。但"在一些地方性较强的报章杂志、文艺刊物就需要用更多的方言来创作，使读者感到亲切，使读者更易于接受"。③ 吴士勤虽表示支持周立波提倡和发扬方言的观点，但认

---

① 郑树森、黄继持、卢玮銮：《国共内战时期（一九四五——一九四九）香港文学资料三人谈》，见郑树森、黄继持、卢玮銮：《国共内战时期香港文学资料选》（一九四五——一九四九），第 15 页。

② 华嘉：《大力开展方言文学运动》，见《对一九五〇年华南文艺工作的希望》（笔谈），《文艺生活》穗新版第 1 期，1950 年 2 月 1 日。

③ 杨堤：《关于方言文学的几个问题——并以此文与邢公畹同志商榷》，《文艺报》第四卷第五期，1951 年 6 月 25 日。

为要"有一定的限度"。①

到了 1955 年 10 月中下旬，"全国文字改革会议"和"现代汉语规范问题学术会议"先后在北京召开。10 月 26 日，《人民日报》发表了题为《为促进汉字改革、推广普通话、实现汉语规范化而努力》的社论，社论指出，"目前最迫切的一项工作，就是推广汉民族共同语，同时力求汉语的进一步规范化"。"这种汉民族共同语，就是以北方话为基础方言、以北京语音为标准音的普通话。必须使这种普通话推广到全国各地，普遍使用，并使普通话在语音、语法、词汇各方面，有明确的规范"。普通话和方言的"正确"关系是，"普通话是为全民服务的，方言是为一个地区的人民服务的"。而"语言的规范必须寄托在有形的东西上"，"这首先是一切作品，特别重要的是文学作品，因为语言的规范主要是通过作品传播开来的。"因此，"每一个说话和写文章的人"都要"注意语言的纯洁和健康"，必须纠正"在出版物中特别是文学作品中滥用方言的现象"。② 至此，方言文学的生命实际上已被判为终止。

对于其中原因，有香港学者认为，"在统一的大前提下，不能再强调地域性文艺"，方言文学"与五十年代初期的政策不尽相符"。③ 此可谓"一语道破天机"——方言文学在多个层面具有的历史合法性实际上是具有一种有限性的，这个限度在于其和政治意识形态的要求是一种历史的符合关系，而不是必然的符合关系。

就文艺大众化来说，其实践层面和思想层面都是在毛泽东《讲话》中的"文艺为人民大众，首先为工农兵"这一中共文艺意识形态的指导之下进行的，方言文学是对其根本思想的创造性迎合。因而方言文学实质上是在占主流或主导地位的政治意识形态的规约之下、在其许可的有限范围内建基立论的。在特定的历史时期，方言文学的普及文艺、争取群众的功效

---

① 吴士勋：《我对"方言问题"的看法》，《文艺报》第四卷第 5 期，1951 年 6 月 25 日。

② 《为促进汉字改革、推广普通话、实现汉语规范化而努力》，人民日报社论，1955 年 10 月 26 日。见《为促进汉字改革、推广普通话、实现汉语规范化而努力》，南京，江苏人民出版社 1956 年版，第 36、38 页。

③ 郑树森、黄继持、卢玮銮：《国共内战时期（一九四五——一九四九）香港文学资料三人谈》，见郑树森、黄继持、卢玮銮：《国共内战时期香港文学资料选》（一九四五——一九四九），第 15 页。

符合于政治意识形态的目的，因而被允许、甚至被强化，但一旦历史进入新的时期，群众已无须争取，而建立现代民族国家所必须的各个领域、各种层面的"统一"又成为一个严重问题的时候，方言文学自然失去了继续存在的理由。正如邢公畹所言：

> 在过去的解放战争初期，主要支援战争的是农民，革命的阵地也在农村，因此文艺活动主要是反映农民的活动，而文艺作品所使用的表现中介主要也是地方色彩极为浓厚的语言（方言）。那个时候，我们要在国民党统治地区进行文艺上的斗争（甚至在我们最初进入大城市的时候），我们就必须介绍农村，介绍农民，因为那也就是介绍革命。因而在表现中介的问题上，我们提出了"方言文学"的口号，从那个阶段来说，并不是不正确的。因为这个口号，就是作为对反动统治阶级斗争的策略之一而提出的，是具有一定的革命意义的。但是，自从中国人民的革命力量解放了若干大城市之后，就迅速地在全国范围内得到了胜利。中国人民的任务是要在政治上、经济上、文化上完成新民主主义的改革，实行民族的统一与独立，由农业国变成工业国。特别是在人民政治协商会议召开之后的今天，我们可以说，我们的国家已经是一个独立、民主、和平、统一，并且不断走向富强的国家了。

因此，邢公畹认为大家应该以"正在发展中的统一的民族语"来创作（即在创作中要"适当地避开地方性土话"），而不应该用方言来创作（即创作中"特别去使用并且强调那些地方性的土话"）。①

至于方言文学对新文学运动中"言文一致"这个口号的刻意强化，则是方言文学论者没有把握住这样一个根本的事实——从晚清的拼音化运动到五四时期的国语运动，"言文一致"虽然一直是和"语言统一""国语统一"并列的口号，但随着运动的发展其往往会让位于后者。② 原因同样

---

① 邢公畹：《关于"方言文学"的补充意见》，《文艺报》第三卷第十期，1951 年 3 月 10 日。

② 参看王风：《晚清拼音化运动与白话文运动催发的国语思潮》，《现代中国》第一辑，武汉，湖北教育出版社 2001 年版。刘进才：《国语运动与现代民族国家的想象》，《人文杂志》2010 年第 4 期。

是出于对形成国家观念和巩固民族国家统一的考虑。

因此，40 年代华南方言文学运动的有限合法性就在于其合法性的存在与否取决于其和政治意识形态之间关系的弹性符合程度。当二者一致时，方言文学获得暂时的合法性；当后者做出前者的发展可能影响国家统一的效果预期时，方言文学则失去其合法性。由此，轰轰烈烈、轰动一时的华南方言文学运动成为在一定的历史时空范围内具有合法性的有限性存在。

结语 《文艺生活》及其周边

"表面上，报刊研究很好做，只要肯吃苦，像傅斯年说的那样，'上穷碧落下黄泉，动手动脚找东西'，这就行了。……可真的登堂入室，你会发现，处处是陷阱，做好其实很不容易。除了'资料功夫'，更重要的，很可能是研究者的眼光、趣味及学养。"① 作为在报刊研究领域有着丰富的研究与教学经验的文学史研究者，陈平原此番话可谓"经验之谈"。确实，报刊研究者在研究时必须带有"问题意识"，必须清醒地知道自己的任务并不仅仅在于描述一个重要报刊的整体风貌，而且能够把这个报刊上的全部文本纳入文学史、思想史、文化史、社会史等视野的观照之下。对于报刊研究者而言，这既是一个方法论，又是一个高要求。说它是方法论，意思是研究者一方面要"向内看"，另一方面又要"向外看"，无论是整体研究还是局部研究都要求如此；说它是高要求，意思是研究者一方面要保护文学的原生态不受既有理论成见的钳制，另一方面又要时刻警惕不能深陷于史料之中而不能自拔。

处理好"内"和"外"、"入"和"出"的关系是报刊研究的一个关键问题，《文艺生活》月刊的研究同样如此。我们不仅要关注刊物内容和刊物本身，还要关注刊物内容和刊物本身的周边。"周边"的意思就是"周围""附近的地方"，但半径多少才算是周围、附近？并没有定论。陈平原2004年出版了一本演讲集，名字就叫做《文学的周边》，缘于演讲内容包括了文学以及与文学具有"剪不断、理还乱"纠杂关系的艺术、教育、出版、学术史、大众传媒等。可见，"周边"是一个弹性概念，尺度自己把握。

就刊物研究而言，刊物上的文学文本和理论文本是中心，这是无疑义的。因为任何一本刊物安身立命的根本就是要发表好的文学作品和理论批

---

① 陈平原：《文学史视野中的"报刊研究"——近二十年北大中文系有关"大众传媒"的博士及硕士学位论文》，《现代中国》第十一辑，第153页。

评文章，能够吸引或招徕到名家作品、能够发掘出文学新秀、能够参与到文学论争，这都是刊物主编的本事。但在对这些文学文本和理论文本的阅读分析过程中，又必须有"周边"的文学史、思想史、社会史等的支撑。如桂林版《文艺生活》中的诗歌文本和小说文本，我们就必须将其放置于抗战中期（速胜无望）、文学路向调整（呼唤现实主义）等历史背景和文学思潮中，这样才能相对准确地描述和评判这些作品。再如，光复版和海外版《文艺生活》中的理论文本和批评文本，我们也必须从 40 年代下半叶国共内战的政治局势、毛泽东人民文艺思想在香港的传播、现代统一民族国家的建立等方面去还原历史、分析文艺运动形成和发展的各种动因。因此，"周边"是刊物文本的周边。

刊物本身同样有"周边"。这个"周边"就是"围绕杂志的一些事物"，包括"文化中心的迁移、变易，作家和文人集团的离合聚散，文学杂志的创刊停刊，以及由之引起和体现的文学地图的改写，文学精神的转变"；"杂志文本的具体编辑、构成情况，包括它的编辑者、出版方、作者、读者的情况，和杂志内各类文学作品的发表情况及其发展水平"；"杂志内部各因素间的平衡、制约、激发等结构性功能与不同杂志间的'文本间性'关系问题"。① 本书没有涉及杂志间的"文本间性"问题，但前面的几个方面都有所关注。40 年代多元文化中心的形成，华南文学地图主线的描画，文人主导下的群体性办刊模式的创建，引领性文学平台和读者型文学社团的构建以及所做的 10 个附表等都是对《文艺生活》"周边"的探讨。

除此而外，本书认为，《文艺生活》的"周边"还可以延伸至更远的地方：

第一，借助文学生态学的概念范畴，《文艺生活》月刊与 40 年代文学生态关系的讨论可以从文学期刊诞生和发展的内部要素（刊物编辑者对作家、作品、读者的统筹）、文学期刊的外部生存环境（包含政治、经济、文化、地域等要素）着手，探讨文学期刊和外部环境相互关联、彼此制约所形成的文学期刊生态系统，由此尝试文学期刊生态学的理论建构。

---

① 邵宁宁：《关于现代文学杂志研究的方法论思考》，《甘肃社会科学》2006 年第 3 期。

第二，回应学界重写文学史的呼声，从《文艺生活》月刊的阶段性、地域化特点入手，描述《文艺生活》月刊与 40 年代华南文学的对应性关系（也即刊物与时代文学的关系），进而对 40 年代华南文学史以及一般的阶段性、地域化文学史的写作路径（结构、内容、地域间性等）进行了探索。

这样看来，"周边"确实是一个弹性很大的概念，在相对任人定义的同时也昭示了它的"无限性"——无论半径多大，由圆心通往圆周都有无数个半径。这也就意味着，刊物的周边还有无数的事物隐而未显，刊物文本本身就难以描述穷尽、而其周边也因而无尽。我们能做的只有努力地去走进历史现场，走进那个包括《文艺生活》及其周边事物的广阔而遥远的场域，去感受体悟，去审查考问……

巧合的是，本书分为上、中、下三编，每编 3 章，共 9 章。清代人朱骏声在《说文通训定声》中说："古人造字以纪数，起于一，极于九"。作为一个极数，9 预示着结束也预示着新的起点。这个起点可能是笔者自己下一步对《文艺生活》的进一步挖掘，也可能是由本书之"砖"所引来的学界同仁之"玉"。无论哪一种，都令人期待。

附 表

《文艺生活》桂林版所载文章一览表（表1-1）

（1941. 9. 15—1943. 7. 15）

卷、期、号出版年月	文章题目	作者	文类及统计	译介统计
第一卷第1期（创刊号）1941. 9. 15民国三十年	轭下	艾芜	小说:4	译介:3
	王英和李俊	司马文森		
	多余的人	荃麟		
	别针(德·I.罗顿堡格)	陈原		
	荒木大尉的骑兵	郑思	诗:3	
	给老战士	周钢鸣		
	行列	伍禾		
	秘密(西班牙·R.山德尔)	周行	剧本:1	
	齿轮(苏联工厂史之一)(苏·克罗帕脱诺伐)	何家槐	报告文学:1	
	屠格涅夫是怎样写作的	韦昌英	论文:1	
	鸡鸭二题	孟超	杂文:2	
	略谈"文人作风"与"武人作风"	东郭迪吉		
	编后杂记	编者	编后记	
第一卷第2期1941. 10. 15民国三十年	守夜人	葛琴	小说:3	译介:1
	查伊璜与吴六奇	孟超		
	雨季(一)	司马文森		
	萧(上)	伍禾	诗:5	
	轰炸后(轰炸后、母爱、蝙蝠的抗议)	郭沫若		
	李二爷与我们(叙事诗)	彭燕郊		
	土(苏联工厂史之二)(苏·派斯钦珂)	何家槐	报告文学:1	
	《忠王李秀成》自序	欧阳予倩	论文:4	
	读《忠王李秀成》	韦昌英、黄今		
	关于《哈姆雷特》	艾芜		
	俄国作家论莎士比亚	焦菊隐		
	不死的鲁迅·永生的鲁迅——为纪念鲁迅先生逝世五周年作	本刊同人	杂文:3	
	辛亥革命与袁世凯	宋云彬		
	文艺琐语	静闻		
	编后杂记	编者	编后记	

续表

卷、期、号 出版年月	文章题目	作者	文类及统计	译介统计
第一卷 第3期 1941.11.15 民国三十年	受训	寒波	小说:4	译介:5
	幼年	骆滨基		
	妻与爱人	郭弼昌		
	雨季(二)	司马文森		
	平原放马歌	邹荻帆	诗:5	
	斑鸠、雾、著作家	梅林		
	萧(下)	伍禾		
	父亲	雷蕾	散文:1	
	国难财(一幕喜剧)	张客	剧本:1	
	学习(苏联工厂史之三)(苏·克拉索文)	何家槐	报告文学:1	
	夏衍剧作论	周钢鸣	论文:2	
	论《堂吉诃德》(日·片上伸)	陈秋帆		
	AB对话——寿沫若先生五十之一	田汉	杂文:7	
	《女神》的邂逅——寿沫若先生五十之二	绀弩		
	向一个前驱者的祝颂——寿沫若先生五十之三	孟超		
	我的祝颂——寿沫若先生五十之四	韦昌英		
	我号召憎恨(苏·A.托尔斯泰)	孟昌		
	在战争的路上(波兰·W.瓦雪柳斯卡)	孟昌		
	我看见过他们(苏·I.爱伦堡)	秦似		
	香港文讯	毅	通讯:2	
	孤岛文讯	芳		
	编后杂记	编者	编后记	
第一卷 第4期 1941.12.15 民国三十年	居心	薛汕	小说:5	译介:5
	一幅写生画	孙钿		
	白的兽物(法·A.桑松)	陈占元		
	电话机(苏·D.柏盖尔逊)	庄寿慈		
	雨季(三)	司马文森		

卷、期、号 出版年月	文章题目	作者	文类及统计	译介统计
第一卷 第4期 1941.12.15 民国三十年	海滨散曲十章	陈残云	诗：3	
	遥寄莫斯科城	芦荻		
	穷苦的人们(法·V.雨果)(叙事诗)	穆木天		
	故乡及其他：(故乡、不安、白发)	梅林	散文：5	
	忆列宁城	黄药眠		
	秋的感怀	孟超		
	论文学的敏感	欧阳凡海	论文：2	
	鲁迅的对人与对事——鲁迅研究的资料断片之一	荆有麟		
	寄慰苏联战士	欧阳予倩	杂文：13	
	为创造一个新世界而战	熊佛西		
	为了全人类的利益	荃麟、葛琴		
	希特拉将被洪流淹死	陈闲		
	致苏联漫画家	余所亚		
	慰苏联战士	张安治		
	声讨暴徒希特勒	韩北屏		
	生命，幸福，和平，在号召人类团结	郑怒		
	莫斯科是人类精神的堡垒	许之乔		
	中国诗歌界致苏联诗人及苏联人民书	冯玉祥等		
	桂林文协电慰苏联人民	桂林文协		
	我们必须联合起来(美·U.辛克莱)			
	苏联人民为全人类而行动(法·朱勒士·罗曼士)			
	编后杂记	编者	编后记	
第一卷 第5期 1942.1.15 民国三十一年	父子保长	冀汸	小说：4	译介：3
	雨季(四)	司马文森		
	新居	荃麟		
	算账——《马丁·伊顿》之一章(美·J.伦敦)	周行		
	纤夫	S.M	诗：5	
	路、雾	黄宁婴		
	新的土地	林山		
	新年献诗	伍禾		

续表

<table>
<tr><th>卷、期、号
出版年月</th><th>文章题目</th><th>作者</th><th>文类及统计</th><th>译介统计</th></tr>
<tr><td rowspan="10">第一卷
第 5 期

1942. 1. 15
民国三十一年</td><td>学习戏剧的一段回忆(上)</td><td>熊佛西</td><td>散文:1</td><td rowspan="10"></td></tr>
<tr><td>海、泪、火</td><td>雷蕾</td><td>散文诗:3</td></tr>
<tr><td>OK(苏联工厂史之四)(美·罗洛·华特)</td><td>何家槐</td><td rowspan="2">报告文学:2</td></tr>
<tr><td>伏尔加为战争而工作(苏·A. 托尔斯泰)</td><td>秦似</td></tr>
<tr><td>鲁迅眼中的敌与友——鲁迅研究的资料断片之二</td><td>荆有麟</td><td>论文:1</td></tr>
<tr><td>谈“架子”</td><td>高二风</td><td rowspan="3">杂文:3</td></tr>
<tr><td>读史杂抄</td><td>王伯圉</td></tr>
<tr><td>“天下太平”</td><td>野村</td></tr>
<tr><td>一九四一年文艺运动的检讨</td><td>田汉、荃麟、宋云彬、艾芜、孟超、伍禾、司马文森等</td><td>座谈:1</td></tr>
<tr><td>编后杂记</td><td>编者</td><td>编后记</td></tr>
<tr><td rowspan="16">第一卷
第 6 期

1942. 2. 15
民国三十一年</td><td>戍卒之变</td><td>孟超</td><td rowspan="5">小说:5</td><td rowspan="16">译介:4</td></tr>
<tr><td>新事业</td><td>徐盈</td></tr>
<tr><td>他来了吗(保加利亚·I. M. 伐佐夫)</td><td>孙用</td></tr>
<tr><td>雨季(五)</td><td>司马文森</td></tr>
<tr><td>雀和螳螂</td><td>韩北屏</td></tr>
<tr><td>短歌三首:《黎明》、《河》、《郿鄠戏》</td><td>何其芳</td><td rowspan="3">诗:5</td></tr>
<tr><td>决斗——《欧根·奥尼金》第六章(俄·A. 普式庚)</td><td>甦夫</td></tr>
<tr><td>新年财——农村小景之一</td><td>荷子</td></tr>
<tr><td>遥寄</td><td>韦昌英</td><td rowspan="4">散文:4</td></tr>
<tr><td>学习戏剧的一段回忆(下)</td><td>熊佛西</td></tr>
<tr><td>冬天——遥寄李欣</td><td>邹绿芷</td></tr>
<tr><td>牛伞二题</td><td>长伙</td></tr>
<tr><td>小兄弟(苏联工厂史之五)(苏·T. A. 范都兴)</td><td>何家槐</td><td>报告文学:1</td></tr>
<tr><td>文学的语言——论 B. 史楚金对电影剧本《一九一八年的伊里奇》的台词润饰工作(苏·N. A. 莱别兑夫教授)</td><td>陈原</td><td>论文:1</td></tr>
<tr><td>编后杂记</td><td>编者</td><td>编后记</td></tr>
</table>

续表

卷、期、号 出版年月	文章题目	作者	文类及统计	译介统计
第二卷 第1期 (总第七号) 1942.3.15 民国三十一年	前路	碧野	小说:6	译介:7
	命运	王西彦		
	点金术	SY		
	在孤岛	蔡磊		
	支坦人中间的一次恐惧(法·J.普里伏)	陈占元		
	雨季(六)	司马文森		
	破坏者与杀人屠夫(苏·玛雅科夫斯基) 囚徒(俄·A.普式庚)	魏荒弩	诗:5	
	黑夜中在海岸上(美·W.惠特曼)	高寒		
	你,民主政哟(美·W.惠特曼)	陈适怀		
	反侵略的旗——大众合唱诗	王亚平		
	怀希腊(苏·爱伦堡)	小畏	散文:2	
	爱与憎	寒波		
	"管它妈的"(苏联工厂史之六)(苏·G.利密佐夫)	何家槐	报告文学:1	
	谈波华荔夫人传	陈闲	论文:2	
	鲁迅论爱罗先珂——鲁迅研究的资料断片之三	荆有麟		
	在五战区	田涛	通讯:4	
	在昆明	荒弩		
	《诗歌新论》在整理中	高寒		
	渝翻译学会工作近况	李葳		
第二卷 第2期 (总第八号) 1942.4.15 民国三十一年	安娜卡列尼娜之死——《安娜·卡列尼娜》第七部最后九章(俄·托尔斯泰)	宗玮	小说:2	译介:3
	雨季(七)	司马文森		
	雪夜	邹荻帆	诗:8	
	春夜	曾卓		
	村庄	邹绿芷		
	新生的颂歌	杨伊		
	春天小唱(春天小唱、茧、灯、风筝)	史伍		

续表

卷、期、号 出版年月	文章题目	作者	文类及统计	译介统计
第二卷 第2期 （总第八号） 1942.4.15 民国三十一年	一世纪的末端——香港陷落琐记	郁风	散文：4	
	去国草	赵令仪		
	怀香港（正文标题是忆香港）	靳以		
	访问托尔斯泰故居 （苏·加南特）	蒋朝淮		
	秋声赋（五幕剧）	田汉	剧本：1	
	太平洋上的一二·八	华嘉	报告文学：1	
	托尔斯泰的文学遗产 （苏·V.日丹诺夫）	李葳	论文：1	
	"第四十一"等单行本前记	靖华	杂文：3	
	从剧作《屈原》想起	周务耕		
	谈发展欲	欧阳凡海		
	新形势与新艺术	田汉、欧阳予倩、夏衍、熊佛西、李文钊、洪深、蔡楚生	座谈：1	
	编后记	编者	编后记	
第二卷 第3期 （总第九号） 1942.5.15 民国三十一年	十一日	赵宁	小说：3	译介：2
	雨季（八）	司马文森		
	胞敌	田涛		
	家·精神的尾闾	臧克家	诗：5	
	低音的琴弦、榨底歌、歌	郑思		
	院落	邹绿芷		
	《十年诗草》题记	卞之琳	散文：3	
	残破的东洞——战地印象记之一	敬文		
	岁暮怀人	秋帆		
	秋声赋（五幕剧）	田汉	剧本：2	
	埃戈尔·布利乔夫（苏·高尔基） （三幕剧）	焦菊隐		
	从打杂到领队（苏联工厂史之七） （苏·瑟洛丁娜）	何家槐	报告文学：1	
	高尔基的社会论文	田仲济	论文：2	
	有趣的会谈——鲁迅研究的资料 断片之四	荆有麟		

卷、期、号 出版年月	文章题目	作者	文类及统计	译介统计
第二卷 第4期 (总第十号) 1942.6.15 民国三十一年	康克林	郁天	小说:4	译介:9
	雪夜	葛琴		
	来福枪(匈牙利·B.伊勒斯)	周行		
	雨季(九)	司马文森		
	致胡佛总统的一封信——一篇童话(苏·班台莱耶夫)	彭慧	童话:1	
	雨后(外二章)(猎户、春雷)	彭燕郊	诗:16	
	给我的母亲及其他(给我的母亲、同意、我们的钟、安慰、山歌、祷告)(捷克斯拉夫·J.讷路达)	孙用		
	风雨及其他(赠别、风雨、遗失)	晦晨		
	在祖国的摇篮里——抒情四章(《走向自由祖国》、《守夜》、《哨兵》、《漓江桥上》)	许幸之		
	秋声赋(五幕剧)	田汉	剧本:1	
	丁西林剧作试论	许之乔	论文:2	
	"笼"和"鸟"——关于家鸽及其他的一段杂感	罗荪		
	鲁迅魂(日·鹿地亘)	欧阳凡海	杂文:1	
	关于战争的书	记者	通讯:2	
	苏联的战时电影	记者		
第二卷 第5期 (总第十一号) 1942.8.15 民国三十一年	斗士	任重	小说:3	译介:3
	雨季(十)	司马文森		
	一双鞋子	王西彦		
	爱的高歌(德·蒂奥·蓉)	魏荒弩	诗:1	
	楼居	曾敏之	散文:2	
	过客	曾卓		
	四季(伪爱、四季、木工、工作、夜行、镜子、纹、望)	韩北屏	散文诗:15	
	别离歌(海、别离歌、给佛的子弟们、鱼的受难)	严杰人		
	八阵图(骆驼、白天的梦、八阵图)	伍禾		

续表

卷、期、号 出版年月	文章题目	作者	文类及统计	译介统计
第二卷 第5期 （总第十一号） 1942.8.15 民国三十一年	青年军官——历史剧《苏瓦洛夫元帅序幕》（苏·巴克特列夫、拉苏莫斯基）	丽尼	剧本：2	
	秋声赋（五幕剧）	田汉		
	香烟大王的故乡（英·普利斯德利）	胡仲持	报告文学：1	
	创作上的典型问题	明明	论文：1	
	乱弹	木公	杂文：3	
	读画录	黄茅		
	绅士式的战争	辛夷		
第二卷 第6期 （总第十二号） 1942.9.15 民国三十一年	夜车	荒煤	小说：5	译介：3
	自耕农张大才	荆有麟		
	三斗小麦	沙汀		
	悲喜剧	SY		
	雨季（十一）	司马文森		
	那人、盲目的歌者	曾卓	诗：4	
	白杨	S·M		
	夜会女王（俄·A.普式庚）	甦夫		
	割弃	韦昌英	散文：3	
	石油河颂	寒波		
	断想	雷蕾	散文诗：1	
	秋声赋（五幕剧）	田汉	剧本：1	
	跃进二百年（苏联工厂史之八）（苏·古兹玛·脱莱格勒姆珂夫）	何家槐	报告文学：2	
	在敌人后方（苏·N.微尔塔）	李葳		
	关于《诗垦地》丛刊	邹荻帆	通讯：2	
	在甘肃的荒原	寒波		
第三卷 第1期 （总第十三号） 1942.10.15 民国三十一年	猫儿盖——山居小记	青苗	小说：6	译介：6
	一个农夫养活二位将军（俄·萨尔蒂珂夫）	小畏		
	呈报书（苏·M.伊尔赞）	周行		
	雨季（十二）	司马文森		
	一个老人	黄药眠		
	江边	华嘉		

卷、期、号 出版年月	文章题目	作者	文类及统计	译介统计
第三卷 第 1 期 (总第十三号) 1942. 10. 15 民国三十一年	光明、去国者之歌(法·V.雨果)	穆木天	诗:2	
	"场上"	邹绿芷	散文:1	
	一刻千金(独幕剧)	欧阳予倩	剧本:1	
	萨尔蒂珂夫的生平(苏·耶伏里内依)	小畏	论文:3	
	论萨尔蒂珂夫(苏·耶伏里内依)	小畏		
	"爱人类"与"人类爱"——论文学者的学习与战斗的道路	周钢鸣		
第三卷 第 2 期 (总第十四号) 1942. 11. 15 民国三十一年	新衣	寒波	小说:4	译介:1
	巧凤家妈	彭慧		
	损失	周正仪		
	雨季(十三)	司马文森		
	归来二章	力扬	诗:3	
	大树	苏金伞		
	一出喜剧——贡献给戏剧界联谊晚会的一个节目(独幕剧)	林觉夫	剧本:1	
	忠实的塔立索尔(俄·萨尔蒂珂夫)	小畏	寓言:1	
	屈原的文学遗产	姚雪垠	论文:2	
	鲁迅创作里的典型人物——辛亥前后的中国农村	辛勤		
第三卷 第 3 期 (总第十五号) 1942. 12. 15 民国三十一年	春雨濛濛中的黎明	孟田	小说:3	译介:2
	乡村救济记(匈牙利·巴尔塔)	周行		
	雨季(十四)	司马文森		
	求婚者(俄·普希金)	穆木天	诗:4	
	火花(誓、我的诗、火花)	曾卓		
	如此纳粹	长伙	散文:2	
	失去了的乐园	辛夷		
	法西斯细菌(五幕六场剧)	夏衍	剧本:1	
	岁末话文坛	林焕平	论文:1	
	关于《春雨濛濛中的黎明》的作者	司马文森	编者按	

续表

卷、期、号 出版年月	文章题目	作者	文类及统计	译介统计
第三卷 第4期 (总第十六号) 1943.2.15 民国三十二年	陈可为	梅林	小说:4	译介:1
	到前方去	萧蔓若		
	再见	黄药眠		
	夏贝尔上校(上)(法·巴尔扎克)	穆木天		
	一束玫瑰(诗集)25首	彭燕郊	诗:25	
	如此纳粹	长伏	散文:4	
	落叶	高兰		
	回忆中的英伦——欧游杂忆之一	铁生		
	丁东草	郭沫若		
	关于《家鸽》的辩解	王西彦	论文:2	
	论题材·生活·认识——一个范围狭小的巡礼	黄绳		
	民国三十二年的希望	柳亚子	杂文:4	
	洪炉歌	宜闲		
	遥寄	何家槐		
	元旦杂忆	孟超		
第三卷 第5期 (总第十七号) 1943.5.15 民国三十二年	圈套	沙汀	小说:4	译介:3
	盛四儿(上)	安娥		
	夏贝尔上校(下)(法·巴尔扎克)	穆木天		
	故事两则(苏·曹西谦珂)	李育中		
	埋葬	曾卓	诗:1	
	一个士兵演员	张客	散文:5	
	勇毅的女人	尹雪曼		
	背影	高岗		
	哀巴黎	铁生		
	如此纳粹	长伏		
	《野玫瑰》与《这不过是春天》	孟哲	论文:2	
	谈屈原的悲壮剧	柳涛		
第三卷 第6期 (总第十八号) 柴霍夫逝世 四十年纪念 1943.7.15 民国三十二年	山谷中(俄·柴霍夫)	彭慧	小说:5	译介:2
	模范班长	周而复		
	李芬的悲哀	易巩		
	盛四儿(下)	安娥		
	蝗虫(印度·S.雷杰·雷脱南)	无垢		

续表

卷、期、号 出版年月	文章题目	作者	文类及统计	译介统计
第三卷 第6期 （总第十八号） 柴霍夫逝世 四十年纪念 1943.7.15 民国三十二年	雾夜	许幸之	诗：1	
	喀山——蒙古人的故乡	黄药眠	散文：2	
	岷江上游	方敬		
	潇湘夜雨（一幕三场）	王逸	剧本：1	
	聋子和瞎子噪架的故事——民间寓言故事之四	欧阳凡海	寓言：1	

《文艺生活》光复版所载文章一览表（表1-2）
（1946.1.1—1948.1）

期、号 出版年月	文章题目	作者	文类及统计	译介及统计
第1号 总第19号 1946.1.1 民国卅五年	宋国宪	司马文森	小说：2	译介：3
	风砂的城	陈残云		
	象做总督（俄·N.克里罗夫）	陈原	诗：9	
	街，商品……（街、商品、商品！、灵魂的工程师、乞丐、给远方来的人）	黄药眠		
	车厢小唱（无题、搜索）	黄宁婴		
	希望	陈成远		
	复员的春天（苏联·奥尔加·勃尔戈慈）	何家槐	散文：2	
	无花果树（瑞典·V.凡·海登司塔姆）	绿原		
	人民的文艺（代发刊词）	郭沫若	杂文：9	
	杞忧	楼栖		
	哀真理	荷子		
	保障作家创作自由的建议	欧阳予倩		
	谈低级趣味	严杰人		
	复员非复原	甦夫		
	斗牛	娄木		
	"专家"与"大王"	捷三		
	乞师	绀弩		
	编者·作者·读者	编者	编后记	

续表

期、号 出版年月	文章题目	作者	文类及统计	译介及统计
	古老师和他的太太	黄药眠	小说:3	译介:2
	神媒	韩北屏		
	官兵之间(苏·A.巧珂夫斯基)	何家槐		
	你到哪儿去、什么时候你来呀	吕剑	诗:5	
	素描三章(乞儿、失业者、茶馆)	曾卓		
	一切的峰顶——再献给真勇者罗曼罗兰	洪遒	散文:3	
	当胜利到来的时候	马宁		
	忆冼星海	孙慎		
	《诗论》拾遗	艾青	论文:1	
第2号 总第20号 1946.2.1 民国卅五年	检举文艺汉奸	司马文森	杂文:7	
	韩信与刘邦	陈残云		
	我建议	郭沫若		
	一个叛徒的故事(苏·爱伦堡)	陈原		
	送某将军赴美	田汉		
	林语堂博士在美国搞些什么	余林		
	冬夜杂感	捷三		
	上海的"文艺复兴"	王坪	文艺通讯:2	
	景宋海婴和鲁迅先生的墓	坪		
	陪都文艺界致政治协商会议各会员书	茅盾、胡风等一百余人	来件:2	
	留港粤文艺作家为检举戴望舒附敌向中华全国文艺协会重庆总会建议书	何家槐、黄药眠等21人		
	编者·作者·读者	编者	编后记	
第3号 总第21号 1946.3.1 民国卅五年	萧咳	周而复	小说:3	译介:1
	不健康的人	易巩		
	如此复员	公曼		
	不再为了战争	洪遒	诗:5	
	我的村庄、春垦曲	吕剑		
	再不容许内战	征军		
	出丧的行列——为昆明,重庆,上海,广州学生反内战示威巡行作	李卡		

期、号 出版年月	文章题目	作者	文类及统计	译介及统计
第3号 总第21号 1946.3.1 民国卅五年	渔梁小集	华嘉	散文:6	
	哭杨潮	夏衍		
	苏联纪行(美·史诺)	李育中		
	人民科学家的高士其	马宁		
	破狱	荷子		
	大江边上	艾芜		
	论约瑟夫的外套——读了希望第一期《论主观》以后	黄药眠	论文:3	
	论《清明前后》	周钢鸣		
	贫困的一年——记一九四五年美国文坛	李育中		
	援救秦似	司马文森	杂文:6	
	欣闻秦似未死	绀弩		
	展览会门外谈	马宁		
	大总统忧虑破产	欧阳萝		
	谈民主风度	无非		
	从弃婴说起	许稚人		
	秦似未死,现被囚广西狱中		文艺新闻:1	
	中华全国文艺协会港粤分会成立宣言		来件:1	
	编者按语(为马宁人民科学家的高士其一文)		编者按	
第4号 总第22号 1946.4.10 民国卅五年	冒险(美·休武特·安特生)	宜闲	小说:5	译介:6
	麦收的季节	周而复		
	一首诗的诞生	易巩		
	紫藤花	谷斯范		
	界	许翅		
	老戏子(老戏子、街头偶见、夜来香、遮掩、美国装备、给——、无题)	何家槐	诗:11	
	史太林之歌、普希金之歌(苏·江布尔)	向葵		
	活的队伍	黄阳		
	血祭	吕梁		

期,号 出版年月	文章题目	作者	文类及统计	译介及统计
第4号 总第22号 1946.4.10 民国卅五年	活的教育(美·李察拉脱)	李育中	散文:2	
	寻画记	刘仑		
	论美之诞生——评朱光潜的《文艺心理学》	黄药眠	论文:5	
	关于黑人新作家李察拉脱	李育中		
	和平·民主·建设阶段的文艺工作——在广州三个文艺团体欢迎会上的讲演	茅盾		
	生活·思想·创作——关于易巩君的创作的一个考察断片	于逢		
	读《腐蚀》	白蕻		
	对于人类的贡献	宜闲	杂文:6	
	读郑振铎《惜周作人》	胡明树		
	印度尼西亚杂文选译(米南加波、现代化)(印尼·M.亚米耳)	金丁		
	关公与龟精	章况		
	欣闻美国有疯子得开音乐会	光子		
	编者书简	编者	编后	
第5号 总第23号 1946.5 民国卅五年	走大路的人	陈残云	小说:4	译介:3
	人渣	华嘉		
	解围前后(苏·丁泰思)	何家槐		
	德国风情画(上)(苏·费定)	靖华		
	辩论,并慰问田园诗人,我睡得不好	绿原	诗:12	
	回敬崇高的慰问	高士其		
	朋友,把你的话说给大家听呵	金帆		
	勇敢地爱罢——给A姑娘	彭慧		
	悲伤的天伦,想着子岳	罗衍		
	雾的黎明	星斐		
	生活的曲调、向着灯	宇菲		
	战斗的旗	屠丁		
	我带来了芦笛	蔚蕖		
	抚河静静地流着	宜闲	散文:4	
	归来琐记	夏衍		
	寻画记(下)——在黄浦岛上	刘仑		
	荔枝上市的时候	司马文森		

期、号 出版年月	文章题目	作者	文类及统计	译介及统计
第5号 总第23号 1946.5 民国卅五年	侧面——在东江人民抗日纵队的战斗侧面	周钢鸣	报告文学：1	
	文艺上的一个基本问题——纪念五四文艺节	艾芜	论文：5	
	今天的文学与青年——序一位青年作家的散文集	静君		
	给中国的戏剧工作者	田汉		
	文艺工作者与"政治"	陈翔鹤		
	托尔斯泰的早年生活（英·D. 旁森比）	方敬		
	河上肇的死、征军——秋田雨雀被镜头联在一起、爱因斯坦的天真	胡明树	杂文：3	
	文协港粤分会纪念第二届文艺节宣言		其他：2	
	编者书简	编者		
第6号 总第24号 1946.7.1 民国三十五年	卢大爷回来了	碧野	小说：3	译介：3
	发抖的手和发抖的生活	韩北屏		
	德国风情画（下）（苏联·费定）	靖华		
	春天和燕子、复仇	林林	诗：7	
	为死难文化战士静默	穆木天		
	狱里（法·魏尔岑）、囚徒（俄·普希金）	端木蕻良		
	石骨河上的歌声	马达		
	你们凭什么理由不给	何霖		
	在星加坡的监狱里	陈如旧	散文：1	
	"近日楼"前——在这儿写着昆明几个民主和反民主斗争的故事	山地	报告文学：1	
	论思想和创作	黄药眠	论文：4	
	战争六年的英国文学	李航		
	论语言的创造	徐中玉		
	评姚雪垠的《出山》——载文选二期	黄阳		

期、号 出版年月	文章题目	作者	文类及统计	译介及统计
第 6 号 总第 24 号 1946.7.1 民国三十五年	不要玷污了秦始皇	楼栖	杂文:4	
	"起"与"死"	李薇		
	奴才的化装	金秀心		
	面子国	紫风		
	编后小言	编者	编后记	
第 7 号 1946.8 民国卅五年	激荡	陈残云	小说:3	译介:0
	珠江河上	易巩		
	催粮	沙汀		
	今天是什么日子呀	黄阳	诗:1	
	尼庵	黄药眠	散文:1	
	饥民(独幕剧)	章泯	剧本:1	
	走向人民文艺	郭沫若	论文:2	
	略论大后方文艺与人民结合问题	何其芳		
	妙论	宋芝	杂文:2	
	想起了祖父讲的故事	艾芜		
第 8 号 总廿六号 1946.9 民国卅五年	老郭和他的女朋友	司马文森	小说:3	译介:2
	一个军人	于逢		
	秋(德·苏台德曼)	胡仲持		
	起点	任键	诗:9	
	传说	严杰人		
	早晨、北极星——献给高士其先生	黄庆元		
	送李卉东归、题蔡彦的像片	钟卒		
	消息	孙艺秋		
	尹大嫂之死	公里		
	风雨凄凄的深夜	星斐		
	从夜里到夜里——告两年来关怀我的友人	秦似	散文:2	
	归来人	舒群		
	闻一多的道路	王懿	论文:3	
	谈陶派诗	袁水拍		
	罗曼罗兰与印度——东方思想的崇拜(印度·亚冗苏)	吴一立		
	三人约议	胡明树	杂文:2	
	报应说	力衡		
	编后小记	编者	编后记	

期、号 出版年月	文章题目	作者	文类及统计	译介及统计
新 9 期 1946.11 民国卅五年	救济品下乡	陈残云	小说:2	译介:0
	不挂牌的医生	马宁		
	民主短简(给中国的盲肠专家、给美国议员鲁克斯先生、附:代鲁克斯写给中国各大都市的市民、给八上庐山的马特使、给闻一多先生之灵)	黄宁婴	诗:5	
	人民勋章	SY	散文:2	
	喜事	刘白羽		
	一纸汇票,万千血泪	野村	报告文学:1	
	论文艺创作上的主观和客观	黄药眠	论文:1	
	遥致海洋彼岸的自由民	洪遒	杂文:1	
	广州的一日		征文连载	
	艺·文·志		文艺新闻	
新 10 期 1946.12 民国卅五年	春(上)	周而复	小说:3	译介:2
	无边的秋雨——纪念一个日子	刘白羽		
	某先生	萧蔓若		
	献给查奇斯的诗——Haiti 岛已故的人民诗人(美·L.休士)	林林	诗:1	
	自从死了黑煞神(解放区喜剧之一)	林柳杞	剧本:1	
	论萧红的《呼兰河传》	茅盾	论文:3	
	论宓西尔的《飘》	洪钟		
	左拉青年时代的生活(法·白唐·德·儒卫勒)	林如稷		
	广州的一日(2)		征文连载	
	艺·文·志		文艺新闻	
新 11、12 期合刊 1947 民国卅六年	春(中)	周而复	小说:5	译介:0
	藜灼五嫂	蒋牧良		
	青春素	文之流		
	破灭	沈子复		
	玻璃带子	高放		

续表

期、号 出版年月	文章题目	作者	文类及统计	译介及统计
新11、12期合刊 1947 民国卅六年	狐群画像（民主私生子的祖宗、杂架摊的伙计、卖血的勇士）	黄宁婴	诗：6	
	公务员呈请涨价	马凡陀		
	告诉冬眠的人、他冒雨走了	黄阳		
	从生活出发——对民间文艺运动的一点意见	荃麟	论文：1	
	美国灾	耶戈	杂文：7	
	关得住吗？关不住了！	尉迟青		
	讽刺一例	荀寰		
	迎一九四七年	公韬		
	文坛的打扫	林川		
	正告美国当局	宋芝		
	讽刺一例	荀寰		
第13期 总第31期 1947.4 民国卅六年	林子里的孩子们（英·Franck. O. Connoy）	胡仲持	小说：2	译介：1
	春（下）	周而复		
	起来，全越南的兄弟！	张殊明	诗：3	
	夜间	吕剑		
	胜利的晚会	饶焰		
	在乡下	雷天	散文：1	
	满城风雨——拟广州的一日	华嘉	报告文学：2	
	在反暴游行行列里	萧蔓若		
	王贵和李香香	周而复	论文：3	
	评《李家庄的变迁》	荃麟		
	对连环图画的检讨	黄谷柳		
	在民主文艺的旗子底下集合起来！——为"文艺生活社"征求社员运动告读者	编者	杂文：5	
	注意海外文艺读者对象、建立民主文艺基地、不负责的批评	编者		
	为文化，也为了民主事业，同情我们的朋友，请伸出支助的手来！——文艺生活社继续征求社员	文艺生活社		

期、号 出版年月	文章题目	作者	文类及统计	译介及统计
第13期 总第31期 1947.4 民国卅六年	展开华南通俗文艺运动——文协粤港分会通俗文艺座谈会座谈纪录	冯乃超	座谈:1	
	团结立志献身文艺的青年(来信)	陈雅	通讯:6	
	复信(给陈雅的回信)	司马文森		
	我是一个交不起社费的穷师范生(来信)	郑鸣		
	复信(给郑鸣的回信)	司马文森		
	款汇不出怎么办?(来信)	王毓秀、林茵		
	复(给王毓秀、林茵的回信)	文艺生活社		
新第14期 总第32期 1947.5 民国卅六年	五十一号	巴波	小说:4	译介:0
	田家乐	沙汀		
	同僚	上官豸		
	在我们乡下	陈残云		
	英雄林阿凤(诗体故事)	林林	诗:4	
	在海南岛上——献给亡友诗人征军和他歌颂的"小红痣"及其同志们	钢鸣		
	台湾,像是无告的孤儿	张殊明		
	谁杀死了王乡长	陈漫天		
	台湾岛上的血和恨	伯子	散文:3	
	为"五四"的"专家学者"做注解	冯乃超	论文:2	
	由"民主短简"谈到政治讽刺诗	黄药眠		
	向谁负责?	黎	杂文:3	
	对人民的责任感	林川		
	建立马来亚"文艺阵线"问题	宋芝		
	这一期的习作	司马文森	社员习作:3	
	谈谈香港社会中的几种暗语	陈雅		
	海上	铁掌		
	桂林春暮	野荀		

续表

期、号 出版年月	文章题目	作者	文类及统计	译介及统计
新第14期 总第32期 1947.5 民国卅六年	让我们紧拉着手前进——郑世深先生来信	郑世深	通讯:6	译介:0
	复郑世深先生信	司马文森		
	学写诗歌有什么方法——何树铃先生来信	何树铃		
	复何树铃先生信	陈残云		
	阅读文学作品及其他——麦启麟先生来信	麦启麟		
	复麦启麟先生信	司马文森		
	打算怎么做?	司马文森	其他:4	
	社务日记	司马文森		
	文艺生活社继续征求社员——社员的权利和义务			
	文生社社员五月份活动中心——健全并扩大我们的团体			
新第15期 总第33期 独幕剧专号 1947.7 民国卅六年	药——朝花夕拾记之一	林林	散文:1	译介:1
	逼上梁山(独幕剧)	温涛	剧本:4	
	劏死牛(都市小喜剧)	王逸		
	反饥饿(活报剧)	黄谷柳		
	梁仁达之死(活报剧)	唐漠		
	文学批评的职能(英·E. W. Martin)	胡仲持	论文:2	
	关于文艺批评的断想	默涵		
	野蛮无耻的标志	陈闲	杂文:4	
	群众是艺术创造者	蒲		
	故事两则(丢架子、官司)	招麦汉		
	怎样才能使读书会充实起来——蔡铨先生来信	蔡铨	通讯:12	
	复蔡铨先生信	LS		
	一个乡村漫画工作者的困恼——柏坚先生来信	柏坚		
	复柏坚先生信	编者		
	入社费可以分两次交吗——李捷先生来信	李捷		
	复李捷先生信	文森		

期、号 出版年月	文章题目	作者	文类及统计	译介及统计
新第 15 期 总第 33 期 独幕剧专号 1947.7 民国卅六年	这像一首诗吗——叶剑琴先生来信	叶剑琴	通讯:12	
	复叶剑琴先生信	陈残云		
	江瑶的出路问题——李攻心、思恩、雷露士来信	李攻心、思恩、雷露士		
	复李攻心、思恩、雷露士信	陈残云		
	深入群众中生活问题——李左凡先生来信	李左凡		
	复李左凡先生信	陈残云		
	这一期的习作	司马文森	社员习作:6	
	小贩	黎棠		
	一个乡村小学教师	余全		
	我最爱读的一本书——《虹》	春草		
	《风砂的城》最大的失败	郑鸣		
	《安娜·卡列尼娜》——我最喜欢阅读的书	夕天		
	海滨	刘梦华		
新第 16 期 总第 34 期 1947.8 民国卅六年	余外婆	蒋牧良	小说:1	译介:0
	中国,遇着历史的剧骗!	张殊明	诗:6	
	马来亚之歌	米军		
	走真正人的道路	黑雷		
	红灯码头——赤道风景线之一	丹影		
	致魏德迈将军(无题、欢迎词——致魏德迈将军)	黄宁婴		
	村中之夜(独幕剧)	陆擎	剧本:1	
	狗仔小调——上海学生运动中的集体创作	巨响	报告文学:2	
	在吕宋平原	杜埃		
	读黄宁婴的诗——《九月的太阳》、《荔枝红》、《受难的人》、《奴隶之什》、《溃退》、《民主短简》	荃麟	论文:2	
	论当前中国文艺的主题	林焕平	杂文:3	
	感谢侨胞对祖国文化的援助	司马文森		
	怎样看马凡陀	方远		
	海外有什么题材	T. A		

续表

期、号 出版年月	文章题目	作者	文类及统计	译介及统计
新第 16 期 总第 34 期 1947.8 民国卅六年	七月书简(与约瑟夫·卡尔玛的通信)	司马文森	通讯:7	
	如何丰富生活及其他——社员李陶来信	李陶		
	复李陶先生来信	周钢鸣		
	关于新诗的几个问题——春草顿来信	春草顿		
	复春草顿先生来信	陈残云		
	一个学习小组的工作计划——芙中学习小组来信			
	复芙中学习小组来信	司马文森		
	烧开了的水——被禁两夜记	亚弟	社员习作:2	
	灌水——在日敌时代	黎棠		
新 17 期 总第 35 期 鲁迅纪念号 1947.10 民国卅六年	鼻子	孟超	小说:2	译介:0
	借枪记——华南游击区小故事	蓝明		
	地之歌	杜埃	诗:12	
	给人民军	尹文		
	他需要美国	铁戈		
	看住他!	笛苗		
	方向(神话里的国度、方向)	申奥		
	声音(声音、并不荒芜)	向洋		
	街头诗二首(在"公共汽车"上、是那些?)	桑田		
	我和孩子	卓华		
	请愿图	臧云远		
	忆达夫先生	静闻	散文:1	
	凯旋(独幕广场剧)	王时颖	剧本:1	
	寒流里的风暴——记上海摊贩暴动	唐海	报告文学:1	
	生活美与艺术美	默涵	论文:3	
	为什么要读文学史? 怎样读文学史?	宋云彬		

续表

期、号 出版年月	文章题目	作者	文类及统计	译介及统计
新 17 期 总第 35 期 鲁迅纪念号 1947.10 民国卅六年	不死的凤凰	宜闲	杂文:4	
	鲁迅论新闻记者	夏衍		
	我所理想的《鲁迅传》	云彬		
	鲁迅也是狂人	柏寒		
	《怎样阅读文艺作品》讨论总结	第四学习小组	学习小组:	
	复理牛武林	司马文森	通讯:1	
新 18 期 总第 36 期 合刊·新年号 1948.1 民国卅七年	流浪汉	老集	诗:1	译介:0
	悼宋千金	夏衍	散文:1	
	奸细(独幕剧)	史朋	剧本:6	
	××小姐(独幕喜剧)	瞿白音		
	团结就是力量(独幕剧)	汪巩		
	查户口(歌剧)	集体创作		
	热血(塑像剧)	佚名		
	受审记(活报剧)	佚名		
	给南洋文艺青年	巴人	论文:3	
	怎样读小说	蒋牧良		
	怎样演塑像剧	田庐		
	一年小结——并向海外各支援我们的朋友们致谢	总社	杂文:4	
	人民翻身时代	宋芝		
	普及第一	孺子牛		
	感谢和慰问	方远		
	《李有才板语》讨论结论	文生中环组	学习小组:1	
	谁杀害她	李左凡	社员习作:8	
	迎月·送月	文华		
	马票	陈雅		
	你道和我道	学园		
	尾巴(哑剧)	林零		
	理想、你才孤独、?	何学正		

《文艺生活》海外版所载文章一览表（表 1-3）
（1948. 2—1949. 12. 25）

期、号 出版年月	文章题目	作者	文类及统计	译介及统计
第1期 总第37期 青年文艺创作 竞赛入选专号 1948.2 民国卅七年	动摇（入选第一名）	陈琢如	小说:4	译介:0
	新贵胡院长（入选第二名）	草莽		
	在捷发轮上——一千七百多个囚犯的遭遇（入选第三名）	叶烨		
	独眼龙（入选第四名）	胡序昭		
	童灿——山里的故事	适夷	报告文学:1	
	当前的文艺诸问题	郭沫若	论文:4	
	读林林的诗——《同志,攻进城来了!》的读后感	周钢鸣		
	乌兹别克的第一个歌剧《蒲朗》	茅盾		
	不要开倒车	公韬	杂文:4	
	从自我批评做起	孺子牛		
	培养文艺新军	宾弦		
	杂文应走普及的道路	周达		
	青年文艺创作竞赛结束报告	中华全国文艺协会香港分会	编后	
	编后记	司马文森		
第2期 总第38期 文协入选 独幕剧专号 1948.3.25 民国卅七年	生命的抟斗	黑丁	小说:2	译介:0
	乡讯	春草		
	翻身了,你伊拉克!	张殊明	诗:2	
	失去的战士	阳羽军		
	悼念征军	陈残云	散文:1	
	接到征兵通知书后（入选独幕剧）	刘朗	剧本:2	
	渡河,十二里（入选独幕剧）	史朋		
	十字架城之战	林林	报告文学:2	
	萨克林田庄	杜埃		
	申述"马华化"问题的意见	郭沫若	论文:5	
	方言文学试论	静闻		
	评创作竞赛的入选小说	周钢鸣		
	"马华文艺"试论	夏衍		
	《渡河,十二里》读后	瞿白音		
	诉苦是觉醒的开始	周达	杂文:3	
	一个学习的实例	林川		
	读《在捷发轮上》——从读者中来	刁尔图		
	编后记	编者	编后记	

期、号 出版年月	文章题目	作者	文类及统计	译介及统计
第3、4期合刊 总第39期 马来亚人民 抗敌记 1948.5.15 民国卅七年	一个家庭的故事	司马文森	小说:3	译介:0
	受难牛	陈残云		
	争夺	刘盛亚		
	梦与现实、送别诗、打门儿进去	冰山	诗:5	
	斗争没有停止	邓光亮		
	走呀,在越南的大地上	海濛		
	垃圾桶里的家伙	林林	散文:1	
	2+2＝5(独幕快乐戏)	瞿白音	剧本:1	
	线球——在昭南岛的女牢中(马来亚人民抗敌记之三)	叶韵	报告文学:4	
	虎口余生(马来亚人民抗敌记之四)	黄亦夫		
	狼之死(上)(马来亚人民抗敌记之五)	健雄		
	秋天的霞(马来亚人民抗敌记之六)	鸿鸣		
	读"文协"入选的两个独幕剧	夏衍	论文:3	
	反帝,反封建,大众化——为五四文艺节作	茅盾		
	文艺工作者的改造——纪念文艺节	冯乃超		
	编后	编者	编后记	
第5期 总第40期 1948.7.7 民国卅七年	老坑松和先生秉	华嘉	小说:2	译介:0
	"稀牛屎涂不上壁"	蒋牧良		
	日本,亚洲凶剧的主角	张殊明	诗:3	
	逼租	沙鸥		
	森林里的响箭——广州是一座森林	李太别		
	南昌之一夜	郭沫若	散文:3	
	略记在明月社时代的聂耳	洪遒		
	在中国寡妇山下	林雨今		
	花盆山(独幕剧)	小巫	剧本:1	
	文艺的真实性与阶级性	荃麟	论文:1	
	纪念七七,扩大反美扶日的爱国运动	本社	杂文:1	

续表

期、号 出版年月	文章题目	作者	文类及统计	译介及统计
第 6 期 总第 41 期 1948.9.15 民国卅七年	奸细	巴波	小说:1	译介:0
	点解香港咁古怪(香港风情画)	文华	诗:7	
	菜场、酒店、茶楼(香港风情画)	沙鸥		
	化装的小贩、定时的跳楼(香港风情画)	张殊明		
	挑夫	林中		
	我怎样开始了文艺生活	郭沫若	散文:2	
	悼朱佩弦	静闻		
	快乐的战役(独幕儿童剧)	陆擎	剧本:1	
	风灾	海兵	报告文学:2	
	景明楼上的舞会	蓝泯		
	叙事诗的写作问题	林林	论文:4	
	论报告文学	胡仲持		
	写"方生"重于写"未死"——答石牌 HF 先生	夏衍		
	关于《虾球传》速写	陈闲		
	创作前有什么准备	编者	社员问答:2	
	关于"文艺鉴赏论"	胡仲持		
	翦伯赞等博辽岛考古记	记者	文艺新闻及编后	
	文艺新闻	记者		
	编者,读者,作者——编者的话	编者		
第 7 期 总第 42 期 1948.10.15 民国卅七年	暴风雨诗抄(三首)	力扬	诗:5	译介:0
	中秋月(方言诗)	黄河流		
	教育	黎光耀		
	论张天翼	蒋牧良	散文:3	
	我怎样写起小说来的	葛琴		
	烟赌之乡	郭彦汪		
	荒郊暗影(独幕剧)	伍戈	剧本:1	
	寓言六则	张天翼	寓言:6	
	种子	小海燕	报告文学:2	
	周求落魄记	戈云		

期、号 出版年月	文章题目	作者	文类及统计	译介及统计
第7期 总第42期 1948.10.15 民国卅七年	谈取材——以《风灾》《景明楼上的舞会》《种子》《周求落魄记》为例	司马文森	论文:3	译介:0
	论主观在文艺创作中的作用	黄药眠		
	鲁迅是怎样看农民的	陈闲		
	阅读小说要注意些什么——回社员朱正之先生信	编者	社员问答:3	
	问答两则——回社员冯文良先生信	编者		
	对今后文生的期望——社员吴锡昆先生来信	吴锡昆		
	文艺新闻	记者	文艺新闻及编后	
	编者,读者,作者——编后	编者		
第8期 总第43期 1948.11.15 民国卅七年	私奔	侣伦	小说:2	译介:1
	冶河(上)	周而复		
	深夜	征帆	诗:3	
	出走	洪放		
	他会回来的	金帆		
	记蔡楚生	黎舫	散文:2	
	《风砂的城》的自我检讨	陈残云		
	复仇的火焰(美·Jack Belden)	玲玲	报告文学:2	
	加斯特洛的手掌	杜埃		
	论文学的灵感	胡仲持	论文:3	
	怎样分析人物	周钢鸣		
	略论人格与革命	陈闲		
	一部史诗的读后感	宋芝	杂文:2	
	读歌德《带灯的人》	何汉章		
	热情的支援	菲律宾群华侨	社员交流:5	
	文艺书百种欢迎交换	文坚		
	赠《怎样阅读文艺作品》	何润元		
	受赠书者名单	文艺生活社		
	征求南洋风土人物照片	司马文森		
	文艺新闻	记者	文艺新闻及编后	
	编者、作者、读者——编后	编者		

续表

期、号 出版年月	文章题目	作者	文类及统计	译介及统计
第 9 期 总第 44 期 1948.12.25 民国卅七年	冶河(下)	周而复	小说:2	译介:0
	在暗淡中	维音		
	俘房	麦青	诗:5	
	第一个,掷出了战斗的信号	周默		
	帮工汉、我和你	江南		
	渔村小唱	海兵		
	我怎样开始了戏剧生活	顾仲彝	散文:2	
	记田汉	孟超		
	生命的幼苗(独幕剧)	谷柳	剧本:1	
	论诗的感情	林林	论文:3	
	我读了《贱货》	原荣		
	读《复仇的火焰》后	凤华		
	岁末杂感	郭沫若、茅盾、欧阳予倩、胡仲持、静闻、于伶等	杂文:1	
	文艺新闻	记者	文艺新闻及编后	
	编者,读者,作者——编后	编者		
第 10、11 期合刊 总第 45 期 1949.2.15 民国卅八年	一个最后的男子	岑砧	小说:1	译介:0
	给被出卖的河	邹荻帆	诗:1	
	关于《泥土的歌》的自白	臧克家	散文:1	
	十五只杯子(活报剧)	伯子	剧本:1	
	丛林狂想曲	杜埃	报告文学:3	
	在黄衣之国	楚怀南		
	苏绿海夜航	陈达敏		
	H.海涅和他的艺术——序林林译《织工歌》	静闻	论文:2	
	读《春风秋雨》后的几点疑问	林雨今		
	《文生》一年	司马文森	杂文:2	
	请大家来参加批评工作	编者		

期、号 出版年月	文章题目	作者	文类及统计	译介及统计
第10、11期合刊 总第45期 1949.2.15 民国卅八年	文坛一年间——从一九四九年回顾一九四八年的中国文坛	胡仲持、默涵、楼适夷、端木蕻良、陈敬容、林林、林焕平、蒋天佐、顾仲彝、杜埃	笔谈:1	译介:0
	文艺新闻	记者	文艺新闻及编后	
	编者,读者,作者——编后	编者		
第12期 总第46期 独幕剧号 1949.3.15 民国卅八年	菲律宾诗选(圣诞树、这就是他们的罪状、我看见那割下来的头)(菲律宾·S.巴东布海)	林林	诗:7	译介:3
	民歌初试(绕口令、对对字、双关语十则、打扎板儿的)	萧乾		
	学好本领——献给一九四九年的三八节(独幕剧)	华嘉	剧本:3	
	月儿弯弯(独幕剧)	王逸		
	夫妻识字(秧歌剧)	马可		
	论风格的诸因素	黄药眠	论文:6	
	从舌端到笔尖	胡仲持		
	日本群众文学运动	适夷		
	旧金山的华侨文化	冰山		
	怎样组织一次业余的演出——ABC三人对谈录	李门		
	评《山长水远》——黄谷柳著《虾球传》第三部	霖明、孟仲、周志、文燊、韦诚		
	对今后《文生》的两点意见	社员了无	社员来信:3	
	我们全力支持社的发展	社员拓夫		
	一个建议	社员饶刚		
	文艺新闻	记者	文艺新闻及编后	
	编者,读者,作者——编后	编者		

期、号 出版年月	文章题目	作者	文类及统计	译介及统计
第13期 总第47期 1949.4.15 民国卅八年	兵源	陈残云	小说:3	译介:0
	血尸案	孔厥、袁静		
	情书	秦牧		
	美国土肥原	黄宁婴	诗:1	
	郁达夫的最后	金丁	散文:5	
	愤怒的山镇	申奥		
	萧军的故事	吴费		
	露宿	石髓		
	没有摄成的照片	筼屏		
	诗歌与英雄主义	林林	论文:1	
	致重庆号起义海军	傅升、罗仁德	社员来信:7	
	《站肉》及其他	叶烨		
	《文生》在缅甸	袁远		
	向五人书评会致敬	刘芸		
	提议出《文生》×岛版	攻心		
	两篇好作品	白克		
	我们站在社的后面	麦浪		
	文艺新闻	记者	文艺新闻及 编后	
	编者,读者,作者——编后	编者		
第14期 总第48期 1949.5.15 民国卅八年	新夫妇	草明	小说:2	译介:1
	借粮	海兵		
	泾河的儿女回来了	冬青	诗:7	
	上海解放之歌、买小菜	马凡陀		
	粤讴三首(飞来飞去、唔见棺材唔流眼泪、吐苦水)	芦荻		
	韩江畔	予林		
	在火药味中想起的	陈实	散文:1	
	南下列车(独幕快乐戏)	瞿白音	剧本:1	
	和菲抗军共处的三年——一个十五岁小孩子的故事(自由西报记者)	南君	报告文学:1	

期、号 出版年月	文章题目	作者	文类及统计	译介及统计
第 14 期 总第 48 期 1949.5.15 民国卅八年	文艺工作者怎样迎接华南解放—— 为纪念"五四"三十年作	司马文森	论文:4	
	白话诗与方言诗	林林		
	展开华南文艺运动的几个问题	黄绳		
	赵树理怎样成功一个人民作家	纪叟		
	祝全国文工大会	编者	杂文:5	
	成功了的尝试	宋芝		
	一部辉煌作品、介绍《方言文学》	白沉		
	该不该有职业作家	陈程		
	方言文学创作上一个小问题	白纹		
	编者,读者,作者——文艺生活征求 读者批评	编者	编后	
第 15 期 总第 49 期 1949.5.20 (疑应为 6.20) 民国卅八年	无名女英雄	草明	小说:1	译介:1
	复仇记(桂林花灯戏)	秦黛	剧本:1	
	领事出巡	陈言	报告文学:1	
	可是,眼泪就是上不来	刘廷贵述 李树谦记	纪录文学:1	
	谈文艺通讯员运动(上)	司马文森	论文:4	
	列宁与文艺问题(苏·A. 梅耶斯涅 可夫)(节译)	荃麟		
	关于"纪录文学"	锡金		
	广西的"花灯戏"	秦黛		
	掌握政策	宋芝	杂文:6	
	"留学"、谈"全国性作家"	陈程		
	闽南方言文学运动	楚骧		
	从《复仇记》谈起	编者		
	提倡纪录文学	编者		
	介绍全国文工大会	记者	报道	
第 16 期 总第 50 期 1949.7.15 民国卅八年	枫林坝	楼栖	小说:2	译介:0
	堡	萧乾		
	记夏衍	白沉	散文:2	
	也算经验	赵树理		
	人人说好(独幕剧)	岳野	剧本:1	

续表

期、号 出版年月	文章题目	作者	文类及统计	译介及统计
第16期 总第50期 1949.7.15 民国卅八年	印尼儿女	陈言	报告文学:1	
	为建设新中国的文艺而奋斗——全国文工代表大会上的总报告	郭沫若	论文:3	
	谈文艺通讯员运动(下)	司马文森		
	谈诗歌的用词	林林		
	如何"结合"、题材与读者、方言的搥炼	娄木	杂文:3	
	全国文工大会日志(一)	记者	报道	
	文工大会闭幕以后	编者		
第17期 总第51期 1949.8.25 民国卅八年	工人张飞虎	康濯	小说:1	译介:0
	下乡和创作	孔厥	散文:2	
	记杨逑	黄永玉		
	新破镜重圆记(南方采茶戏)	楼栖	剧本:1	
	人民文学主题的思想性	杜埃	论文:2	
	评史纽斯的诗——《恶梦备忘录》与《总攻击令》	李岳南		
	不要用大题目	陈程	杂文:3	
	迎接华南解放	司马文森		
	介绍《下乡和创作》	编者		
	全国文工大会日志(二)	记者	报道及编后	
	请大家发表意见	编者		
第18、19期合刊 总第52期 1949.10.25	朱刀子	端木蕻良	小说:1	译介:0
	人民城市(陈戈原著)(四幕剧)	秋云改编	剧本:2	
	没有开出的列车(集体创作)(独幕剧)	夏淳、于夫执笔		
	论文艺通信员的修养	司马文森	论文:1	
	扫荡黄色文化	方远	杂文:6	
	眼高手低	吴伯萧		
	今后文艺工作的一些问题	李亚红		
	大题与大作	亚红		
	刘芜存菁	天蔚		
	更朴素一些	逢		
	编后	司马文森	编后	

续表

期、号 出版年月	文章题目	作者	文类及统计	译介及统计
第20期 总第53期 1949.12.25	香港同志	火蒂士	小说:1	译介:0
	时间开始了	胡风	诗:1	
	姊妹献粮(秧歌剧)	丁波、林韵	剧本:1	
	会师记	司马文森	报告文学:1	
	岁暮献词——并致本刊读者和全体社员	文生总社	杂文:10	
	旧剧改革与旧艺人的改造	黑丁		
	略谈陕北的改造说书	林山		
	助帮蒙古同学创造民族艺术	安波、张凡		
	集市宣传	贾霁		
	文艺工作者入工厂问题	贾克		
	大众文艺工作的推进	王亚平		
	天津文艺工作中的主要经验	周巍峙		
	关于发动及组织工厂文娱活动的一些经验	余晓		
	"兵演兵"运动	罗英		

《文艺生活》穗新版所载文章一览表(表1-4)
(1950. 2. 1—1950. 7)

期、号 出版年月	文章题目	作者	文类及统计	译介及统计
新1号 特大号 总第54号 1950.2.1	红夜(一)	司马文森	小说:2	译介:0
	乡村新景	陈残云		
	井冈山下	戈扬	诗:1	
	思想底散步	黄药眠	散文:4	
	海珠桥,你要复仇	秋云		
	活叶杂记	马国亮		
	红花冈	韩林明		
	人民万岁(活报剧)(共三幕,第一幕由司马文森执笔)	司马文森、洪道、韩北屏、马国亮、冯喆等	剧本:1	
	在外国监牢里(一)	巴人	报告文学:3	
	毛主席巨像是怎样制成功的	于逢		
	解放军南下故事选	戴夫		

续表

期、号 出版年月	文章题目	作者	文类及统计	译介及统计
新1号 特大号 总第54号 1950.2.1	中国人民文艺的光辉	黄绳	杂文:9 前8篇出自对一九五〇年华南文艺工作的希望笔谈	
	现阶段文艺工作的几个重点	陈君葆		
	华南文艺工作的重点问题	韩北屏		
	抛弃包袱,稳步前进	林焕平		
	大力开展方言文学运动	华嘉		
	文艺工作在香港	马国亮		
	路已踏出来了	杜埃		
	希望有更多的创作	秋云		
	飞兵在沂蒙山上(新书介绍)	耶戈		
	我是一个南下工作团员	向旭	文艺通讯及复刊词	
	怎样做个文艺通讯员	顾问会		
	复刊词	编者		
新2号 总第55期 1950.3.1	红夜(二)	司马文森	小说:2	译介:0
	落网	韩萌		
	林彪将军印象记	苏怡	散文:1	
	起义前后(集体创作)(一幕两场剧)	卢钰、冯喆执笔	剧本:1	
	在外国监牢里(二)	巴人	报告文学:2	
	解放军南下故事选	戴夫		
	略论旧文艺和旧艺人的改造	林山	论文:2	
	开展文艺创作运动	周而复		
	论开馆子	绀弩	杂文:3	
	携手在为建设新中国的斗争里面	编者		
	介绍周扬同志"新的人民的文艺"	顾问部		
	英雄连大战小蕫墟	叶北岭、王振知	文艺通信:6	
	在黎墟的一小时	熊云阶		
	雷州半岛人民热烈支前	艾治平		
	人民战士,军民一家	黄溉		
	丛树密拾钱送原主	黄涵光(正文标的是王涵光)		

期、号 出版年月	文章题目	作者	文类及统计	译介及统计
新3号 总第56期 1950.4.1	光荣回来了	王质玉	小说:2	译介:0
	红夜(三)	司马文森		
	和平的灯塔	陈绿畴	诗:1	
	旗(集体创作)(活报剧)	齐闻韶、汪明执笔	剧本:2	
	他服了	2尚实		
	当我们在哈尔滨的时候	黄药眠	报告文学:5	
	在南边的海湾上	杜埃		
	在外国监牢里(三)	巴人		
	血的元宵节	秋云		
	粤桂边追歼战(解放军南下故事选之二)	戴夫		
	中苏兄弟同盟万岁	编者	论文:1	
	勉香港文艺界同人	耶戈	杂文:3	
	祝华南人民艺术学院成立	宋芝		
	为什么要学习毛主席的文艺思想	陈程		
	编后	编者	编后:	
新4号 总第57期 1950.5	新的开始——农村记事	黑丁	小说:4	译介:0
	李成玉南下前后	周奋之		
	粗变细	宋铨		
	红夜(四)	司马文森		
	离婚(独幕剧)	秦牧	剧本:1	
	在外国监牢里(四)	巴人	报告文学:2	
	粤桂边追歼战(解放军南下故事选之二)	戴夫		
	谈谈口头文学的搜集	钟敬文	论文:2	
	纪念"五四"卅一周年	编者		
	谈赶任务与创作	林林	杂文:2	
	奥本浩先生的花园	绀弩		
	关于集体创作	顾问部	文艺信箱及编后	
	编后	编者		

续表

期、号 出版年月	文章题目	作者	文类及统计	译介及统计
新5号 总第58期 1950.6	新年景	陆地	小说:4	译介:2
	杨连长	李尔重		
	老顺和他的田	页三		
	红夜(五)	司马文森		
	新中国,花正开	朱玲	诗:1	
	垃圾的闹剧(集体创作)(活报剧)	黄若海、斯蒙、巴鸿等	剧本:2	
	纪律(独幕剧)	丁辛之		
	我看刘胡兰这个人物	耶戈	论文:5	
	"红旗歌"给了我们一些什么	叶兮、刘钊		
	评冯至《杜甫的家世和出身》	王迅流		
	越南现代文学的发展(越南·武玉潘)	平原		
	我们的文艺战线(越南·阮辉象)	麦劲		
新6号 总第59期 1950.7	老阴阳怒打"虫郎爷"——《南北奇观》之一段	章何紫	小说:4	译介:1
	转变——军中文化学习故事	闵敏		
	英雄丈夫模范妻	陈瑛		
	红夜(六)	司马文森		
	铁锤敲着镰刀的声音	黄阳	诗:3	
	斯达林(苏·A.苏可夫)	林彬彬		
	这是一个号召——长诗《中苏友好同盟万岁》第九章	候唯动		
	我们的队伍来了(独幕剧)	上官瑜其	剧本:2	
	特务回乡(独幕短剧)	马屏		
	第五号船	戴夫	报告文学:2	
	在接近前方的支前司令部里	潘布桑		
	红军历史故事两则	周奋之	历史故事:2	
	论民谣	文静	论文:2	
	采集民间歌谣的初步经验	马荫隐		
	《文生》半年	编者	编后	

《文艺生活》主要撰稿人及撰稿情况一览表(表2)

撰稿情况 作家介绍	文章题目	文类	发表期数(年份)	文章总数
	王英和李俊	中篇小说	桂林版第一卷第1期 (1941.9.15)	
	雨季	长篇连载	桂林版第一卷2—6期;第二卷1—6期;第三卷1—3期 (1941.10.15—1942.12.15)	
	一九四一年文艺运动的检讨(与众作家)(署名文森)	座谈	桂林版第一卷第5期 (1942.1.15)	
	编后杂记、编后记	编后记	桂林版第一卷1—6期 (1941.9.15—1942.2.15); 第二卷第2期(1942.4.15)	
1.司马文森 1916—1968 福建泉州人 原名:何应泉 曾用名:何章平 笔名:司马文森、 文森、林娜、林曦、 马霖、司马梵林、 司马梵霖、宋芝、 耶戈、陈程、白沉、 林邹、燕子、宋桐、 何文浩、何汉章、 林川、白纹等 12岁入泉州黎明 学校学习。	关于《春雨濛濛中的黎明》的作者(署名编者)	编者按	桂林版第三卷第3期 (1942.12.15)	
	宋国宪	中篇小说	光复版第1期(1946.1.1)	
	编者·作者·读者、编者书简、编后小言	编后记	光复版第1—2期 (1946.1.1—1946.2.1); 第4—5期(1946.4.10—1946.5);第8期(1946.9)	106篇(其中包括编后记28篇)
	检举文艺汉奸	杂文	光复版第2期(1946.2.1)	
	援救秦似	杂文	光复版第3期(1946.3.1)	
	编者按语(为马宁人民科学家的高士其一文作)	编者按	光复版第3期(1946.3.1)	
	荔枝上市的时候	街头喜剧	光复版第5期(1946.5)	
	妙论(署名宋芝)	杂文	光复版第7期(1946.8)	
	老郭和他的女朋友	小说	光复版第8期(1946.9)	
	正告美国当局(署名宋芝)	杂文	光复版第11、12期合刊 (1947)	
	美国灾(署名耶戈)	杂文	光复版第11、12期合刊 (1947)	
	文坛的打扫(署名林川)	杂文	光复版第11、12期合刊 (1947)	
	在民主文艺的旗子底下集合起来!——为"文艺生活社"征求社员运动告读者	论文	光复版第13期(1947.4)	

续表

撰稿情况 作家介绍	文章题目	文类	发表期数(年份)	文章总数
	注意海外文艺读者对象、建立民主文艺基地、不负责的批评(署名编者)	杂文	光复版第 13 期(1947.4)	
	复信(给陈雅的回信)	通讯	光复版第 13 期(1947.4)	
	复信(给郑鸣的回信)	通讯	光复版第 13 期(1947.4)	
	建立马来亚"文艺阵线"问题(署名宋芝)	杂文	光复版第 14 期(1947.5)	
	对人民的责任感(署名林川)	杂文	光复版第 14 期(1947.5)	
	复郑世深先生信	通讯	光复版第 14 期(1947.5)	
	复麦启麟先生信	通讯	光复版第 14 期(1947.5)	
	打算怎么做?	杂文	光复版第 14 期(1947.5)	
	社务日记	杂文	光复版第 14 期(1947.5)	
	复柏坚先生信(署名编者)	通讯	光复版第 15 期(1947.7)	
	复李捷先生信(署名文森)	通讯	光复版第 15 期(1947.7)	
	这一期的习作	杂文	光复版第 15 期(1947.7)	
	感谢侨胞对祖国文化的援助	杂文	光复版第 16 期(1947.8)	
	七月书简(与约瑟夫·卡尔玛的通信)	通讯	光复版第 16 期(1947.8)	
	复理牛武林	通讯	光复版第 17 期(1947.10)	
	人民翻身时代(署名宋芝)	杂文	光复版第 18 期(1948.1)	
	编后记、编后、编者,作者,读者——编后、请大家发表意见、编后	编后记	海外版第 1-2 期(1948.2-1948.3.25);第 3、4 期合刊(1948.5.15);第 7-14 期(1948.10.15—1949.5.15);第 17 期(1949.8.25);第 18、19 期合刊(1949.10.25)	
	一个学习的实例(署名林川)	杂文	海外版第 2 期(1948.3.25)	

撰稿情况 / 作家介绍	文章题目	文类	发表期数（年份）	文章总数
	一个家庭的故事	中篇小说	海外版第 3、4 期合刊（1948.5.15）	
	纪念七七，扩大反美扶日的爱国运动（署名本社）	杂文	海外版第 5 期（1948.7.7）	
	创作前有什么准备（署名编者）	杂文	海外版第 6 期（1948.9.15）	
	谈取材——以《风灾》《景明楼上的舞会》《种子》《周求落魄记》为例	论文	海外版第 7 期（1948.10.15）	
	阅读小说要注意些什么（署名编者）	杂文	海外版第 7 期（1948.10.15）	
	问答两则（关于雨季主题）	杂文	海外版第 7 期（1948.10.15）	
	一部史诗的读后感（署名宋芝）	杂文	海外版第 8 期（1948.11.15）	
	读歌德《带灯的人》（署名何汉章）	杂文	海外版第 8 期（1948.11.15）	
	"文生"一年	杂文	海外版第 10、11 期合刊（1949.2.15）	
	请大家来参加批评工作（署名编者）	杂文	海外版第 10、11 期合刊（1949.2.15）	
	文艺工作者怎样迎接华南解放——为纪念"五四"三十年作	论文	海外版第 14 期（1949.5.15）	
	祝全国文工大会（署名编者）	杂文	海外版第 14 期（1949.5.15）	
	成功了的尝试（署名宋芝）	杂文	海外版第 14 期（1949.5.15）	
	一部辉煌作品、介绍《方言文学》（署名白沉）	杂文	海外版第 14 期（1949.5.15）	
	该不该有职业作家（署名陈程）	杂文	海外版第 14 期（1949.5.15）	

续表

撰稿情况 作家介绍	文章题目	文类	发表期数（年份）	文章总数
	方言文学创作上一个小问题（署名白纹）	杂文	海外版第14期（1949.5.15）	
	谈文艺通讯员运动（上）；谈文艺通讯员运动（下）	论文	海外版第15期（1949.5.20）；第16期（1949.7.15）	
	掌握政策（署名宋芝）	杂文	海外版第15期（1949.5.20）	
	"留学"、谈"全国性作家"（署名陈程）	杂文	海外版第15期（1949.5.20）	
	从《复仇记》谈起、提倡纪录文学（署名编者）	杂文	海外版第15期（1949.5.20）	
	记夏衍（署名白沉）	散文	海外版第16期（1949.7.15）	
	文工大会闭幕以后（署名编者）	杂文	海外版第16期（1949.7.15）	
	不要用大题目（署名陈程）	杂文	海外版第17期（1949.8.25）	
	介绍《下乡和创作》（署名编者）	杂文	海外版第17期（1949.8.25）	
	请大家发表意见（署名编者）	杂文	海外版第17期（1949.8.25）	
	论文艺通信员的修养	论文	海外版第18、19期合刊（1949.10.25）	
	会师记	报告文学	海外版第20期（1949.12.25）	
	岁暮献词——并致本刊读者和全体社员（署名文生总社）	杂文	海外版第20期（1949.12.25）	
	复刊词（署名编者）	杂文	穗新版第1期（1950.2.1）	
	人民万岁（与众作家合作）	大型活报剧	穗新版第1期（1950.2.1）	
	飞兵在沂蒙山上（署名耶戈）	论文	穗新版第1期（1950.2.1）	
	怎样做个文艺通讯员（署名顾问部）	杂文	穗新版第1期（1950.2.1）	
	红夜（未连载完）	长篇小说	穗新版第1-6期（1950.2.1-1950.7）	

撰稿情况 作家介绍	文章题目	文类	发表期数（年份）	文章总数
	携手在为建设新中国的斗争里面（署名编者）	杂文	穗新版第2期（1950.3.1）	
	介绍周扬同志《新的人民的文艺》（署名顾问部）	杂文	穗新版第2期（1950.3.1）	
	勉香港文艺界同人（署名耶戈）	杂文	穗新版第3期（1950.4.1）	
	祝华南人民艺术学院成立（署名宋芝）	杂文	穗新版第3期（1950.4.1）	
	为什么要学习毛主席的文艺思想（署名陈程）	杂文	穗新版第3期（1950.4.1）	
	中苏兄弟同盟万岁（署名编者）	杂文	穗新版第3期（1950.4.1）	
	纪念"五四"卅一周年（署名编者）	论文	穗新版第4期（1950.5）	
	关于集体创作——答萧塞同志（署名顾问部）	杂文	穗新版第4期（1950.5）	
	我看刘胡兰这个人物（署名耶戈）	论文	穗新版第5期（1950.6）	
	编后·《文生》半年（署名编者）	编后记	穗新版第3—4期（1950.4.1—1950.5）、第6期（1950.7）	
2. 陈残云 1914—2002 广东广州人 原名陈福才 笔名方远、准风月客、残云、陈远 9岁进村私塾读书，广州八桂中学肄业。1938年毕业于广州大学教育系教育专业。	海滨散曲十章	诗	桂林版第一卷第4期（1941.12.15）	20篇
	风砂的城	中篇小说	光复版第1期（1946.1.1）	
	韩信与刘邦	杂文	光复版第2期（1946.2.1）	
	走大路的人	小说	光复版第5期（1946.5）	
	编后小言（署名编者）	编后记	光复版第6期（1946.7.1）	
	激荡	中篇小说	光复版第7期（1946.8）	
	救济品下乡	小说	光复版第9期（1946.11）	
	在我们乡下	散文	光复版第14期（1947.5）	
	复何树铃先生信	通讯	光复版第14期（1947.5）	
	复叶剑琴先生信	通讯	光复版第15期（1947.7）	
	复李攻心、思恩、雷露士信	通讯	光复版第15期（1947.7）	

撰稿情况 作家介绍	文章题目	文类	发表期数(年份)	文章总数
	复李左凡先生信	通讯	光复版第 15 期(1947.7)	
	怎样看马凡陀(署名方远)	杂文	光复版第 16 期(1947.8)	
	感谢和慰问(署名方远)	杂文	光复版第 18 期(1948.1)	
	悼念征军	散文	海外版第 2 期(1948.3.25)	
	受难牛	小说	海外版第 3、4 期合刊(1948.5.15)	
	《风砂的城》的自我检讨	散文	海外版第 8 期(1948.11.15)	
	兵源	小说	海外版第 13 期(1949.4.15)	
	扫荡黄色文化(署名方远)	杂文	海外版第 18、19 期合刊(1949.10.25)	
	乡村新景	短篇小说	穗新版第 1 期(1950.2.1)	
3. 何家槐 1911—1969 浙江义乌人 笔名永修、先河、河溃等 1929 年金华省立第七中学师范科毕业后,考入上海中国公学大学部政治经济学系,1932 年入暨南大学中文系、外语系。	齿轮(苏联工厂史之一)(苏·克罗帕脱诺伐)	报告文学(翻译)	桂林版第一卷第 1 期(1941.9.15)	19篇
	土(苏联工厂史之二)(苏·派斯钦珂)	报告文学(翻译)	桂林版第一卷第 2 期(1941.10.15)	
	学习(苏联工厂史之三)(苏·克拉索文)	报告文学(翻译)	桂林版第一卷第 3 期(1941.11.15)	
	OK(苏联工厂史之四)(美·罗洛·华特)	报告文学(翻译)	桂林版第一卷第 5 期(1942.1.15)	
	小兄弟(苏联工厂史之五)(苏·T.A.范都兴)	报告文学(翻译)	桂林版第一卷第 6 期(1942.2.15)	
	"管它妈的"(苏联工厂史之六)(苏·G.利密佐夫)	报告文学(翻译)	桂林版第二卷第1期(1942.3.15)	
	从打杂到领队(苏联工厂史之七)(苏·瑟洛丁娜)	报告文学(翻译)	桂林版第二卷第3期(1942.5.15)	
	跃进二百年(苏联工厂史之八)(苏·古兹玛·脱莱格勃姆珂夫)	报告文学(翻译)	桂林版第二卷第6期(1942.9.15)	

撰稿情况 ╱ 作家介绍	文章题目	文类	发表期数(年份)	文章总数
	遥寄	杂文	桂林版第三卷第 4 期 (1943.2.15)	
	复员的春天(苏·奥尔加·勃尔戈慈)	散文(翻译)	光复版第 1 期(1946.1.1)	
	官兵之间(苏·A 巧珂夫斯基)	小说(翻译)	光复版第 2 期(1946.2.1)	
	老戏子、街头偶见、夜来香、遮掩、美国装备、给——无题	诗	光复版第 4 期(1946.4.10)	
	解围前后(苏·丁泰思)	小说(翻译)	光复版第 5 期(1946.5)	
4. 林林 1910—2011 福建诏安人 原名林仰山 笔名林林、蒲剑等 1929 年夏到北平入中国大学学习政治经济。1933 年毕业后赴日本入早稻田大学读经济学,后转为文学。1936 年回到上海。	春天和燕子、复仇	诗	光复版第 6 期(1946.7.1)	17 篇
	献给查奇斯的诗——Haiti 岛已故的人民诗人(美·L.休士)	诗(翻译)	光复版第 10 期(1946.12)	
	英雄林阿凤	诗体故事	光复版第 14 期(1947.5)	
	药	诗	光复版第 15 期(1947.7)	
	十字架城之战	报告文学	海外版第 2 期(1948.3.25)	
	垃圾桶里的家伙	散文	海外版第 3、4 期合刊(1948.5.15)	
	叙事诗的写作问题	论文	海外版第 6 期(1948.9.15)	
	论诗的感情	论文	海外版第 9 期(1948.12.25)	
	文坛一年间——从一九四九年回顾一九四八年的中国文坛(众作家笔谈)	笔谈	海外版第 10、11 期合刊(1949.2.15)	
	菲律宾诗选(菲律宾·S.巴东布海)(三首)	诗(翻译)	海外版第 12 期(1949.3.15)	
	诗歌与英雄主义	论文	海外版第 13 期(1949.4.15)	
	白话诗与方言诗	论文	海外版第 14 期(1949.5.15)	
	谈诗歌的用词	论文	海外版第 16 期(1949.7.15)	
	谈赶任务与创作	杂文	穗新版第 4 期(1950.5)	

续表

撰稿情况 作家介绍	文章题目	文类	发表期数(年份)	文章总数
5. 黄药眠 1903—1987 广东梅县人 原名黄访荪、黄访,又名黄恍; 笔名药眠、达史、黄吉、番茄 1921 年毕业于广东省立第五中学(今梅州中学),同年秋考入广东高等师范学校(中山大学前身)英语系。	忆列宁城	散文	桂林版第一卷第 4 期 (1941.12.15)	16篇
	一个老人	小说	桂林版第三卷第 1 期 (1942.10.15)	
	再见	小说	桂林版第三卷第 4 期 (1943.2.15)	
	喀山——蒙古人的故乡	散文	桂林版第三卷第 6 期 (1943.7.15)	
	街,商品	诗	光复版第 1 期(1946.1.1)	
	古老师和他的太太	中篇小说	光复版第 2 期(1946.2.1)	
	论约瑟夫的外套——读了希望第一期《论主观》以后	论文	光复版第 3 期(1946.3.1)	
	论美之诞生——评朱光潜的《文艺心理学》	论文	光复版第 4 期(1946.4.10)	
	论思想和创作	论文	光复版第 6 期(1946.7.1)	
	尼庵	小说	光复版第 7 期(1946.8)	
	论文艺创作上的主观和客观	论文	光复版第 9 期(1946.11)	
	由"民主短简"谈到政治讽刺诗	杂文	光复版第 14 期(1947.5)	
	论主观在文艺创作中的作用	论文	海外版第 7 期(1948.10.15)	
	论风格的诸因素	论文	海外版第 12 期(1949.3.15)	
	思想底散步	散文	穗新版第 1 期(1950.2.1)	
	当我们在哈尔滨的时候	报告文学	穗新版第 3 期(1950.4.1)	
	乡村新景	短篇小说	穗新版第 1 期(1950.2.1)	

续表

撰稿情况 作家介绍	文章题目	文类	发表期数(年份)	文章总数
6. 胡仲持 1900—1968 浙江上虞人 笔名仲持、宜闲等 8 岁进父亲办的巽水小学,13 岁入县立小学。1915 年小学毕业后到上海,在南洋中学、效实中学就读。	香烟大王的故乡(英·普利斯德利)	报告文学(翻译)	桂林版第二卷第 5 期(1942.8.15)	15 篇
	洪炉歌(署名宜闲)	杂文	桂林版第三卷第 4 期(1943.2.15)	
	冒险(美·休武特·安特生)(署名宜闲)	小说(翻译)	光复版第4期(1946.4.10)	
	对于人类的贡献(署名宜闲)	杂文	光复版第4期(1946.4.10)	
	抚河静静地流着(署名宜闲)	散文	光复版第 5 期(1946.5)	
	秋(德·苏台德曼)	小说(翻译)	光复版第 8 期(1946.9)	
	林子里的孩子们(英·Franck. O. Connoy)	小说(翻译)	光复版第 13 期(1947.4)	
	文学批评的职能(英·E. W. Martin)	论文(翻译)	光复版第 15 期(1947.7)	
	不死的凤凰(署名宜闲)	杂文	光复版第 17 期(1947.10)	
	论报告文学	论文	海外版第 6 期(1948.9.15)	
	关于"文艺鉴赏论"	杂文	海外版第 6 期(1948.9.15)	
	论文学的灵感	论文	海外版第 8 期(1948.11.15)	
	岁末杂感(与众作家)	杂感	海外版第 9 期(1948.12.25)	
	文坛一年间——从一九四九年回顾一九四八年的中国文坛(与众作家笔谈)	笔谈	海外版第 10、11 期合刊(1949.2.15)	
	从舌端到笔尖	论文	海外版第 12 期(1949.3.15)	
7. 郭沫若 1892—1978 四川乐山人 原名郭开贞,号尚武 笔名郭沫若、麦克昂、杜衎、易坎人、鼎堂、高汝鸿等。幼年入家塾读书,1906 年入嘉定高等学堂学习,1914 年春赴日本留学,1923 年日本九州帝国大学医学部毕业后回国。	轰炸后、母爱、蝙蝠的抗议	诗	桂林版第一卷第 2 期(1941.10.15)	13 篇
	丁东草	散文	桂林版第三卷第 4 期(1943.2.15)	
	人民的文艺(代发刊词)	杂文	光复版第 1 期(1946.1.1)	
	我建议	杂文	光复版第 2 期(1946.2.1)	
	走向人民文艺	论文	光复版第 7 期(1946.8)	
	当前的文艺诸问题	论文	海外版第 1 期(1948.2)	
	申述"马华化"问题的意见	论文	海外版第 2 期(1948.3.25)	
	南昌之一夜	小说	海外版第 5 期(1948.7.7)	

撰稿情况 作家介绍	文章题目	文类	发表期数(年份)	文章总数
	我怎样开始了文艺生活	散文	海外版第 6 期(1948. 9. 15)	
	岁末杂感(与众作家)	杂感	海外版第 9 期(1948. 12. 25)	
	为建设新中国的文艺而奋斗——全国文工代表大会上的总报告	论文	海外版第 16 期(1949. 7. 15)	
8. 周钢鸣 1909—1981 广西罗城人 原名周刚明 笔名周钢鸣、钢鸣、康敏、周达等	给老战士	诗	桂林版第 一 卷第 1 期(1941. 9. 15)	11篇
	夏衍剧作论	论文	桂林版第 一 卷第 3 期(1941. 11. 15)	
	"爱人类"与"人类爱"——论文学者的学习与战斗的道路	论文	桂林版第 三 卷第 1 期(1942. 10. 15)	
	论《清明前后》	论文	光复版第 3 期(1946. 3. 1)	
	侧面——在东江人民抗日纵队的战斗侧面	散文	光复版第 5 期(1946. 5)	
	在海南岛上——献给亡友诗人征军和他歌颂的"小红痣"及其同志们(署名钢鸣)	诗	光复版第 14 期(1947. 5)	
	杂文应走普及的道路(署名周达)	论文	海外版第 1 期(1948. 2)	
	读林林的诗 ——《同志,攻进城来了!》的读后感	论文	海外版第 1 期(1948. 2)	
	诉苦是觉醒的开始(署名周达)	杂文	海外版第 2 期(1948. 3. 25)	
	评创作竞赛的入选小说	论文	海外版第 2 期(1948. 3. 25)	
	怎样分析人物	论文	海外版第 8 期(1948. 11. 15)	

续表

作家介绍 \ 撰稿情况	文章题目	文类	发表期数(年份)	文章总数
9. 孟超 1902—1976 山东诸城人 原名孟宪榮,又名 公瑴,字励吾 笔名孟超、东郭迪 吉、林麦、林默、小 糊涂、迦陵、史优、 草莽史家、陈波等 1914年毕业于敬 业国民学校,考入 县立高等小学。 1917年考入济南 省立一中。1924 年入上海大学中 国文学系学习。	鸡鸭二题	杂感	桂林版第一卷第 1 期 (1941.9.15)	10篇
	略谈"文人作风"与"武人作风"(署名东郭迪吉)	杂感	桂林版第一卷第 1 期 (1941.9.15)	
	查伊璜与吴六奇	小说	桂林版第一卷第 2 期 (1941.10.15)	
	向一个前驱者的祝颂——寿沫若先生五十之三	杂文	桂林版第一卷第 3 期 (1941.11.15)	
	秋的感怀	散文	桂林版第一卷第 4 期 (1941.12.15)	
	一九四一年文艺运动的检讨(与众作家)	座谈	桂林版第一卷第 5 期 (1942.1.15)	
	戍卒之变	小说	桂林版第一卷第 6 期 (1942.2.15)	
	元旦杂忆	杂文	桂林版第三卷第 4 期 (1943.2.15)	
	鼻子	短篇小说	光复版第17期(1947.10)	
	记田汉	散文	海外版第9期(1948.12.25)	
10. 黄宁婴 1915—1979 广东台山人 原名黄森生,字 炳辉 1938年毕业于中 山大学经济系	路、雾	诗	桂林版第一卷第5期 (1942.1.15)	10篇
	车厢小唱	诗	光复版第1期(1946.1.1)	
	民主短简	诗	光复版第9期(1946.11)	
	狐群画像(民主私生子的祖宗、杂架摊的伙计、卖血的勇士)	诗	光复版第11、12期合刊(1947)	
	无题、欢迎词——致魏德迈将军	诗	光复版第17期(1947.10)	
	美国土肥原	诗	海外版第13期(1949.4.15)	
11. 华嘉 1915—1996 广东南海人 原名邝剑平; 笔名华嘉、孺子牛 由于父亲病故,中 学未毕业即失学	太平洋上的一二·八	报告	桂林版第二卷第2期 (1942.4.15)	10篇
	江边	中篇小说	桂林版第三卷第1期 (1942.10.15)	
	渔梁小集	散文	光复版第3期(1946.3.1)	
	人渣	小说	光复版第5期(1946.5)	

续表

作家介绍 / 撰稿情况	文章题目	文类	发表期数(年份)	文章总数
	满城风雨——拟广州的一日	报告文学	光复版第 13 期(1947.4)	
	普及第一(署名孺子牛)	杂文	光复版第 18 期(1948.1)	
	从自我批评做起(署名孺子牛)	杂文	海外版第 1 期(1948.2)	
	老坑松和先生秉	小说	海外版第 5 期(1948.7.7)	
	学好本领	独幕剧	海外版第 12 期(1949.3.15)	
	对一九五〇年华南文艺工作的希望(众作家笔谈)	笔谈	穗新版第 1 期(1950.2.1)	
12. 杜埃 1914—1993 广东大埔人 原名曹传美,学名曹芥茹 笔名杜洛儿、杜埃、杜鹃、T. A、拜士、欧阳瑞薇等 少时家贫,乡村小学毕业后只读过三个月初中。1933 年考入中山大学,1937 年毕业于中山大学社会学系。	在吕宋平原	小说	光复版第 16 期(1947.8)	
	海外有什么题材(署名 T. A)	杂文	光复版第 16 期(1947.8)	
	地之歌(八家短诗选之一)	诗	光复版第 17 期(1947.10)	
	萨克林田庄	报告文学	海外版第 2 期(1948.3.25)	
	加斯特洛的手掌	报告文学	海外版第 8 期(1948.11.15)	
	丛林狂想曲	报告文学	海外版第 10、11 期合刊(1949.2.15)	
	文坛一年间——从一九四九年回顾一九四八年的中国文坛(与众作家笔谈)	笔谈	海外版第 10、11 期合刊(1949.2.15)	10 篇
	人民文学主题的思想性	论文	海外版第 17 期(1949.8.25)	
	对一九五〇年华南文艺工作的希望(众作家笔谈)	笔谈	穗新版第 1 期(1950.2.1)	
	在南边的海湾上	报告文学	穗新版第 3 期(1950.4.1)	

撰稿情况 / 作家介绍	文章题目	文类	发表期数(年份)	文章总数
13. 荃麟 1906—1971 浙江慈溪人,生于四川重庆 原名邵骏远,曾用名邵逸民、亦民 笔名荃麟、荃、力夫、契若等 1920年到上海,在复旦中学、复旦大学经济系就读,复旦大学肄业。	多余的人	小说	桂林版第一卷第 1 期 (1941.9.15)	9篇
	为了全人类的利益(与葛琴合作)	杂文	桂林版第一卷第 4 期 (1941.12.15)	
	一九四一年文艺运动检讨(与众作家)	座谈	桂林版第一卷第 5 期 (1942.1.15)	
	新居	小说	桂林版第一卷第 5 期 (1942.1.15)	
	从生活出发——对民间文艺运动的一点意见	论文	光复版第 11、12 期合刊 (1947)	
	评《李家庄的变迁》	论文	光复版第 13 期(1947.4)	
	读黄宁婴的诗——《九月的太阳》《荔枝红》《受难的人》《奴隶之什》《溃退》《民主短简》	论文	光复版第 16 期(1947.8)	
	文艺的真实性与阶级性	论文	海外版第 5 期(1948.7.7)	
	列宁与文艺问题(苏·A.梅耶斯涅可夫)	论文(节译)	海外版第 15 期(1949.5.20)	
14. 静闻 1903—2002 广东海丰人 即钟敬文,原名钟谭宗 笔名静闻、静君、金粟等 1922年毕业于海丰县陆安师范。1934年曾去日本留学深造。	文艺琐语	杂文	桂林版第一卷第 2 期 (1941.10.15)	9篇
	残破的东洞——战地印象记之一(署名敬文)	散文	桂林版第二卷第 3 期 (1942.5.15)	
	今天的文学与青年——序一位青年作家的散文集(署名静君)	杂文	光复版第 5 期(1946.5)	
	忆达夫先生	散文	光复版第 17 期(1947.10)	
	方言文学试论	论文	海外版第 2 期(1948.3.25)	
	悼朱佩弦	散文	海外版第 6 期(1948.9.15)	
	岁末杂感(与众作家)	杂感	海外版第 9 期(1948.12.25)	
	H.海涅和他的艺术——序林林译《织工歌》	论文	海外版第 10、11 期合刊 (1949.2.15)	
	谈谈口头文学的搜集(署名钟敬文)	论文	穗新版第 4 期(1950.5)	

作家介绍　　撰稿情况	文章题目	文类	发表期数（年份）	文章总数
15. 夏衍 1900—1995 浙江杭州人 原名沈乃熙，字端先 笔名夏衍、蔡叔声、沈宰白、徐佩韦、黄子布、余伯约、司马牛等 1915 年 9 月入杭州浙江公立甲种工业学校，1920 年毕业。1921 年入日本明治专门学校电机科学习。	新形势与新艺术（与众作家）	座谈	桂林版第二卷第 2 期（1942. 4. 15）	9 篇
	法西斯细菌	五幕六场剧	桂林版第三卷第 3 期（1942. 12. 15）	
	哭杨潮	散文	光复版第 3 期（1946. 3. 1）	
	归来琐记	散文	光复版第 5 期（1946. 5）	
	鲁迅论新闻记者	杂文	光复版第 17 期（1947. 10）	
	悼宋千金	散文	光复版第 18 期（1948. 1）	
	"马华文艺"试论	论文	海外版第 2 期（1948. 3. 25）	
	读"文协"入选的两个独幕剧	论文	海外版第 3、4 期合刊（1948. 5. 15）	
	写"方生"重于写"未死"——答石牌 HF 先生	论文	海外版第 6 期（1948. 9. 15）	
16. 韩北屏 1914—1970 江苏扬州人 原名韩立 笔名欧阳梦、宴冲、欧阳萝等 少年即辍学在药店当学徒。	声讨暴徒希特勒	杂文	桂林版第一卷第 4 期（1941. 12. 15）	8 篇
	雀和螳螂	小说	桂林版第一卷第 6 期（1942. 2. 15）	
	四季	散文诗	桂林版第二卷第 5 期（1942. 8. 15）	
	神媒	小说	光复版第 2 期（1946. 2. 1）	
	发抖的手和发抖的生活	小说	光复版第 6 期（1946. 7. 1）	
	对一九五〇年华南文艺工作的希望（众作家笔谈）	笔谈	穗新版第 1 期（1950. 2. 1）	
	人民万岁（与众作家合作）	大型活报剧	穗新版第 1 期（1950. 2. 1）	
	大总统忧虑破产（署名欧阳萝）	杂文	光复版第 3 期（1946. 3. 1）	

撰稿情况 作家介绍	文章题目	文类	发表期数(年份)	文章总数
17. 曾卓 1922—2002 湖北黄陂人,生于湖北武汉 原名曾庆冠 笔名柳红、柳江、马莱、阿文、方宁、方萌、林薇等 1943年入重庆中央大学历史系学习。1947年毕业。	春夜	诗	桂林版第二卷第2期(1942.4.15)	8篇
	过客	散文	桂林版第二卷第5期(1942.8.15)	
	那人	诗	桂林版第二卷第6期(1942.9.15)	
	火花	诗	桂林版第三卷第3期(1942.12.15)	
	埋葬	诗	桂林版第三卷第5期(1943.5.15)	
	素描三章(乞儿、失业者、茶馆)	诗	光复版第2期(1946.2.1)	
18. 周而复 1914—2004 安徽旌德人,生于江苏南京 原名周祖式 笔名周而复、吴疑、荀寰等 1933年秋考入上海光华大学英国文学系,1938年夏毕业。	模范班长	小说	桂林版第三卷第6期(1943.7.15)	8篇
	萧咳	小说	光复版第3期(1946.3.1)	
	麦收的季节	小说	光复版第4期(1946.4.10)	
	春(上)、春(中)、春(下)	小说	光复版第10期、光复版第11、12期合刊、光复版第13期(1946.12—1947.4)	
	讽刺一例(署名荀寰)	杂文	光复版第11、12期合刊(1947)	
	王贵和李香香	论文	光复版第13期(1947.4)	
	冶河(上)、冶河(下)	小说	海外版第8期、第9期(1948.11.15—1948.12.25)	
	开展文艺创作运动	论文	穗新版第2期(1950.3.1)	
19. 伍禾 1913—1968 湖北武昌人 原名胡德辉 笔名伍禾、纪烟、劳人、苏眉甥、上官来等 1933年毕业于湖北省立师范。	行列	诗	桂林版第一卷第1期(1941.9.15)	7篇
	萧(上)、萧(下)	诗	桂林版第一卷第2期、第3期(1941.10.15—1941.11.15)	
	一九四一年文艺运动的检讨(与众作家)	座谈	桂林版第一卷第5期(1942.1.15)	
	新年献诗	诗	桂林版第一卷第5期(1942.1.15)	
	骆驼、白天的梦、八阵图	散文诗	桂林版第二卷第5期(1942.8.15)	

续表

撰稿情况 作家介绍	文章题目	文类	发表期数(年份)	文章总数
20. 张殊明 1898—1998 福建泉州人 生于乡村塾师家庭 1931 年毕业于上海艺术大学。	起来,全越南的兄弟!	诗	光复版第 13 期(1947.4)	7 篇
	台湾,像是无告的孤儿	诗	光复版第 14 期(1947.5)	
	中国,遇着历史的剧骗!	诗	光复版第 16 期(1947.8)	
	翻身了,你伊拉克!	诗	海外版第 2 期(1948.3.25)	
	日本,亚洲凶剧的主角	诗	海外版第 5 期(1948.7.7)	
	化装的小贩、定时的跳楼(香港风情画)	诗	海外版第 6 期(1948.9.15)	
21. 欧阳予倩 1889—1962 湖南浏阳人 原名欧阳立袁,号南杰 笔名欧阳予倩、兰客、春柳、桃花不疑庵主、莲笙等。 1904 年留学日本。先后就读于成城中学,明治大学商科,早稻田大学文科。	《忠王李秀成》自序	论文	桂林版第一卷第 2 期(1941.10.15)	6 篇
	寄慰苏联战士	杂文	桂林版第一卷第 4 期(1941.12.15)	
	新形势与新艺术(与众作家)	座谈	桂林版第二卷第 2 期(1942.4.15)	
	一刻千金	独幕剧	桂林版第三卷第 1 期(1942.10.15)	
	保障作家创作自由的建议(特载)	杂文	光复版第 1 期(1946.1.1)	
	岁末杂感(与众作家)	杂感	海外版第 9 期(1948.12.25)	
22. 田汉 1898—1968 湖南长沙人 字寿昌 笔名田汉、伯鸿、陈瑜、漱人、汉仙、陈哲生、明高、张坤等 1912 年考入长沙师范学校公费学习。1916 年入日本东京高等师范学校修教育学。	AB 对话——寿沫若先生五十之一	杂文	桂林版第一卷第 3 期(1941.11.15)	6 篇
	一九四一年文艺运动的检讨(与众作家)	座谈	桂林版第一卷第 5 期(1942.1.15)	
	新形势与新艺术(与众作家)	座谈	桂林版第二卷第 2 期(1942.4.15)	
	秋声赋	五幕剧	桂林版第二卷第 2—6 期(1942.4.15—1942.9.15)	
	送某将军赴美	杂文	光复版第 2 期(1946.2.1)	
	给中国的戏剧工作者	杂文	光复版第 5 期(1946.5)	

作家介绍　　撰稿情况	文章题目	文类	发表期数（年份）	文章总数
23. 雷蕾 1924—2013 广西融县人 原名雷懿翘 笔名雷蕾、雷维音 曾入欧阳予倩领 导的"广西艺术 馆"艺术师资训练 班学习。	父亲	散文	桂林版第一卷第3期 （1941. 11. 15）	6篇
	海、泪、火	散文诗	桂林版第一卷第5期 （1942. 1. 15）	
	断想	散文诗	桂林版第二卷第6期 （1942. 9. 15）	
	在暗淡中（署名雷维音）	小说	海外版第9期（1948. 12. 25）	
24. 陈闲 1902—1987 广西博白人 原名冯培澜 笔名陈闲 1928年入上海光华 大学中文系学习。 1929年入复旦大学 新闻系学习，1932 年毕业。1934年入 日本早稻田大学哲 学系学习。	希特拉将被洪流淹死	杂文	桂林版第一卷第4期 （1941. 12. 15）	6篇
	谈波华荔夫人传	论文	桂林版第二卷第1期 （1942. 3. 15）	
	野蛮无耻的标志	杂文	光复版第15期（1947. 7）	
	关于《虾球传》速写	论文	海外版第6期（1948. 9. 15）	
	鲁迅是怎样看农民的	论文	海外版第7期（1948. 10. 15）	
	略论人格与革命	论文	海外版第8期（1948. 11. 15）	
25. 穆木天 1900—1971 吉林伊通县人 原名穆敬熙，学名 穆文昭 笔名穆木天、仵天 1918年毕业于天 津南开中学。1920 年入日本京都第 三高等学校文科。 1923年考入东京大 学攻读法国文学。	穷苦的人们（法·V. 雨果）	叙事诗（翻译）	桂林版第一卷第4期 （1941. 12. 15）	6篇
	光明（法·V. 雨果）	诗（翻译）	桂林版第三卷第1期 （1942. 10. 15）	
	求婚者（俄·普希金）	诗（翻译）	桂林版第三卷第3期 （1942. 12. 15）	
	夏贝尔上校（法·巴尔扎克）	小说（翻译）	桂林版第三卷第4期 （1943. 2. 15）	
	夏贝尔上校（法·巴尔扎克）	小说（翻译）	桂林版第三卷第5期 （1943. 5. 15）	
	为死难文化战士静默	杂文	光复版第6期（1946. 7. 1）	

续表

撰稿情况 作家介绍	文章题目	文类	发表期数(年份)	文章总数
26. 李育中 1911—2013 广东新会人,生于 澳门 笔名李航、韦陀、马葵斯、白庐等 童年在港、澳和南洋度过,接受殖民教育。曾就读于香港英文中学、英文商业专科学校。	故事两则(苏·曹西谦珂)	小说(翻译)	桂林版第三卷第5期 (1943.5.15)	6篇
	苏联纪行(美·史诺)	散文(翻译)	光复版第3期(1946.3.1)	
	贫困的一年——记一九四五年美国文坛	论文	光复版第3期(1946.3.1)	
	关于黑人新作家李察拉脱	论文	光复版第4期(1946.4.10)	
	活的教育(美·李察·拉脱)	散文(翻译)	光复版第4期(1946.4.10)	
	战争六年的英国文学(署名李航)	论文	光复版第6期(1946.7.1)	
27. 洪遒 1913—1994 浙江绍兴人 原名章鸿猷 笔名洪遒、蔚夫、吴费、王由、何为贵、洪猷 1936年毕业于大夏大学法学院。	一切的峰顶——再献给真勇者罗曼罗兰	散文	光复版第2期(1946.2.1)	6篇
	不再为了战争	诗	光复版第3期(1946.3.1)	
	遥致海洋彼岸的自由民	杂文	光复版第9期(1946.11)	
	略记在明月社时代的聂耳	散文	海外版第5期(1948.7.7)	
	萧军的故事(署名吴费)	散文	海外版第13期(1949.4.15)	
	人民万岁(与众作家合作)	大型活报剧	穗新版第1期(1950.2.1)	
28. 黄阳 广东人	活的队伍	诗	光复版第4期(1946.4.10)	6篇
	评姚雪垠的《出山》——载文选二期	论文	光复版第6期(1946.7.1)	
	今天是什么日子呀	诗	光复版第7期(1946.8)	
	告诉冬眠的人、他冒雨走了	诗	光复版第11、12期合刊(1947)	
	铁锤敲着镰刀的声音	诗	穗新版第6期(1950.7)	

注：1. 作家介绍包括下列方面:姓名,生卒年,原籍,出生地,原名,笔名,受教育状况;

　　2. 连载的文章计为一篇;

　　3. 篇数相同的作家排列时以在刊物出现的先后为序。

《文艺生活》所得出版基金情况一览表（表3）

期数＼献捐情况	献捐人数	所在地	总金额
光复版第13期（1947-4）	8人	吉隆坡	叻币59.2元
光复版第14期（1947-5）	4人	菲律宾、南洋、广州	港币80元
	5人	加拿大	加币7.3元
光复版第15期（1947-7）	42人	吉隆坡	叻币225.7元
	吉隆坡前写作人协会	吉隆坡	叻币50元
光复版第16期（1947-8）	9人		叻币48元（原文为40元，概计算错误所致）
	7人		菲币57.5元
	5人		港币50元
	海外华侨捐助祖国和平民主文化事业基金二批		港币1600元
光复版第17期（1947-10）	126人		叻币372.8元
	21人		美金116元
	14人		暹币205铢
	中学生等数人		港币130元
光复版第18期（1948-1）	2人		暹币40铢
	37人		叻币1106.9元（后在《文艺生活副刊》第4期上更正其中一人黄美龙50元为10元之误，故为1066.9元）
	50人		港币1105元
	10人		越币180元
	纽约华侨文化社		美金50元
	62人		美金239.5元
	6人		菲币37元
	4人		国币17万元

续表

期数 \ 献捐情况	献捐人数	所在地	总金额
海外版第 1 期（1948-2）	6 人		港币 70 元
	4 人		国币 28 万元
	9 人		叻币 40 元
	15 人		美金 58 元
	31 人		暹币 338 铢
海外版第 2 期（《文艺生活副刊》1948-3）	1 人		美金 5 元
	9 人		港币 210 元
	45 人		叻币 63.1 元
海外版第 3 期（《文艺生活副刊》1948-5）	3 人		港币 110 元
	1 人		叻币 2 元
	18 人		荷币 235 元（原文为 230 元，概计算错误所致）
	8 人		国币 40 万元
海外版第 4 期（《文艺生活副刊》1948-7）	9 人		暹币 83 铢
	3 人		叻币 70 元
	6 人		港币 340 元
海外版第 8 期（1948-11-15）	一群华侨	菲律宾	港币 400 元
海外版第 9 期（1948-12-25）	一群社员	巴达维亚	港币 70 元
	一群文艺青年	菲律宾	港币 50 元
海外版第 10、11 期合刊（1949-2-15）	7 人		叻币 11 元
	14 人		美金 108.7 元，汇费 3.7 元，余 105 元
	1 人		菲币 70 元
	2 人		港币 21 元
海外版第 12 期（1949-3-15）	20 人		叻币 77 元
	1 人		港币 32 元
海外版第 14 期（1949-5-15）	1 人		叻币 7 元
	1 人		英镑 6 先令
	1 人		菲币 20 元
	7 人		港币 216.4 元

《文艺生活》桂林版出版发行情况一览表（表4-1）

出版年月	卷、期、号	编辑人	发行人	发行者	经售处	印刷者	定价	开本
1941.9.15 民国三十年	第一卷 第1期（创刊号）	司马文森	陆平之	文献出版社：桂林府前街十四号	全国各大书店	桂林科学印刷厂	零售：每册国币一元四角；预定：半年六册国币八元二角，全年十二册国币十六元	16开（181×246）mm
1941.10.15 民国三十年	第一卷 第2期	司马文森	陆平之	文献出版社：桂林府前街十四号	全国各大书店	桂林科学印刷厂	零售：每册国币一元四角；预定：半年六册国币八元二角，全年十二册国币十六元	16开（181×246）mm
1941.11.15 民国三十年	第一卷 第3期	司马文森	陆平之	文献出版社：桂林府前街十四号	全国各大书店	桂林国光印刷厂	零售：每册国币一元四角；预定：半年六册国币八元二角，全年十二册国币十六元	16开（181×246）mm
1941.12.15 民国三十年	第一卷 第4期	司马文森	陆平之	文献出版社：桂林府前街十四号	全国各大书店	桂林国光印刷厂	零售：每册国币一元六角；预定：半年六册国币九元，全年十二册国币十八元	16开（181×246）mm
1942.1.15 民国三十一年	第一卷 第5期	司马文森	陆平之	文献出版社：桂林府前街十四号	全国各大书店	桂林国光印刷厂	零售：每册国币一元六角；预定：半年六册国币九元，全年十二册国币十八元	16开（181×246）mm
1942.2.15 民国三十一年	第一卷 第6期	司马文森	陆平之	文献出版社：桂林府前街十四号	全国各大书店	桂林国光印刷厂	零售：每册国币一元六角；预定：半年六册国币九元，全年十二册国币十八元	16开（181×246）mm
1942.3.15 民国三十一年	第二卷 第1期（总第七号）	司马文森	陆平之	文献出版社：桂林府前街十四号	全国各大书店	桂林国光印刷厂	零售：每册国币二元；预定：半年六册国币十二元，全年十二册国币廿四元	16开（181×246）mm
1942.4.15 民国三十一年	第二卷 第2期（总第八号）	司马文森	陆平之	文献出版社：桂林府前街十四号	全国各大书店	桂林国光印刷厂	零售：每册国币二元六角；预定：半年六册国币十五元六角，全年暂不预定	16开（181×246）mm

续表

出版年月	卷、期、号	编辑人	发行人	发行者	经售处	印刷者	定价	开本
1942.5.15 民国三十一年	第二卷 第3期（总第九号）	司马文森	陆平之	文献出版社：桂林府前街十四号	全国各大书店	桂林国光印刷厂	零售：每册国币三元；预定：半年六册国币十八元，全年暂不预定	16开（181×246）mm
1942.6.15 民国三十一年	第二卷 第4期（总第十号）	司马文森	陆平之	文献出版社：桂林府前街十四号	全国各大书店	桂林国光印刷厂	零售：每册国币三元；预定：半年六册国币十八元，全年暂不预定	16开（181×246）mm
1942.8.15 民国三十一年	第二卷 第5期（总第十一号）	司马文森	陆平之	文献出版社：桂林府前街十四号	全国各大书店	桂林国光印刷厂	零售：每册国币三元五角；预定：半年六册国币廿一元，全年暂不预定	16开（181×246）mm
1942.9.15 民国三十一年	第二卷 第6期（总第十二号）	司马文森	陆平之	文献出版社：桂林府前街十四号	全国各大书店	桂林国光印刷厂	零售：每册国币三元五角；预定：半年六册国币廿一元，全年暂不预定	16开（181×246）mm
1942.10.15 民国三十一年	第三卷 第1期（总第十三号）	司马文森	陆平之	文献出版社：桂林府前街十四号	全国各大书店	桂林国光印刷厂	零售：每册国币四元；预定：半年六册国币廿四元，全年暂不预定	16开（181×246）mm
1942.11.15 民国三十一年	第三卷 第2期（总第十四号）	司马文森	陆平之	文献出版社：桂林府前街十四号	全国各大书店	桂林国光印刷厂	零售：每册国币四元；预定：半年六册国币廿四元，全年暂不预定	16开（181×246）mm
1942.12.15 民国三十一年	第三卷 第3期（总第十五号）	司马文森		文献出版社：桂林府前街十四号	全国各大书店	桂林国光印刷厂	零售：每册国币六元；预定：半年六册国币卅六元，全年暂不预定	16开（181×246）mm
1943.2.15 民国三十二年	第三卷 第4期（总第十六号）	司马文森		文献出版社：桂林府前街十四号	全国各大书店	桂林国光印刷厂	零售：每册国币六元；预定：半年六册国币卅六元，全年暂不预定	16开（181×246）mm

续表

出版年月	卷、期、号	编辑人	发行人	发行者	经售处	印刷者	定价	开本
1943.5.15 民国三十二年	第三卷 第5期（总第十七号）	司马文森		文献出版社：桂林府前街十四号	全国各大书店	桂林国光印刷厂	零售：每册国币八元；预定：半年六册国币四十八元，全年暂不预定	16开（181×246）mm
1943.7.15 民国三十二年	第三卷 第6期（总第十八号）	司马文森		文献出版社：桂林府前街十四号	全国各大书店	桂林国光印刷厂	零售：每册国币十二元；预定：半年六册国币七十二元，全年暂不预定	16开（181×246）mm

《文艺生活》光复版出版发行情况一览表（表4-2）

出版年月	期、号	编辑人	发行人	发行所	发行所地址	总经售	承印 / 特约经销处	定价	开本
1946.1.1 民国卅五年	第1号 总第19号	司马文森 陈残云	陆平之	文艺生活社（简称文生出版社）	社址：桂林桂西路 分社：广州西湖路九十八号 香港通讯处：干诺道中一二四号吕剑转	兄弟图书公司 广西八步沙街四四号；广州惠爱东路三二八号之一	中成印务局：广州西湖路四四号	每期国币叁百捌拾元	16开（190×260）mm
1946.2.1 民国卅五年	第2号 总第20号	司马文森 陈残云	陆平之	文艺生活社（简称文生出版社）	社址：桂林桂西路 分社：广州西湖路九十八号 香港通讯处：干诺道中一二三号吕剑转	兄弟图书公司 广西八步沙街四四号；广州惠爱东路三二八号之一	中成印务局：广州西湖路四四号	每期国币叁百捌拾元	16开（190×260）mm

续表

出版年月	期号	编辑人	发行人	发行所	发行所地址	总经售	承印 / 特约经销处	定价	开本
1946.3.1 民国卅五年	第3号 总第21号	司马文森 陈残云		文艺生活社（简称文生出版社）	社址：桂林桂西路 分社：广州西湖路九十八号 香港通讯处：干诺道中一二三号吕剑转	兄弟图书公司：广西八步沙街四四号；广州惠爱东路三二八号之一	中成印务局：广州西湖路四四号	每期国币叁百元	16开 （190×260）mm
1946.4.10 民国卅五年	第4号 总第22号	司马文森 陈残云		文艺生活社（简称文生出版社）	社址：桂林桂西路 分社：广州西湖路九十八号 香港通讯处：干诺道中一二三号吕剑转	兄弟图书公司：广西八步沙街四号；广州惠爱东路三二八号之一	中成印务局：广州西湖路四四号	每期国币叁百捌拾元；香港南洋香港币壹元贰角	16开 （190×260）mm
1946.5 民国卅五年	第5号 总第23号	司马文森 陈残云	黄桂荣	文生出版社	华南分社：广州西湖路九十八号 香港通讯处：干诺道中一二三号吕剑转	兄弟图书公司：广州惠爱东路三二八号之一	特约经销处：粤南茂名生生书店 曲江志成书局 梅县科学书店 厦门东方出版社 桂林文化供应社 南宁春秋书店 长沙兄弟图书公司 南昌文山书店 赣州沪江图书公司	本期土纸本四百五十元；洋纸本六百元；香港南洋土纸本币一元五角；洋纸本二元	16开 （190×260）mm

续表

出版年月	期·号	编辑人	发行人	发行所	发行所地址	总经售	承印 / 特约经销处	定价	开本
1946.7.1 民国三十五年	第6号 总第24号	司马文森 陈残云	黄桂荣	文生出版社	华南分社:广州西湖路九十八号 香港通讯处:干诺道中一二三号吕剑转	兄弟图书公司: 广州惠爱东路三二八号之一	特约经销处: 粤南茂名生生书店 曲江志成书局 梅县科学书店 厦门东方出版社 桂林文化供应社 南宁春秋书店 长沙兄弟图书公司 南昌文山书店 赣州沪江图书公司	本期土纸本五百元;洋纸本七百元;香港南洋土纸本港币一元五角;洋纸本二元	16开 (190×260) mm
1946.8 民国卅五年	第7号	司马文森 陈残云	黄桂荣	文生出版社	广州分社:西湖路 香港通讯处:干诺道中123号吕剑转	香港智源书局 香港新民主出版社 广州南方文化服务社		本期定价: 国内国币七百元· 海外港币一元二角	16开 (190×260) mm
1946.9 民国卅五年	第8号 总廿六号	司马文森 陈残云	黄桂荣	文生出版社	上海·广州 海外通讯处:九龙弥敦道五七九号B南国书店鲁桂转	香港智源书局 香港新民主出版社 广州文生出版社 桂林文化供应社 上海生生书店		港币一元五角·国币百元	16开 (190×260) mm
1946.11 民国卅五年	新9期	司马文森 陈残云	黄桂荣		海外通讯处:九龙弥敦道五七九号B南国书店鲁桂转				16开 (190×260) mm

续表

出版年月	期、号	编辑人	发行人	发行所	发行所地址	总经售	承印	特约经销处	定价	开本
1946.12 民国卅五年	新 10 期	司马文森 陈残云								16 开 (190×260) mm
1947 民国卅六年	新 11、12 期 合刊	司马文森 陈残云								16 开 (190×260) mm
1947.4 民国卅六年	第 13 期 总第 31 期	司马文森 陈残云	黄桂荣	文生出版社	上海·广州 海外通讯处：香港九龙弥敦道五七九号 B 南国书店转				本期定价 基数一元五角	16 开 (190×260) mm
1947.5 民国卅六年	新第 14 期 总第 32 期	主编人：司马文森 编辑者：文生编委会		文生出版社	上海·广州 海外通讯处：香港九龙弥敦道五七九号 B 南国书店转				本期定价 基数一元六角	16 开 (190×260) mm
1947.7 民国卅六年	新第 15 期 总第 33 期 独幕剧专号	司马文森 陈残云		文生出版社	上海·广州 海外通讯处：九龙弥敦道五七九号 B 南国书店转	香港：（一）智源书局（二）新民主出版社 重庆、贵阳、成都：文通书局……			本期定价 一元六角 （国币售价 照加三千倍计）	16 开 (190×260) mm

续表

出版年月	期、号	编辑人	发行人	发行所	发行所地址	总经售	承印	特约经销处	定价	开本
1947.8 民国卅六年	新第16期 总第34期	司马文森 陈残云		文生出版社	上海·广州 海外通讯处:九龙信箱一七七号	香港:(一)智源书局(二)华(新)民主出版社(三)生活书店(四)生活书店 上海:利众读报联合发行所 新加坡:薪南洋出版社 琼潮报社 吉隆坡:中华书报社 美洲:华侨知识社			本期定价一元六角	16开 (190×260)mm
1947.10 民国卅六年	新17期 总第35期 鲁迅纪念总号	司马文森 陈残云		文生出版社	上海·广州 海外通讯处:九龙信箱一七七号交				本期定价一元八角	16开 (190×260)mm
1948.1 民国卅七年	新18期 总第36期 合刊·新年号	司马文森 陈残云		文生出版社	上海·广州 海外通讯处:九龙信箱一七七号交				定价一元八角	16开 (190×260)mm

《文艺生活》海外版出版发行情况一览表（表 4-3）

出版年月	期、号	编辑人	督印人	印行者	印行者地址	经售者	承印者	定价	开本
1948.2	第 1 期 总第 37 期 （青年文艺创作竞赛入选专号）	司马文森 陈残云	张楚鸣	文艺生活社（The Literary Life Society）	社址：香港九龙亚士厘道廿一号二楼 21, Ashley Road Kow Loon, Hong Kong. P. O. Box 1777 Kow Loon, Hong Kong.		香港嘉华印刷有限公司	本期连同副刊定价一元六角	大 32 开 （151×210mm）
1948.3.25	第 2 期 总第 38 期 （文协入选独幕剧专号）	司马文森 陈残云	张楚鸣	文艺生活社（The Literary Life Society）	社址：香港九龙亚士厘道廿一号二楼 21, Ashley Road Kow Loon, Hong Kong. 通讯处：香港九龙信箱一七七号 P. O. Box 1777 Kow Loon, Hong Kong.	香港智源书局	香港嘉华印刷有限公司	本期连同副刊定价一元六角	大 32 开
1948.5.15	第 3、4 期合刊 总第 39 期 （马来亚人民抗敌记）	司马文森 陈残云	张楚鸣	文艺生活社（The Literary Life Society）	社址：香港九龙亚士厘道廿一号二楼 21, Ashley Road Kow Loon, Hong Kong. 通讯处：香港九龙信箱一七七号 P. O. Box 1777 Kow Loon, Hong Kong.	香港智源书局	香港嘉华印刷有限公司	本期连同副刊定价二元	大 32 开

续表

出版年月	期、号	编辑人	督印人	印行者	印行者地址	经售者	承印者	定价	开本
1948. 7. 7	第 5 期 总第 40 期	司马文森 陈残云	张楚鸣	文艺生活社（The Literary Life Society）	社址:香港九龙亚士厘道廿一号二楼 21, Ashley Road Kow Loon, Hong Kong. 通讯处:香港九龙信箱一七七七号 P. O. Box 1777 Kow Loon, Hong Kong.		香港印刷工业合作社	本期连同副刊定价一元六角	大 32 开
1948. 9. 15	第 6 期 总第 41 期	司马文森	陈远	文艺生活社（The Literary Life Society）	社址:香港九龙亚士厘道 21 号 2 楼 21, Ashley Road Kow Loon, Hong Kong. 通讯处:香港九龙信箱一七七七号 P. O. Box 1777 Kow Loon, Hong Kong.	香港智源书局（香港德辅道中六十七号）	香港印刷工业合作社	本期定价一元	大 32 开
1948. 10. 15	第 7 期 总第 42 期	司马文森	陈远	文艺生活社（The Literary Life Society）	社址:香港九龙亚士厘道 21 号 2 楼 21, Ashley Road Kow Loon, Hong Kong. 通讯处:香港九龙信箱一七七七号 P. O. Box 1777 Kow Loon, Hong Kong.	智源书局（香港德辅道中六十七号）	香港印刷工业合作社	本期定价一元	大 32 开

续表

出版年月	期、号	编辑人	督印人	印行者	印行者地址	经售者	承印者	定价	开本
1948.11.15	第8期 总第43期	司马文森	陈远	文艺生活社(The Literary Life Society)	社址:香港九龙亚士厘道21号2楼 21, Ashley Road Kow Loon, Hong Kong. 通讯处:香港九龙信箱一七七七号 P. O. Box 1777 Kow Loon, Hong Kong.	智源书局(香港德辅道中六十七号)	香港印刷工业合作社	本期定价一元	大32开
1948.12.25	第9期 总第44期	司马文森	陈远	文艺生活社(The Literary Life Society)	社址:香港九龙亚士厘道21号2楼 21, Ashley Road Kow Loon, Hong Kong. 通讯处:香港九龙信箱一七七七号 P. O. Box 1777 Kow Loon, Hong Kong.	智源书局(香港德辅道中六十七号)	香港印刷工业合作社	本期定价一元	大32开
1949.2.15	第10,11期合刊 总第45期	司马文森	陈远	文艺生活社(The Literary Life Society)	社址:香港九龙亚士厘道21号2楼 21, Ashley Road Kow Loon, Hong Kong. 通讯处:香港九龙信箱一七七七号 P. O. Box 1777 Kow Loon, Hong Kong.	智源书局(香港德辅道中六十七号)	中原印刷厂	本期合刊定价一元	大32开

续表

出版年月	期、号	编辑人	督印人	印行者	印行者地址	经售者	承印者	定价	开本
1949. 3. 15	第 12 期 总第 46 期（独幕剧号）	司马文森	陈远	文艺生活社（The Literary Life Society）	社址:香港九龙亚士厘道 21 号 2 楼 21, Ashley Road Kow Loon, Hong Kong. 通讯处:香港九龙信箱 一七七号 P. O. Box 1777 Kow Loon, Hong Kong.	智源书局（香港德辅道中六十七号）	中原印刷厂	本期定价一元	大 32 开
1949. 4. 15	第 13 期 总第 47 期	司马文森	陈远	文艺生活社（The Literary Life Society）	社址:香港九龙亚士厘道 21 号 2 楼 21, Ashley Road Kow Loon, Hong Kong. 通讯处:香港九龙信箱 一七七号 P. O. Box 1777 Kow Loon, Hong Kong.	智源书局（香港德辅道中六十七号）	中原印刷厂	本期定价一元	大 32 开
1949. 5. 15	第 14 期 总第 48 期	司马文森	陈远	文艺生活社（The Literary Life Society）	社址:香港九龙亚士厘道 21 号 2 楼 21, Ashley Road Kow Loon, Hong Kong. 通讯处:香港九龙信箱 一七七号 P. O. Box 1777 Kow Loon, Hong Kong.	智源书局（香港德辅道中六十七号）	中原印刷厂	本期定价一元	大 32 开

续表

出版年月	期号	编辑人	督印人	印行者	印行者地址	经售者	承印者	定价	开本
1949.5.20（疑应为 6.20）	第 15 期 总第 49 期	司马文森	陈远	文艺生活社（The Literary Life Society）	社址：香港九龙亚士厘道 21 号 2 楼 21, Ashley Road Kow Loon, Hong Kong. 通讯处：香港九龙信箱一七七七号 P. O. Box 1777 Kow Loon, Hong Kong.	智源书局（香港德辅道中六十七号）	中原印刷厂	本期定价一元	大 32 开
1949.7.15	第 16 期 总第 50 期	司马文森	陈远	文艺生活社（The Literary Life Society）	社址：香港九龙亚士厘道 21 号 2 楼 21, Ashley Road Kow Loon, Hong Kong. 通讯处：香港九龙信箱一七七七号 P. O. Box 1777 Kow Loon, Hong Kong.	智源书局（香港德辅道中六十七号）	中原印刷厂	本期定价一元	大 32 开
1949.8.25	第 17 期 总第 51 期	司马文森	陈远	文艺生活社（The Literary Life Society）	社址：香港九龙亚士厘道 21 号 2 楼 21, Ashley Road Kow Loon, Hong Kong. 通讯处：香港九龙信箱一七七七号 P. O. Box 1777 Kow Loon, Hong Kong.	智源书局（香港德辅道中六十七号）	中原印刷厂	本期定价一元	大 32 开

续表

出版年月	期、号	编辑人	督印人	印行者	印行者地址	经售者	承印者	定价	开本
1949.10.25	第18、19期合刊 总第52期	司马文森	陈远	文艺生活社（The Literary Life Society）	社址:香港九龙亚士厘道21号2楼 21, Ashley Road Kow Loon, Hong Kong. 通讯处:香港九龙信箱一七七七号 P. O. Box 1777 Kow Loon, Hong Kong.	智源书局（香港威灵顿街四十二号）	中原印刷厂	本期定价一元	大32开
1949.12.25	第20期 总第53期	司马文森	陈远	文艺生活社（The Literary Life Society）	社址:香港九龙亚士厘道21号2楼 21, Ashley Road Kow Loon, Hong Kong. 通讯处:香港九龙信箱一七七七号 P. O. Box 1777 Kow Loon, Hong Kong.	智源书局（香港威灵顿街四十二号）	中原印刷厂	本期定价一元	大32开

《文艺生活》穗新版出版发行情况一览表（表4-4）

出版年月	期、号	编辑人	发行人	出版者	出版者地址	发行者	印刷者	开本
1950.2.1	新1号 特大号 总第54号	司马文森	陈远	文艺生活社	社址:广州永汉北路二五一号南光书店转 海外通信处:香港九龙邮箱一七七七号交	南光书店: 广州永汉北路二五一号 香港荷里活道一六六号 上海山西南路四0号	国华印刷厂 厂址中华中路三一六号营业部西湖路四十四号	大32开

出版年月	期、号	编辑人	发行人	出版者	出版者地址	发行者	印刷者	开本
1950.3.1	新 2 号 总第 55 期	司马文森	陈远	文艺生活社	社址:广州永汉北路二五一号南光书店转 海外通信处:香港九龙邮箱一七七号交	南光书店: 广州永汉北路二五一号 香港荷里活道一六六号 上海山西南路四〇号	国华印刷厂 厂址中华中路三一六号营业 部西湖路四十四号	大 32 开
1950.4.1	新 3 号 总第 56 期	司马文森	陈远	文艺生活社	社址:广州永汉北路二五一号南光书店转 海外通信处:香港九龙邮箱一七七号交	南光书店: 广州永汉北路二五一号 香港荷里活道一六六号 上海山西南路四〇号	国华印刷厂 厂址中华中路三一六号营业 部西湖路四十四号	大 32 开
1950.5	新 4 号 总第 57 期	司马文森	陈远	文艺生活社	社址:广州永汉北路二五一号南光书店转 海外通信处:香港九龙邮箱一七七号交	南光书店: 广州永汉北路二五一号 香港荷里活道一六六号	国华印刷厂 厂址中华中路三一六号营业 部西湖路四十四号	大 32 开
1950.6	新 5 号 总第 58 期	司马文森	陈远	文艺生活社	社址:南光书店转 海外通信处:香港九龙邮箱一七七号交	南光书店: 广州永汉北路二五一号 香港荷里活道一六六号	国华印刷厂 厂址中华中路三一六号营业 部西湖路四十四号	大 32 开
1950.7	新 6 号 总第 59 期	司马文森	陈远	文艺生活社	社址: 海外通信处:香港九龙邮箱一七七号交	南光书店: 广州永汉北路二五一号 香港荷里活道一六六号	国华印刷厂 厂址中华中路三一六号营业 部西湖路四十四号	大 32 开

参 考 文 献

一、工具性文献

[1] 苗士心：《中国现代作家笔名索引》，济南，山东大学出版社，1986 年。

[2] 曾健戎、刘耀华：《中国现代文坛笔名录》，重庆，重庆出版社，1986 年。

[3] 周锦：《中国现代文学作家本名笔名索引》，台北，成文出版社，1980 年。

[4] 边春光：《出版词典》，上海，上海辞书出版社，1992 年。

[5] 王桧林、朱汉国主编：《中国报刊辞典（1815—1949）》，太原，书海出版社，1992 年。

[6] 刘哲民：《近现代出版新闻法规汇编》，上海，学林出版社，1992 年。

[7] 徐州师范学院《中国现代作家传略》编辑组：《中国现代作家传略》（共四辑），1978 年 10 月—1980 年 3 月。

二、资料性文献

[1] 司马文森主编：《文艺生活》月刊，共 58 期。包括：桂林版（1941. 9. 15—1943. 7. 15）三卷 18 期，出版地是桂林；光复版（1946. 1. 1—1948. 1）17 期，出版地是广州和香港；海外版（1948. 2—1949. 12. 25）17 期，出版地是香港；穗新版（1950. 2. 1—1950. 7）6 期，出版地是广州。（其中，陈残云参与编辑了光复版第 1—18 期和海外版第 1—5 期，即 1946. 1. 1—1948. 7. 7。）

[2] 杨益群、司马小莘、陈乃刚：《司马文森研究资料》，北京，北京十月文艺出版社，1998 年。

[3] 中国左翼作家联盟成立大会会址纪念馆、中国华侨历史博物馆、八路军桂林办事处纪念馆编：《司马文森纪念文集》，2016 年。

[4] 中国新文学大系编辑委员会：《中国新文学大系 1937—1949 第二十集 史料·索引》，上海，上海文艺出版社，1994 年。

[5] 刘长鼎、陈秀华：《中国现代文学运动史料编年（1937 年—1949 年）》，太原，山西高校联合出版社，1996 年。

[6] 刘增杰、赵明：《抗日战争时期延安及各抗日民主根据地文学运动资料（上、中、下）》，太原，山西人民出版社，1983 年。

[7] 文天行等：《中华全国文艺界抗敌协会资料汇编》，成都，四川省社会科学院出版社，1983 年。

[8] 张静庐：《中国现代出版史料（丙编）》，北京，中华书局，1956 年。

[9] 宋原放：《中国出版史料 第二卷 现代部分》，济南，山东教育出版社，2001 年。

[10] 张起厚：《中共地下党时期报刊调查研究（一九一九——一九四九年）》，台北，永业出版社，1991 年。

[11] 中国国民党中央委员会党史委员会编辑发行：《革命文献 第五十九辑 抗战时期之学术》，台北，中央文物供应社，1972 年。

[12] 中华全国文学艺术工作者代表大会宣传处：《中华全国文学艺术工作者代表大会纪念文集》，北京，新华书店，1950 年。

[13] 南方局党史资料征集小组：《南方局党史资料大事记》，重庆，重庆出版社，1986 年。

[14] 南方局党史资料征集小组：《南方局党史资料（六）文化工作》，重庆，重庆出版社，1990 年。

[15] 广州市地方志编纂委员会：《广州市志·卷十六》，广州，广州出版社，1999 年。

[16] 郑树森、黄继持、卢玮銮：《国共内战时期香港文学资料选（一九四五——一九四九）》，香港，天地图书有限公司 1999 年。

[17] 郑树森、黄继持、卢玮銮：《国共内战时期香港本地与南来文人作品选（一九四五——一九四九）》（上下册），香港，天地图书有限公司，1999 年。

[18] 达德学院校友会：《达德学院建校五十周年纪念文集》，广州，广东人民出版社，1996 年。

三、研究性文献

（一）著作

[1] 司马长风：《中国新文学史》（下卷），香港，昭明出版社，1978 年。

[2] 王瑶：《中国新文学史稿》（下册），上海，新文艺出版社，1953 年。

[3] 蓝海：《中国抗战文艺史》，上海，现代出版社，1947 年。

[4] 刘增杰主编：《中国解放区文学史》，开封，河南大学出版社，1988 年。

[5] 苏光文：《大后方文学论稿》，重庆，西南师范大学出版社，1994 年。

[6] 钱理群、温儒敏等：《中国现代文学三十年》，北京，北京大学出版社，1998 年。

[7] 杨义：《中国现代小说史》（第三卷），北京，人民文学出版社，1986 年。

[8] 徐訏：《现代中国文学过眼录》，台北，时报文化出版企业有限公司，1991 年。

[9] 陈平原：《作为学科的文学史》，北京，北京大学出版社，2011 年。

[10] 陈平原：《文学的周边》，北京，新世界出版社，2004 年。

[11] 戴燕：《文学史的权力》，北京，北京大学出版社，2002 年。

[12] 陈思和：《中国新文学整体观》，上海，上海文艺出版社，2001 年。

[13] 王确：《使命的自觉——儒家传统与中国现代文学的文化品格》，长春，东北师范大学出版社，2000 年。

[14] 李书磊：《1942：走向民间》，济南，山东教育出版社，1998 年。

[15] 金冲及：《转折年代——中国的 1947 年》，北京，生活·读书·新知三联书店，2002 年。

[16] 钱理群：《1948：天地玄黄》，济南，山东教育出版社，1998 年。

[17] 贺桂梅：《转折的时代——40—50 年代作家研究》，济南，山东教育出版社，2003 年。

[18] 杨守森：《二十世纪作家心态史》，北京，中央编译出版社，1999 年。

[19] 洪子诚：《中国当代文学史》，北京，北京大学出版社，1999 年。

[20] 洪子诚：《问题与方法——中国当代文学史研究讲稿》，北京，北京大学出版社，2010 年。

［21］ 孟繁华、程光炜：《中国当代文学发展史》，北京，人民文学出版社，2004年。

［22］ 周葱秀、涂明：《中国近现代文化期刊史》，太原，山西教育出版社，1999年。

［23］ 刘增人等纂著：《中国现代文学期刊史论》，北京，新华出版社，2005年。

［24］ 应国靖：《现代文学期刊漫话》，广州，花城出版社，1986年。

［25］ 陈平原、［日］山口守编：《大众传媒与现代文学》，北京，新世界出版社，2002年。

［26］ 黄发有：《中国当代文学传媒研究》，北京，人民文学出版社，2014年。

［27］ 魏天祥：《文艺政策论纲》，北京，中共中央党校出版社，1993年。

［28］ 倪伟：《"民族"想象与国家统制——1928—1948年南京政府的文艺政策及文学运动》，上海，上海教育出版社，2003年。

［29］ 黎惠英、孙祚成等主编：《中国现代经济史》，长春，吉林大学出版社，1991年。

［30］ 毛泽东：《论人民民主专政》，北京，人民出版社，1975年。

［31］ 毛泽东：《毛泽东文艺论集》，北京，中央文献出版社，2002年。

［32］ 绀弩编：《女权论辩》，桂林，白虹书店，1942年。

［33］ 林洛：《大众文艺新论》，香港，力耕出版社，1948年。

［34］ 默涵：《在激变中》，香港，新中国书局，1949年。

［35］ 夏衍：《懒寻旧梦录》（增补本），北京，生活·读书·新知三联书店，2000年。

［36］ 黄药眠：《动荡：我所经历的半个世纪》，上海，上海文艺出版社，1987年。

［37］ 邵荃麟：《邵荃麟评论选集》（上册），北京，人民文学出版社，1981年。

［38］ 雷锐：《桂林文化城小说研究》，北京，中国社会科学出版社，2006年。

［39］ 李建平编著：《抗战时期桂林文学活动》，桂林，漓江出版社，1996年。

［40］ 杨益群、万一知等编著：《桂林文化城概况》，南宁，广西人民出版社，1986年。

［41］ 潘其旭、王斌等编选：《桂林文化城纪事》，桂林，漓江出版社，1984年。

［42］ 魏华龄、曾有云主编：《桂林抗战文化研究文集》（三），桂林，广西师范大学出版社，1995年。

［43］ 张振金：《岭南现代文学史》，广州，广东高等教育出版社，1989年。

［44］ 陈永正主编：《岭南文学史》，北京，高等教育出版社，1993年。

［45］ 陈金龙、彭建新：《探索与追求：广州百年政治风云述略》，广州，广州出版社，2001年。

［46］ 刘登翰主编：《香港文学史》，北京，人民文学出版社，1999年。

［47］ 潘亚暾、汪义生：《香港文学史》，厦门，鹭江出版社，1997年。

［48］ 王剑丛：《香港文学史》，南昌，百花洲文艺出版社，1995年。

［49］ 袁小伦：《战后初期中共与香港进步文化》，广州，广东教育出版社，1999年。

［50］ 计红芳：《香港南来作家的身份建构》，北京，中国社会科学出版社，2007年。

［51］ 钟紫主编：《香港报业春秋》，广州，广东人民出版社，1991年。

［52］ 余绳武、刘蜀永主编：《20世纪的香港》，北京，中国大百科全书出版社，1995年。

［53］ 陈颂声：《心灵感应蒲园集——粤港澳诗情文谈随录》，广州，中山大学出版社，2009年。

［54］ 鲁枢元：《生态文艺学》，西安，陕西人民教育出版社，2000年。

［55］ 王长顺：《生态学视野下的西汉文学》，北京，中国社会科学出版社，2013年。

［56］ 余晓明：《文学研究的生态学隐喻——文学与宗教、政治、意识形态及其他》，桂林，广西师范大学出版社，2011年。

（二）论文

[1] 陈平原：《文学史视野中的"报刊研究"——近二十年北大中文系有关"大众传媒"的博士及硕士学位论文》，见《现代中国》第十一辑，北京，北京大学出版社，2008 年。

[2] 邵宁宁：《关于现代文学杂志研究的方法论思考》，《甘肃社会科学》2006 年第 3 期。

[3] 陈定家：《作为文学阵地的文学期刊》，《新疆大学学报》(社会科学版) 2001 年第 1 期。

[4] 史建国：《中国现代文学报刊研究的回顾与反思》，《首都师范大学学报》(社会科学版) 2018 年第 4 期。

[5] 王晓明：《一份杂志和一个社团——重评五四传统》，见王晓明主编：《批评空间的开创——20 世纪中国文学研究》，上海，东方出版中心，1998 年。

[6] 杨义：《流派研究的方法论及其当代价值》，《海南师范学院学报》2001 年第 5 期。

[7] 刘增人：《现代文学期刊的景观与研究历史反顾》，《中国现代文学研究丛刊》2005 年第 6 期。

[8] 刘增人：《四十年代文学期刊扫描》，《中国现代文学研究丛刊》2003 年第 2 期。

[9] 张静庐：《杂志发行经验谈》，见张静庐：《在出版界二十年》附录，上海，上海书店，1984 年。

[10] 张均：《50 年代文学中的同人刊物问题》，《文艺争鸣》2008 年第 12 期。

[11] 张均：《〈文艺生活〉的复刊、"新生"与停刊》，《长江学术》2014 年第 3 期。

[12] 许定铭：《〈文艺生活〉月刊》，《大公报·副刊》，2008 年 6 月 3 日。

[13] 盛澄华：《〈新法兰西评论〉与法国现代文学》，见盛澄华：《纪德研究》，上海，上海森林出版社，1948 年。

[14] 黄发有：《论中国当代文学期刊研究的进展与路径》，《中国现代文学研究丛刊》2019 年第 8 期。

[15] 赵园等：《20 世纪 40 至 70 年代文学研究：问题与方法》，《中国现代文学研究丛刊》2004 年第 2 期。

[16] 钱理群：《关于 20 世纪 40 年代大文学史研究的断想》，《中国现代文学研究丛刊》2005 年第 1 期。

[17] 黄万华：《40 年代：文学开放性体系的形成——兼及林语堂小说的文化视角》，《理论学刊》2002 年第 2 期。

[18] 曾令存：《"40 年代文学转折"研究》，《学术研究》2009 年第 2 期。

[19] 何黎萍：《20 世纪 40 年代初关于"妇女回家"问题的论战》，《四川师范人学学报》(社会科学版) 2006 年第 3 期。

[20] 黄万华：《战争人生的心灵体验》，《山西大学学报》(哲学社会科学版) 2005 年第 4 期。

[21] 王丽丽等：《中国现代文学的又一次探索——试论四十年代的文学环境》，《海南师范学院学报》(社会科学版) 2003 年第 2 期。

[22] 《四十年代国统区革命文艺运动史》编写小组：《〈讲话〉在四十年代国统区的传播——纪念毛主席〈在延安文艺座谈会上的讲话〉发表三十六周年》，《西南师范大学学报》(人文社会科学版) 1978 年第 1 期。

［23］ 周俊：《毛泽东〈在延安文艺座谈会上的讲话〉研究（1942—1949）》，山东大学博士学位论文，2009年。

［24］ 冯宪光：《人民文学论》，《当代文坛》2005年第6期。

［25］ 旷新年：《人民文学：未完成的历史建构》，《文艺理论与批评》2005年第6期。

［26］ 郑纳新：《"人民文学"的建构与〈人民文学〉》，《东方丛刊》2009年第4期。

［27］ 王俊虎：《从"人的文学"到"人民文学"——郭沫若文学观嬗变新论》，《海南大学学报》（人文社会科学版）2007年第4期。

［28］ 南帆：《革命文学、知识分子与大众》，《文艺理论研究》2003年第1期。

［29］ 南帆：《四重奏：文学、革命、知识分子与大众》，《文学评论》2003年第2期。

［30］ 黄万华：《以拷问世界的长鞭拷问自我——战时中国文学中的知识者形象》，《内蒙古师范大学学报》（哲学社会科学版），2005年第3期。

［31］ 董平：《四十年代国统区和沦陷区小说中的知识分子形象研究》，山东大学博士学位论文，2009年。

［32］ 郑坚：《现代文学中小资产阶级形象问题》，《湖南工业大学学报》（社会科学版）2008年第1期。

［33］ 夏蓉：《20世纪30年代中期关于"妇女回家"与"贤妻良母"的论争》，《华南师范大学学报》（社会科学版）2004年第6期。

［34］ 刘增人：《文学路向的两次调整：抗战文学的勃兴与分流》，《江海学刊》2004年第1期。

［35］ 邵国义：《革命：理解抗战文学的关键词》，《重庆社会科学》2007年第4期。

［36］ 吴伟强等：《中国抗战文学研究的新的可能》，《西南师范大学学报》（人文社会科学版）2006年第6期。

［37］ 陆衡：《讽刺文学在〈文艺阵地〉》，《海南师范学院学报》（社会科学版）2006年第1期。

［38］ 黄夏莹：《司马文森与抗战文艺》，《福建党史月刊》1988年第5期。

［39］ 陈乃刚：《司马文森的生平和创作》，《新疆大学学报》（哲学社会科学版）1985年第3期。

［40］ 王福湘：《司马文森论》，《学术研究》1998年第6期。

［41］ 吴定宇：《论华南抗战文艺运动的历史地位和作用》，《中山大学学报》（社会科学版）1995年第3期。

［42］ 黄万华：《1945—1949年的香港文学》，《中国现代文学研究丛刊》2004年第2期。

［43］ 黄万华：《左右翼政治对峙中的战后香港文学"主体性"建设》，《学术月刊》2007年第9期。

［44］ 黄万华：《香港文学对于"重写"20世纪中国文学史的意义》，《河北学刊》2008年第5期。

［45］ 袁小伦：《战后初期中共利用香港的策略运作》，《近代史研究》2002年第6期。

［46］ 黄绳：《方言文艺运动几个论点的回顾》，见中华全国文艺协会香港分会方言文学研究会编：《方言文学》第一辑，香港，新民主出版社，1949年。

［47］ 邢公畹：《关于"方言文学"的补充意见》，《文艺报》第三卷第十期，1951年3月10日。

［48］ 吴士勳：《我对"方言问题"的看法》，《文艺报》第四卷第5期，1951年6月25日。

[49] 杨堤:《关于方言文学的几个问题——并以此文与邢公畹同志商榷》,《文艺报》第四卷第五期,1951年6月25日。

[50] 王风:《文学革命与国语运动之关系》,《中国现代文学研究丛刊》2001年第3期。

[51] 刘进才:《从"文学的国语"到方言创作——四十年代方言文学运动的合理性及其限度》,《文学评论》2006年第4期。

[52] 曾大兴:《"地域文学"的内涵及研究方法》,《东北师大学报》(哲学社会科学版)2016年第5期。

[53] 刘保亮:《论地域作家的文化身份》,《甘肃社会科学》2013年第1期。

[54] 乔力等:《论地域文学史学的研究方法》,《理论学刊》2006年第12期。

[55] 张鸿声等:《美国"中国学"的"地方"取向与中国现代文学研究——以中国现代文学研究的区域问题为例》,《中国现代文学论丛》2018年第2期。

[56] 张鸿声等:《中国现代文学研究的"华南"视角》,《中国社会科学报》2019年3月25日第4版。

[57] 张鸿声等:《"文学—史学—地学":中国现代文学研究范式重构》,《中国社会科学报》2018年4月16日第4版。

[58] 胡希东:《文学观念的历史转型与现代文学史叙述模式的变迁》,《上海师范大学学报》(哲学社会科学版)2016年第4期。

[59] 朱德发:《辩证理解现代文学史书写的"真实性"》,《江汉论坛》2015年第7期。

[60] 王富仁:《中国现代文学批评略说》,《北京师范大学学报》(社会科学版)2011年第3期。

[61] 王诺:《生态批评:发展与渊源》,《文艺研究》2002年第3期。

[62] 俞兆平等:《"文学生态"的概念提出与内涵界定》,《南方文坛》2008年第3期。

[63] 陈玉兰:《论中国古典诗歌研究的文学生态学途径》,《文学评论》2004年第5期。

(三)译著

[1] [日]阪口直树:《十五年战争期的中国文学》,宋宜静译,台北,稻乡出版社,2001年。

[2] [美]胡素珊:《中国的内战:1945—1949年的政治斗争》,王海良等译,北京,中国青年出版社,1997年。

[3] [美]雷·韦勒克、奥·沃伦:《文学理论》,刘象愚等译,北京,生活·读书·新知三联书店1984年。

[4] [美]乔纳森·卡勒:《文学理论入门》,李平译,南京,译林出版社,2013年。

[5] [美]刘若愚:《中国文学理论》,杜国清译,南京,江苏教育出版社,2006年。

[6] [美]M. H. 艾布拉姆斯:《镜与灯:浪漫主义文论及批评传统》,郦稚牛等译,北京,北京大学出版社,2004年。

[7] [美]韦恩·布斯:《小说修辞学》,华明等译,北京,北京大学出版社,1987年。

[8] [美]爱德华·W. 萨义德:《知识分子论》,单德兴译,北京,生活·读书·新知三联书店2002年。

[9] [美]杰弗里·C. 戈德法布:《"民主"社会中的知识分子》,杨信彰等译,沈阳,辽宁教育出版社,2002年。

[10] [德]汉斯·萨克塞:《生态哲学》,文韬等译,北京,东方出版社,1991年。

后　记

　　本书是在博士论文的基础上修改而成的。想来惭愧，博士毕业距今已经 7 年，因为"妄自菲薄"的体认，"悔其少作"的担忧，当然主要是懈怠懒惰，导致迟迟没有动手修改。直到去年，在外力因素的"逼迫"下，才把一直以来的一些想法梳理成几篇新文，也由此重新审视这篇旧作。动笔修改是在暑假，中间还要上课以及应付其他杂事，历时数月，也算完成了。

　　本书完成于"望园轩"，这是我于此刻给我的书房的命名。"望园"是名副其实的。由于楼层低，窗外即是绿树、红花、阳光、微风，在大大的蓝天的观望中兀自存在着。园中也有叫声好听但叫不上名字、争相演绎"相与还"的飞鸟。当然还有人。人声与天籁混杂着，构成热闹的人间。书房北向，北向望园，似乎又有了骆宾基《北望园的春天》中"北望故园"的意味。来到南海之滨十五年有余，习惯了这里的气候和饮食，也有了交往的小圈子，孩子在这里出生、长大，几乎每年寒暑假都飞回北方看望双方父母。现代通信和交通的发达，都使得"我寄愁心与明月"显得有些多余。但随着年岁的增加，这种故园之思反倒愈加浓了些，尤其是这段时间浸淫于旧作之中，往事也浮上眼前。

　　我博士就读于东北师范大学，师从王确教授。读博期间由于客观原因以及主观的拖延，我的博士论文写作一波三折。老师一直给我最大的包容、鼓励和支持，现在想来，他那时的压力恐怕不比我小。老师对我的指导和关心并没有随着我的毕业而结束。我有了进步总是第一个想要告诉他，因为我的每一点进步都离不开老师的提醒和指导。几年前，我身体出了点小问题，有段时间和老师没有联系，他后来问清原委后，意味深长地说了句，难怪我最近有所预感。我决定出书，老师不但答应为之作序，还对书名提出非常好的建议。所以，正如我在博士论文后记中所说的，"我的导师王确先生既是我的恩师，又是我的朋友，十多年的教导和关怀已使我们宛如家人。在我绊绊磕磕的写作过程中，老师始终以他的宽厚和博学默默支持着我。他对我的期望对我来说既是压力，又是前行的动力。"现在时间又过了七年，老师对我教导和关怀已经近二十年了。

我的师母董胜捷女士对待我们这些学生如同对待自己的孩子一样，同为女性，我们之间其实有更多的话题。我一个师妹说，喜欢看着师母忙碌而快乐的身影，真正说出了我想说的。从师母身上，我学到了对生活的乐观态度、对人事关系处理的睿智态度。

从往事中回身，本书的出版要感谢广东海洋大学文学与新闻传播学院、科技处以及规划发展处的支持。感谢清华大学出版社马庆洲老师的辛勤工作。马老师与海大文学院有过几次交集，但可惜的是我都错过了。因缘际会，这次书稿出版得以与马老师多次交流。马老师的爽朗、幽默和敬业给我留下了深刻的印象。

最后，我要感谢我的亲人们。感谢我的父母，他们尽其所能让我健康地长大，接受更高的教育。我的父亲是一位乡村小学教师，他一直说，我是他的骄傲。我对这句话的感受，小时候是沾沾自喜，稍大时是不以为然，成年后是心生惭愧，现在是五味杂陈。父亲的肯定和期望是一如既往的，我将带着这份沉甸甸的肯定和期望继续努力。感谢我的两个姐姐，她们在我漫长的求学过程中一直给予我关怀和爱。感谢我的先生，他是一个好伴侣、好同事、好父亲。我们相识于东北师范大学，硕士毕业后一起来到湛江，共同经历了生活和工作的艰辛与甜蜜。感谢我的女儿，她让我成为母亲，让我有机会陪伴她慢慢品味这个世界的美好。

王丹记于广东湛江御海湾望园轩

2019 年 11 月 13 日